Baedeker

Allianz Reiseführer

Südtirol

www.baedeker.com

Verlag Karl Baedeker

TOP-REISEZIELE ✶✶

Südtirol ist reich an Sehenswürdigkeiten: von einzigartigen Kulturschätzen in charakteristischen, historischen Städten bis hin zu faszinierenden Naturschauspielen inmitten einer malerischen Kulturlandschaft. Wir sagen Ihnen, was Sie auf keinen Fall verpassen sollten.

✶✶ 1 Glurns
Die Miniaturstadt wird vollständig von einer alten Stadtmauer umringt. ▸ **Seite 161**

✶✶ 2 Stilfser Joch Nationalpark
Auf 130 000 ha steht die Hochgebirgslandschaft mit ihrer einzigartigen Fauna und Flora unter Schutz. ▸ **Seite 240**

✶✶ 3 Naturns
Reinhold Messners Museum auf Schloss Juval ist den Bergen gewidmet. Die Fresken des Kirchleins St. Prokulus zählen zu den ältesten des deutschen Sprachraums. ▸ **Seite 220**

✶✶ 4 Schloss Tirol
Das Museum im ehemaligen Stammschloss der Grafen von Tirol birgt eine Vielzahl von historischen Schätzen. ▸ **Seite 280**

✶✶ 5 Meran
Ob Shopping-Bummel oder Promenaden-Spaziergang: die berühmte Kurstadt hat einiges zu bieten. ▸ **Seite 203**

✶✶ 6 Pfarrkirche Niederlana
Der gotische Hochalter von Hans Schnatterpeck ist der größte Schnitzaltar im gesamten Alpenraum. ▸ **Seite 190**

✶✶ 7 Bozen
In der Landeshauptstadt genießt man die deutsch-italienische Lebensart, geht zum Shoppen oder ins Museum. ▸ **Seite 117**

✶✶ 8 Rittner Erdpyramiden
Die durch Erosion entstandenen pyramidenartigen Gesteinsformationen sind ein imposantes Naturphänomen. ▸ **Seite 244**

Sextner Dolomiten
Nur einer von vielen berühmten Gipfel: die Drei Zinnen.

Kalterer See
Wasser und Wein formieren sich hier zu einer herrlichen Idylle.

DIE BESTEN BAEDEKER-TIPPS

Von allen Baedeker-Tipps in diesem Buch haben wir hier die interessantesten für Sie zusammengestellt! Erleben und genießen Sie Südtirol von seiner schönsten Seite.

! Perfekte Jausen
Wir verraten Ihnen, was zu einer zünftigen Brotzeit gehört. ► **Seite 66**

! Probieren, Kaufen, Mitnehmen
Wein kauft man am besten direkt beim Winzer. Dort kann man häufig auch in die Keller schauen. ► **Seite 70**

Tramin
Besuch in der Kellerei Walch

! Es muss nicht immer Gröden sein
Neben Gröden sind auch im Sarntal viele Kunsthandwerker ansässig. ► **Seite 81**

! Botanisches Alpenglühen
Wenn die Alpenrosen blühen, wird das Hochgebirge zum Farbenmeer.
► **Seite 98**

Botanische Schönheit: die Alpenrose. →

Sonnenburg
Das Klosterhotel liegt bei St. Lorenzen.

! Süße Verführung
In Bozen locken mehrere hervorragende Konditoreien mit süßen Wunderwerken.
► **Seite 123**

! Kunsthandwerk vom Feinsten
Von der Schnitzerei bis zur Keramik: in den Südtiroler Werkstätten wird das ganze Spektrum angeboten. ► **Seite 127**

! Klosterhotel
Im ehemaligen Kloster wohnt man heute fürstlich. ► **Seite 143**

Meran
Die beliebte Kaiserin »Sisi« weilte mehrfach zum Kuraufenthalt in der Stadt.

Winter- und Sommersport
Weit oben kennt der Skispaß kein Ende.

Das Gebiet um Gröden ist ein Dorado für Wintersportler.
▸ **Seite 168**

HINTERGRUND

PRAKTISCHE INFORMATIONEN

TOUREN

REISEZIELE VON A bis Z

Preiskategorien

Hotels
Günstig: bis 40 €
Komfortabel: 40 – 80 €
Luxus: über 80 €
Für eine Übernachtung pro Person im Doppelzimmer inkl. Frühstück.

Restaurants
Preiswert: unter 25 €
Erschwinglich: 25 – 50 €
Fein & teuer: über 50 €
Für ein 3-Gänge-Menü ohne Getränke

Bozen galt lange Zeit als Geburtsort des Minnesängers und Dichters Walther von der Vogelweide, aber er stammt wohl aus Niederösterreich.

► Seite 122

Faszinierend und erschreckend: Die Ortschaft Graun wurde für einen Stausee geopfert, nur den Kirchturm ließ man stehen.
▸ **Seite 242**

Malerisch liegt der Antholtzer See auf 1640 m ü.d.M zu Füßen der Berge. →
▸ **Seite 114**

Hintergrund

KURZ UND KNAPP, VERSTÄNDLICH GESCHRIEBEN UND SCHNELL NACHZUSCHLAGEN: WISSENSWERTES ÜBER LAND UND LEUTE, WIRTSCHAFT UND POLITIK, GESELLSCHAFT UND ALLTAGSLEBEN.

SONNENSEITE DER ALPEN

»Wenn ich Worte schreiben will, so stehen mir immer Bilder vor Augen«, schrieb schon Goethe bei seiner Italienreise, überwältigt von den Eindrücken nach der Überquerung des Brenners. Südtirols Landschaft trumpft mit grandiosen Bergformationen, dichten Wäldern und fruchtbaren Tälern auf. Aber auch die historischen Städte und das milde Klima auf der sonnenverwöhnten Alpensüdseite ziehen einst wie jetzt die Besucher in ihren Bann.

Südtirol ist die nördlichste Provinz Italiens und gleichzeitig der südlichste Zipfel des deutschen Sprachraums. Touristen aus dem Norden fühlen sich hier deshalb häufig weniger »fremd«. Kein Wunder also, dass der Tourismus eine wichtige Säule für die Wirtschaft ist. Neben deutsch und italienisch wird im Dolomitenraum auch ladinisch gesprochen, eine Sprache, die sich aus dem Rätischen der einstigen Ureinwohner und dem Vulgärlatein der Landbevölkerung gebildet hat.

Trachten
Früh übt sich, wer die Tradition bewahren will.

Die deutschsprachige Bevölkerung ist mehrheitlich auf dem Land angesiedelt. Sie hat sich in Architektur und Brauchtum, aber auch in Lebensstil und Esskultur noch viel Tirolerisches bewahrt. Die Italiener leben dagegen vorwiegend in den Städten, die von einer lebendigen Mischung aus Kultur und Lebensstil der beiden Nationen geprägt ist.

Landschaft mit vielen Gesichtern

Das Eisacktal zieht sich vom niedrigsten Alpenübergang im Norden, dem Brennerpass, nach Süden. Auf dieser für Güterverkehr und Tourismus wichtigen Route überquerten schon früher Händler, Kaiser und ganze Kriegsheere die Alpen.
Am Zusammenfluss von Eisack und Rienz liegt die geschichtsträchtige Kleinstadt Brixen. Repräsentative Bauten, Museen und Sammlungen zeugen von der bedeutenden Rolle der einstigen Bischofsresidenz. Von hier zweigt das Pustertal mit dem Hauptort Bruneck nach Osten hin ab. Wiesen, Wälder, schroffe Felswände und Bergseen charakterisieren das Feriengebiet Hochpustertal. Am Talschluss des Tauferer Ahrntals liegt das nördlichste Eck Italiens.

Tisch und Bett

Das Angebot an Hotels und Restaurants ist riesig. Fast jeder Landgasthof hat ein paar Fremdenzimmer, sodass man auch einfach drauflosreisen kann.

Kaffee im Café

Von den Italienern haben die Südtiroler viel Kulinarisches übernommen. Dazu zählt auch ein perfekt zubereiteter Cappuccino.

Burgen auf Bergen

Zahllose Burgen laden zum Besuch und lassen das Mittelalter wieder lebendig werden. Viele sind ähnlich malerisch wie hier die Burg von Bruneck.

Wein und Stein

Ein typisches Südtiroler Panorama: Der Bozner Stadt St. Magdalena liegt umgeben von Weinreben und wir überragt vom beeindruckenden Bergmassiv der Dolomi

Aus Meisterhand

Ein Highlight für Kunstfreunde sind die herrlichen Fresken aus Romanik und Gotik. Für deren Erhalt wird viel getan, wie hier im Dom von Brixen.

Auf Schusters Rappen

Ob Skifahrer, Mountainbiker oder Wanderer: Aktivurlauber kommen in der einmaligen Landschaft des Landes voll auf ihre Kosten.

Von Westen kommend, empfängt den Reisenden die kontrastreiche Landschaft des Vinschgaus. Dichte Wälder und grüne Almen werden von den weißen Gletscherspitzen der Ortlergruppe und der Ötztaler Alpen umsäumt. In den fruchtbaren Tallagen der Etsch prägt der Obstanbau die Landschaft. Das Gebiet um den Meraner Talkessel ist gegen den kalten Norden durch hohe, steile Berge geschützt und schon von der Sonne und Wärme des Südens gesegnet. Bereits im 19. Jahrhundert war Meran aufgrund des guten Klimas ein beliebter Kurort. Zu den prominenten Kurgästen zählten auch Kaiserin Sisi, zu deren Österreichisch-Ungarischem Kaiserreich Südtirol damals noch gehörte, oder der Dichter Christian Morgenstern.
In der Landeshauptstadt Bozen, am Zusammenfluss von Etsch und Eisack, trifft Nord auf Süd – das Italienische mischt sich mit dem Deutschen. Früher ein kleines Handelsstädtchen an der Brennerroute, ist Bozen heute die quirlige Landeshauptstadt der Provinz und zugleich Zentrale der öffentlichen Verwaltung. Im Südwesten von Bozen zieht sich die Südtiroler Weinstraße nach Süden, vorbei an üppigen Obst- und Weingärten, den Montiggler Seen und dem Kalterer See. Bei der Salurner Klause im Süden verengt sich das Tal und die Sprach- und Provinzgrenze zum italienischsprachigen Trentino ist erreicht.

Äpfel
Der Obstanbau ist ein wichtiger Wirtschaftsfaktor.

Charakteristische Berge, intakte Natur

Die Berge prägen die Landschaft Südtirols auf besondere Weise. Markante Steinriesen wie Rosengarten, Latemar und Schlern unterscheiden sich in ihrer Beschaffenheit von so manchen ihrer »Kollegen« am Alpenhauptkamm. Ein Großteil dieser hellen Felsen ist aus dem Dolomit-Gestein, dessen Entdeckung und Namensgebung durch den Geologen Dolomieu rund 200 Jahre zurückliegt.
Die Dolomiten durchziehen den südwestlichsten Teil Südtirols. Schroffe Felszacken, saftige Wiesen und Almen, dichte Wälder und ein Netz von Wanderwegen fügen sich zu einer Idylle, die zum Großteil unter Naturschutz steht. Steingiganten wie der Rosengarten oder die Drei Zinnen sind eine beliebte Herausforderung für Kletterer. Die Silhouette des Schlern mit dem breiten, runden Buckel ist zu einem Symbol für die Dolomiten und für Südtirol geworden. So ist es wohl hauptsächlich den Bergen zu verdanken, dass man hier das ganze Jahr über Ferien auf der Sonnenseite der Natur genießen kann.

Zahlen und Fakten

Gegensätze ziehen sich an: Die Klimazonen des Landes reichen von hochalpin bis nahezu mediterran und vom wärmsten See der Alpen bis zum nächsten Dreitausender sind es nur wenige Kilometer. Außerdem leben gleich drei verschiedene Sprachgruppen auf Südtiroler Gebiet.

Natur

Schönes Land, gutes Klima

Viele Südtirol-Reisende zieht es vor allem wegen der Landschaft in den südlichsten Teil des deutschen Sprachraums. Die über Jahrhunderte vom Menschen geprägte Kulturlandschaft mit Obstgärten, Weinbergen und Almen harmoniert mit sonnenüberfluteten Mittelgebirgsterrassen, unendlich scheinenden Bergwäldern und als krönendem Blickfang mit den markanten Felstürmen der Dolomiten oder den gletscherbedeckten Spitzen so mancher Dreitausender.
Südtirol liegt dazu noch klimatisch begünstigt: Der Alpenhauptkamm fängt im Norden die kalten Winde ab, aus den breiten Talflächen des Südens gelangen warme Luftströme vom Mittelmeer herein. Es gibt hier deutlich mehr Sonnentage und weniger Niederschläge als nördlich des Alpenhauptkamms.
Eine Kombination, die auch der besonderen Fauna und Flora des Landes zugute kommt. Auf den verschiedenen Höhenlagen entfaltet sich ein Vegetationsspektrum von submediterranen Pflanzen bis hin zu einer alpinen Flora.

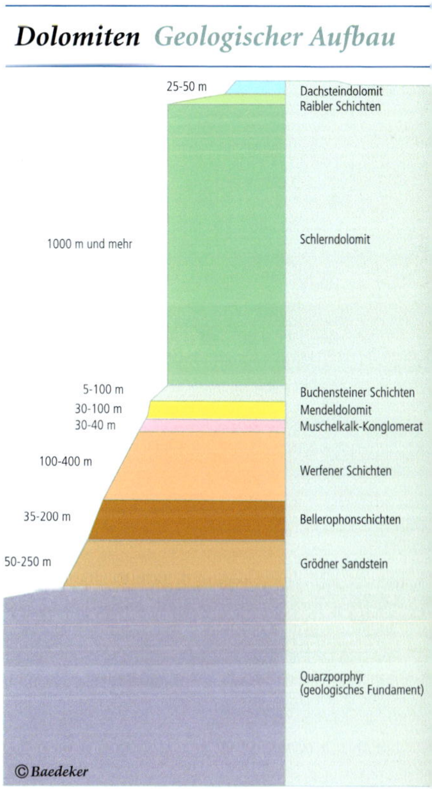

Die großartige Gebirgsgruppe der **Dolomiten** im Südosten Südtirols ist eines der schönsten und am meisten besuchten Gebiete der ganzen Alpen. Mit den natürlichen Begrenzungen durch das Pustertal im Norden und das Eisacktal im Westen umfasst das **Gebiet** der Dolomiten etwa ein Drittel Südtirols. Fast zwei Drittel der Dolomiten liegen außerhalb Südtirols im benachbarten Österreich (Lienzer Dolomiten) und in den Trentiner und bellunesischen Provinzen Italiens.
Die **Entstehungsgeschichte** der Dolomiten begann vor ca. 250 Millionen Jahren. Eine ursprünglich trockene Wüste wurde nach und nach vom Meer bedeckt und von Vulkanausbrüchen verformt.
Durch den Zusammenstoß des afrikanischen mit dem europäischen

← *Zwischen Tradition und Moderne: Die Jugend geht einen anderen Weg.*

Zahlen und Fakten Südtirol

Lage
- Bozen: 46° 30' nördliche Breite, 11° 22' östliche Länge

Land
- Die Autonome Provinz Bozen-Südtirol (Alto Adige) und die Provinz Trentino bilden zusammen die Region Trentino-Südtirol.

Hauptstadt
- Bozen

Fläche
- 7400 km² (davon 64,4 % über 1500 m!)
- 222 058 ha werden landwirtschaftlich genutzt, 357 304 ha sind Waldfläche.

Einwohnerzahl
- 476 000

Wirtschaft
- Tourismus: 25 Mio. Übernachtungen, 10 000 Betriebe;
  Herkunft im Sommer 2003: 34,9 % aus Italien und 53,1 % aus Deutschland
- Landwirtschaftliche Produktion: 872 250 t Äpfel, 44520 t Weintrauben, 2460 t Birnen
- Drei Viertel der Apfelernte entfallen auf vier Sorten: Golden Delicious (45,6 %), Gala (12,7 %), Red Delicious (11,4 %), Granny Smith (7,4 %).

Bevölkerung
- Sprachverteilung: Deutsch (69,15 %), Italienisch (26,4 7%), Ladinisch (4,37%)
- Häufigste Vornamen (Männer): 1. Josef, 2. Johann, 3. Franz
- Häufigste Vornamen (Frauen): 1. Maria, 2. Anna, 3. Rosa

Höchster Berg
- Ortler (3905 m)

Kontinent faltete sich ein Gebirge empor, das Wind, Wetter und den Eiszeiten ausgesetzt war. Vor rund 10 000 Jahren entstand nach der letzten Eiszeit schließlich jene bewohnbare paradiesische Kulisse, in der 1789 der Geologe Deodat de Dolomieu (1750 – 1801) einen besonderen **Kalkstein** fand. Dieser enthielt zusätzlich zum bekannten Kalziumkarbonat einen hohen Anteil an Magnesium. Wenn auch so mancher Gipfel aus verschiedenen anderen Gesteinen besteht, so hat doch die vom Namen des Geologen abgeleitete Bezeichnung »Dolomiten« die Gebirgsgruppe in der ganzen Welt bekannt gemacht.
Ein besonderes Schmuckstück sind die kleinen **Seen**, vor allem der Pragser Wildsee und der Karersee, über die sich die weißen oder

gelblichen Kalkwände, gebändert von grau- bis braunrötlichen Mergelschichten und dunklen vulkanischen Tufflagen, in den mannigfaltigsten Formen erheben.
Besonders schön zeigt sich hier auch die »Enrosadüra«, das Alpenglühen, mit dem die untergehende Sonne die Gipfel übergießt.

Pflanzen und Tiere

Die Flora und Fauna Südtirols entspricht den höchst unterschiedlichen Klimawerten in den einzelnen Gebietsteilen. Vom Tal bis ins Hochgebirge erstreckt sich entlang der unterschiedlichen Klimazonen eine Vielfalt von mediterranen Pflanzen bis hin zu alpinen Gewächsen. Der Tierwelt gewähren vor allem die verschiedenen Naturparks einen adäquaten, gesicherten Lebensraum.

Flora

Die Unterschiede bei den **alpinen Pflanzenarten** sind durch den Urgesteins- oder den Kalkboden der Dolomiten bedingt. Gerade diese Vielfalt macht sie weltberühmt (Seiser Alm).
Der Süden ist bestimmt durch den vom Gardasee heraufziehenden, mit immergrünen Arten bestandenen **Flaumeichengürtel**. In den Parkanlagen von Brixen, Bozen und Meran und an den geschützten Hanglagen gedeihen unter zahlreichen Exoten (Palmen und mehrere Bambusarten) auch der Perückenstrauch, die japanische Mispel, der Feigenkaktus, Zypressen, Feigen oder der Winterjasmin.
Schon zu vorrömischer Zeit wurden die klimatisch begünstigten niederen Hanglagen und Talböden für den **Weinbau** genutzt (► Baedeker Special, S. 68). Nicht minder ertragreich für die heimische Wirtschaft sind die Apfelanlagen, deren Hochblüte zwischen März und April die Täler und Mittelgebirgslagen in einen Blütenteppich verwandelt. Eine weitere wirtschaftlich bedeutende Nutzpflanze ist die Edelkastanie.

Der Haflinger ist heute eher ein touristisches Zugpferd.

Der **Wild- und Fischbestand** ist gesetzlich geregelt und geschützt. Erfolgreich wurden die Bartgeier wieder angesiedelt, Steinböcke kommen in großer Zahl vor und Gämsen wagen sich im Winter in die Tallagen fast bis in Stadtnähe. Es gibt viel Rotwild sowie in den Bergen Steinadler und Murmeltiere. Auch Luchse und Wildschweine werden vereinzelt gesichtet, manchmal auch Braunbären, die die Grenzen ihres Schutzgebietes im Trentino überschritten haben.

Einige markante Arten der **südlichen Fauna** fühlen sich auch in Südtirol wohl, darunter die Smaragdeidechse, die Zikade und die »Maringgele« genannte Gottesanbeterin.

Haflinger ► Unter den besonderen Haustieren ist der Haflinger zu nennen, eine kleine, kräftige und genügsame Pferderasse. Sie ist aus der Kreuzung einheimischer und arabischer Pferderassen nach 1837 entstanden. Ihr auffälligstes Merkmal ist das fuchsfarbene Fell mit heller Mähne. Dem Haflinger kommt heute als Arbeitstier kaum noch Bedeutung zu; viel wichtiger ist seine Rolle als touristische Attraktion.

Umweltschutz

Gerade noch rechtzeitig wurde erkannt, dass Landschaft und Natur das wichtigste Kapital Südtirols sind. Zu den angestrebten **Umweltschutzmaßnahmen** zählt neben der Erschaffung von Naturschutzgebieten auch eine behutsamere und maßvolle Erschließung der Landschaft. Auch auf die Einschränkung des Autoverkehrs wird gesetzt und für die Nutzung von öffentlichen Verkehrsmitteln geworben. So wurden in den letzten Jahren Radwege ausgebaut und die Vinschger Bahn zwischen Meran und Mals wieder eröffnet. Es gibt Ensembleschutz und Richtlinien bei Hotelbauten sowie ein Hauptgewicht auf der Erhaltung der Einzelbetriebe in den Dörfern und Städten anstelle von Einkaufszentren auf der »grünen Wiese«.
Auf Wanderwegen informieren Hinweisschilder über die Verhaltensregeln, an die man sich unbedingt halten sollte. So ist auch das Pflücken von Obst oder Trauben bzw. das Sammeln von Edelkastanien untersagt.

Biotope In den vergangenen Jahren wurden immer mehr Biotope unter Naturschutz gestellt. Besonders in diesen geschützten Gebieten sollte man sich strikt an die markierten Wege und die Naturschutzbestimmungen halten. Derzeit gibt es 175 geschützte Biotope in Südtirol, darunter die Feuchtbiotope Rasner Möser, Schludernser Au, Falschauer Mündung, Prader Sand und der Schilfgürtel am Kalterer See.

Nationalpark und Naturparks

In Südtirol gibt es einen Nationalpark (Nationalpark Stilfser Joch) und sieben Naturparks; ein weiterer Naturpark ist im Entstehen. Vor Ort informieren Naturparkhäuser die Besucher über Besonderheiten der Flora und Fauna. Auch werden hier verschiedene Führungen und eine Vielzahl von begleiteten Wanderungen jeden Schwierigkeitsgrades angeboten.

Naturpark Schlern Der Naturpark Schlern erstreckt sich auf rund 6806 ha, aufgeteilt auf die Gemeinden Kastelruth, Völs am Schlern und Tiers. Der charakteristische Gebirgsstock Schlern ist, von Nadelholzmischwäldern umrahmt und mit der Blütenpracht der Seiser Alm entlang seiner Aus-

Malerisch erhebt sich hinter der Seiser Alm der Langkofel.

läufer verwöhnt, ein Wahrzeichen Südtirols. Seine Hochflächen wurden bereits in den 1970er-Jahren unter Schutz gestellt. Seitdem wird die touristische Erschließung des Naturschutzgebietes in Grenzen gehalten und durch den Einsatz einer modernen Umlaufbahn der Autoverkehr weit gehend eingeschränkt.

Naturpark Texelgruppe

Der Naturpark Texelgruppe nordwestlich von Meran umfasst rund 33 430 ha und gehört geologisch zu den Zentralalpen. Eine landschaftlich attraktive Besonderheit sind die hoch gelegenen **Spronser Seen**, umrahmt von den Gipfeln der Dreitausender. Insgesamt gibt es 20 Seen, die die größte hochalpine Seenplatte Südtirols bilden. An kaum einem anderen Ort lässt sich die Vielfalt der Südtiroler Landschaft auf so nahem Raum kennen lernen: bei einem Höhenunterschied von 3 000 m erstreckt sich der Naturpark von der submediterranen Vegetationszone mit Obst- und Weingärten über weite Almgelände bis hinauf zur Schneegrenze.

Naturpark Puez-Geisler

Der Naturpark Puez-Geisler, westlich des Gadertals und nördlich von Gröden gelegen, ist rund 10 196 ha groß. Ob Grödner Sandstein, Bellerophonschichten oder der Schlerndolomit – sie sind wie viele weitere typische **Gesteinsarten** in diesem Gebiet besonders gut zu sehen. Ein stilles, schönes Herzstück des Naturparks ist das Villnößtal, das über Wälder und Almwiesen bis vor die markanten Dolomitenspitzen der Geislergruppe reicht.

Naturpark Fanes Sennes-Prags

Der Naturpark Fanes-Sennes-Prags ist 25 680 ha groß und erstreckt sich südöstlich von Bruneck. Bekannt und im Sommer entsprechend gut besucht ist der malerisch gelegene Pragser Wildsee. Eine land-

Natur-Genießer vor dem Panorama der Koflergruppe in den Sextner Dolomiten

schaftliche Besonderheit sind die **Hochflächen von Fanes** mit dem Grünsee inmitten der kargen Berglandschaft. Im weichen Kalkstein haben sich Karsterscheinungen mit Rinnen und Rippen ausgebildet. Die Gesteine bilden hier glatte Plattenberge oder Stufen, die einem Amphitheater gleich in die Landschaft gebettet sind und schon früh die Legendenbildung rund um die Fanesalm mit prägten.

Naturpark Trudner Horn

Auf rund 6 866 ha findet sich hier die **artenreichste Fauna und Flora** Südtirols. Der Naturpark liegt südlich von Bozen und umfasst gegensätzliche Gesteinsarten: hellen Kalk und Dolomit sowie bräunlich roten vulkanischen Quarzporphyr, »Baustein« des 1817 m hohen Trudner Horns. Dieses Gestein sorgt für das Vorkommen von üppigen Nadelwäldern, Feuchtwiesen und Mooren. Daneben sind aber auch submediterrane Flaumeichen, Hopfenbuchen und Mannaeschen verbreitet. Zwischen Truden und Altrei charakterisieren die Lärchenwiesen mit ihrem Blumenreichtum das Landschaftsbild.

Naturpark Sextner Dolomiten

Der Naturpark Sextner Dolomiten im äußersten Osten Südtirols umfasst 11 635 ha. Die eindrucksvollen Bergmonumente des Naturparks wie z. B. der Elfer (3092 m), der Zwölfer (3094 m) und die Drei Zinnen (2999 m) bestehen aus Dachsteindolomit. Grüne Almen, Lärchenwiesen und winzige Seen sowie der Dürrensee im Höhlensteintal charakterisieren die Landschaft des Naturparks, eine Idylle, deren Hochgebirgsregion aber auch noch die Spuren der Dolomitenschlachten im Ersten Weltkrieg trägt (►Baedeker Special, S. 34).

Nordöstlich von Bruneck erstreckt sich der Naturpark Rieserferner-Ahrn mit einer Fläche von 31 505 ha bis an die Staatsgrenze und bildet zusammen mit dem daran anschließenden Nationalpark Hohe Tauern und dem Ruhegebiet Zillertaler Hauptkamm den **größten Schutzgebietsverbund Europas**. Der Naturpark ist von Gletschern (hier »Ferner« genannt), mächtigen Bergriesen und seinem Wasserreichtum geprägt. Die Wasserfälle wie z. B. die Reinfälle und Seen, die sich hinauf bis auf 2500 m ziehen, sind sehr sehenswert.

Naturpark Rieserferner-Ahrn

Der Nationalpark Stilfser Joch im äußersten Südwesten von Südtirol weist auf 952 km² aufgrund der verschiedenen Höhenlagen eine besondere Artenvielfalt auf und bietet vielen schützenswerten Tierarten Lebensraum. Der Nadelwald setzt sich aus Fichten, Lärchen und Zirbelkiefern zusammen, als besondere Gewächse finden sich neben alpinen Rasengesellschaften mit Kohlröschen, Arnika und dem Edelweiß auch die Alpen-Polsternelke mit Kugelwuchs, das Alpen-Leinkraut als Schuttkriecher und der Gletscher-Hahnenfuß mit sukkulenten Blättern. Von den geschützten Vogelarten sind Steinadler, Schwarzspecht, Alpendohle, Steinrötel und Tannenhäher vertreten.
In seiner Gesamtfläche, die sich auf Südtirol, das Trentino und die Lombardei erstreckt, bildet der Nationalpark eines der größten Schutzgebiete der Alpen. Auf Südtiroler Seite gibt es gleich drei Besucherzentren des Nationalparks: im Martelltal, in Prad und in Trafoi.

Nationalpark Stilfser Joch

Politik · Bevölkerung · Wirtschaft

Die Autonome Provinz Bozen-Südtirol besteht in ihrer jetzigen Form seit 1948 und gehört zur Region Trentino-Südtirol, der innerhalb Italiens ein Sonderstatus zukommt. Das erklärt sich aufgrund ihrer besonderen geografischen Lage, Geschichte und ethnischen Zusammensetzung. Der Provinz steht es zu, eigene Wahlgesetze zu erlassen und verfügt über Gesetzgebungsbefugnisse. Landeshauptstadt und Sitz der Landesregierung ist Bozen.

Politischer Status

Parteipolitisch wird die Mehrheit der deutschsprachigen Bevölkerung von der Sammelpartei der **SVP**, einer Partei der breiten Mitte vertreten, während am linken und rechten Rand kleine deutsche Parteien deren Vormachtstellung mit mehr oder weniger Erfolg angreifen. Die italienische Volksgruppe ist in verschiedene kleinere Parteien aufgesplittert, die jeweils eigene Interessen verfolgen.

◄ Parteienspektrum

Insgesamt gibt es 116 Gemeinden in Südtirol, deren Autonomie verfassungsrechtlich verankert ist. Die Landesregierung setzt sich aus dem **Landeshauptmann** und den Landesräten zusammen, wobei der Status des Landeshauptmanns in etwa dem eines Ministerpräsidenten entspricht. Von den Landeshauptmannstellvertretern gehört einer der deutschen sowie einer der italienischen Sprachgruppe an. Wäh-

◄ Landesregierung

Die Glaubensfrage ist entschieden: Fast 98 % der Südtiroler Bevölkerung sind katholisch.

rend die Gesetzgebungsbefugnis des Staates noch z. B. die Bereiche Währung, Steuerwesen, öffentliche Sicherheit und Gerichtsbarkeit umfasst, kann das Land in allen anderen Bereichen gesetzgeberisch tätig sein. Dazu gehören u. a. Weiterbildung, Schule, Gesundheitswesen, Handel, Verkehr, Kultur und Tourismus.
Bis es zum **Autonomiestatut** in seiner jetzigen Gestalt kam, gab es viele Vorstufen (►Geschichte). Die so genannte Südtirolfrage scheint gegenwärtig geklärt, ein geregeltes Zusammenleben der verschiedenen Sprachgruppen gesichert. Unter der Oberfläche sind aber mitunter noch Animositäten spürbar.

Bevölkerung

Die Bevölkerung Südtirols setzt sich aus Deutschen, Italienern und Ladinern zusammen. Der kulturelle und sprachliche Hintergrund der deutschsprachigen Bevölkerung wurzelt dabei im Tirolerischen. Die Ladiner, Nachkommen der rätischen Urbevölkerung, leben vor allem im Dolomitengebiet, in Gröden und im Gadertal. Sie sprechen eine eigene, dem Lateinischen entfernt verwandte Sprache, die neben Italienisch und Deutsch als dritte Landessprache anerkannt ist. Zu den Gemeinden mit italienischer Bevölkerungsmehrheit zählen Bozen und die südlich davon gelegenen Gemeinden Leifers, Salurn, Branzoll und Pfatten. Im Land gibt es italienische, ladinische und deutsche Schulen sowie Fernseh- und Rundfunksendungen in allen drei Sprachen.
Südtiroler Studenten erfahren zudem in Österreich eine privilegierte Behandlung, die fast schon jener inländischer Studenten entspricht.

Religion

Fast die gesamte Bevölkerung (98 %) bekennt sich – unabhängig von der jeweiligen Volksgruppe – zur römisch-katholischen Kirche. Die Diözese Bozen-Brixen besteht seit 1964; ihre Grenzen sind mit denen der Autonomen Provinz Bozen identisch. Von den insgesamt 28 Dekanaten sind 23 mehrheitlich deutschsprachig, drei italienisch- und zwei ladinischsprachig. Die Kurienverwaltung wird von einem deutschen und einem italienischen Generalvikar geleitet; die Ämter des Ordinariates haben meist gleichfalls eine deutsche und eine italienische Sektion. In Bozen und Meran gibt es protestantische Gemeinden, in Meran besteht auch eine kleine israelitische Kultusgemeinde.

Wirtschaft

Zugpferd Tourismus

Eine der wichtigsten Säulen der Wirtschaft ist der auf der unvergleichlichen Schönheit der Landschaft, den guten Schneeverhältnissen im Winter sowie den günstigen klimatischen Gegebenheiten beruhende Tourismus. Die Saison erstreckt sich über das ganze Jahr; in vielen Orten ist Wintersport möglich. Südtirol liegt im europäischen Spitzenfeld, was die Anzahl an Übernachtungen pro Einwohner betrifft. Das Gebiet ist mit Hotels aller Kategorien, Berggasthäusern, Bergbahnen und Liften außerordentlich gut erschlossen.
Die **Infrastruktur** aus wichtigen Eisenbahnstrecken, der Brennerautobahn, beschilderten Straßen und Autobusverkehr bis in die

Südtirol *Urlaubsregionen*

Landwirtschaft und Tourismus sind die Haupteinnahmequellen Südtirols.

hintersten Talorte, mit Freizeiteinrichtungen sowie einem dichten Netz von markierten Wanderwegen, Bergpfaden und Klettersteigen ist hervorragend.

Land- und Forstwirtschaft

Das wirtschaftliche Schwergewicht Südtirols im Bereich der Landwirtschaft liegt im Etschtal zwischen Mals und der Salurner Klause sowie im Eisacktal von Brixen bis ins Bozner Becken. Hier ist das Hauptanbaugebiet für hochwertiges **Obst**, darunter vor allem Äpfel. Die besten Äpfel kommen aus den Hügellagen des Eisacktals und des Vinschgaus, wo die Anbaugrenze bei fast 900 Höhenmetern liegt. Die Südtiroler **Weinsorten** wie die roten St. Magdalener, Kalterer See und Lagrein sowie die weißen Gewürztraminer und Weißburgunder tragen überproportional zum gesamten italienischen Weinexport bei. Die ausgedehnten Hochalmen ermöglichen eine gut gehende Rinderhaltung. Einen hohen Stellenwert nimmt dabei die genossenschaftlich organisierte **Milchverarbeitung** ein; zu den Hauptprodukten Jogurt, Butter, Käse und Milch gesellt sich mittlerweile auch die einst dem Süden vorbehaltene Käsesorte Mozzarella.

Ein bekanntes und von der EU geschütztes Markenprodukt ist der **»Südtiroler Speck«**. Über die Einhaltung der Qualitätskriterien wacht das 1992 gegründete Speckkonsortium, das sich um das Marketing, aber auch die seit 2004 bestehende Exportgenehmigung in die USA kümmert.
Bei der Forst- und Holzwirtschaft kommt vor allem der **Holzverarbeitung** in der Fenster- und Möbelindustrie Bedeutung zu. Der wirtschaftliche Ertrag aus dem Holzverkauf ist dagegen marginal, da die Preise am Markt zu niedrig und die Pflege der Wälder zu kostenintensiv geworden sind.

Gewerbe und Industrie

Im Bozner Raum befindet sich die stärkste Konzentration von Handel, Gewerbe und Industrie. Hier gibt es noch wenige metallurgische Werke sowie Maschinen- und Fahrzeugbaubetriebe – Reste der Italianisierungspolitik der Zwischenkriegszeit – die damals an für die Großindustrie heute ungünstigen Standorten angesiedelt wurden. Diese Betriebe weichen mehr und mehr dynamischen Handelsbetrieben für Import- und Distributionsdienstleistungen, z. B. Sportartikelhersteller für den italienischen Markt.
Auch im Eisacktal, im Pustertal sowie im Vinschgau befinden sich eine Reihe kleinerer und mittelständischer Industrie- und Handwerksbetriebe sowie Zulieferbetriebe für die Automobilindustrie. Berühmt sind außerdem die Marmorbrüche von Laas bei Schlanders.
Besonderes **Kunsthandwerk** produzieren die Holzschnitzer im Grödner Tal, die Maskenschnitzer, und im Sarntal z.B. die Federkielsticker, Reggelmacher (»Reggele« = Kurzpfeife) und Besteckmacher.
Im Vinschgau, im Eisacktal aber auch in kleinen Hochtälern nutzen zahlreiche **Elektrizitätswerke** die Wasserkraft der Gebirgsflüsse, welche bisweilen zu großen Seen (z. B. Reschensee, Vernagt-Stausee im Schnalstal, Zufritt-Stausee im Martelltal) aufgestaut sind. Seit Jahren bemüht sich die Südtiroler Landesregierung, über Beteiligungsgesellschaften Einfluss auf die einstmals in Staatsbesitz befindlichen und inzwischen privatisierten Energiegesellschaften zu erlangen.

Geschichte

Als Transitland wurde Südtirol häufig zum Zankapfel zwischen den großen Nachbarstaaten. Umso wichtiger ist der Bevölkerung noch heute ihre Autonomie. Der Weg dahin war lang und führte von Andreas Hofer über terroristische Anschläge in den 1960er-Jahren bis in unsere Tage.

Siedler und Eroberer

12 000 – 5000 v. Chr.	Funde verweisen auf prähistorische Jäger.
5000 – 3000 v. Chr.	Spuren von sesshaften Siedlern (»Ötzi«).
1700 v. Chr.	Besetzung durch die Römer.

Erste Siedler

Schon bald nach dem Verschwinden der eiszeitlichen Gletscher können erste Spuren menschlicher Besiedlung im heutigen Südtiroler Gebiet nachgewiesen werden. Auf **mittelsteinzeitliche Jäger** deuten Funde in den Tallagen bei Salurn, Bozen und Brixen, auch viele Fundstücke und Kultstätten am Schlern verweisen auf eine frühzeitliche Besiedlung. Im Naturparkgebiet Schlern wurde das berühmte »Hauensteiner Schwert« aus der Bronzezeit gefunden.

Für Furore sorgte im Jahr 1991 die Entdeckung einer mumifizierten menschlichen Gestalt auf dem Similaun-Gletscher im Schnalstal, die dort Mitte des 4. Jahrtausends v. Chr. in 3210 m Höhe erfroren war. **»Ötzi«**, wie die Mumie aus den Ötztaler Alpen liebevoll genannt wird, war den Folgen eines Pfeilschusses erlegen (► Baedeker Special, S. 124). Die Menschen dieser Steinzeitepoche trieben bereits Handel, so mit Feuersteinen aus den lessinischen Feuersteingruben an den Bergen nördlich von Verona.

◄ Räter

Ungewiss ist, woher die ersten Siedler stammten. Neben nomadisierenden Stämmen waren es wohl Illyrer und Ligurer, die von Süden her Südtirol besiedelten und sich mit den Venetern, die ab 1000 v. Chr. aus dem Osten zuwanderten, vermischten. Ab 500 v. Chr. zogen dann aus Norden und Westen Kelten zu sowie ab 400 v. Chr. Etrusker aus dem Süden. Die Römer gaben den in Tirol und Graubünden siedelnden Menschen den Namen »Raeti« (Räter).

Römerzeit

Im Jahr 15 v. Chr. eroberten die nach Norden vordringenden Römer unter Tiberius und Drusus, den Stiefsöhnen von Kaiser Augustus, das Tiroler Land, das nun zu den neu gegründeten römischen Provinzen Raetia (im Nordwesten), Noricum (im Nordosten) und Venetia et Histria (im Süden) gehörte. Rund 500 Jahre dauerte die römische Herrschaft. Militär- und Zollstationen wurden gegründet, Straßen angelegt und verbessert – darunter die bedeutende Kriegs- und Handelsstraße »Via Claudia Augusta« nach Norden über den Alpenhauptkamm – es entstanden römische Siedlungen, die Urbevölkerung wurde romanisiert und das **Christentum** verbreitete sich in dieser Zeit. Mit der Romanisierung entwickelte sich aus der Vermischung der rätischen Sprache mit dem Lateinischen das Rätoromanische bzw. Ladinische, das heute noch in verschiedenen Landesteilen Südtirols, vor allem in einigen Dolomitentälern, gesprochen wird.

← Italienische Alpini transportieren im Ersten Weltkrieg ein Geschütz an die nur schwer zugängliche Dolomitenfront.

Völkerwanderung Mit dem Zerfall des römischen Reiches endete für Südtirol eine lange Friedensperiode. Das Machtvakuum, das die Römer hinterlassen hatten, begannen ab dem 4. Jh. n. Chr. von außen ins Land eindringende Völker zu füllen. Hunnen verwüsteten das Südtiroler Gebiet, Ostgoten, Franken und Langobarden nahmen Teile des Landes in Besitz. Den stärksten Anteil an der germanischen Besiedlung Tirols hatten die Baiern, die im 7. Jh. über die Alpen vorstießen. Von nun an begann sich die deutsche Sprache durchzusetzen, die Sprachgrenze war fließend, für lange Zeit nördlich von Trient am Fluss Avisio, später bei der heute noch gültigen Linie an der Salurner Klause.

Mittelalter

8. Jh.	Tirol wird Teil des Reichs Karls des Großen.
11. Jh.	Bischöfe geben Grafengewalt an weltliche Herren ab.
14. Jh.	Tirol geht an die Habsburger.

Franken Nach dem Sieg Karls des Großen über die Langobarden im Jahr 774 wurden das langobardische und das bajuwarische Gebiet dem Frankenreich angeschlossen und in Gaue und Grafschaften eingeteilt; die Gebietsbezeichnung »Vinschgau« erinnert daran. Nach dem Tod Karls des Großen 814 fielen die südlichen Teile Unterland und Überetsch Trient und dem Königreich Italien zu, der restliche Teil hingegen wurde dem Herzogtum Bayern, also dem entstehenden »Heiligen Römischen Reich Deutscher Nation« zugeschlagen. Im Jahr 952 konnte der König und spätere Kaiser Otto der Große Trient dem Herzogtum Bayern und damit dem Deutschen Reich einverleiben.

Anfang des 11. Jh.s wurden die Bischöfe von Trient und Brixen mit den Fürstentümern belehnt. Die geistlichen Herren jedoch konnten aus innerkirchlichen Gründen nicht selbst die weltlichen Machtbefugnisse ausüben, weshalb sie zuerst weltliche Vögte, dann Grafen mit der Verwaltung ihrer Gebiete sowie der Ausübung der gerichtlichen und militärischen Gewalt belehnten.

Grafen von Tirol Natürlich entbrannten in der Folgezeit erbitterte Machtkämpfe der weltlichen Herrschergeschlechter untereinander, aber auch mit den Bischöfen, deren Machtanspruch die Grafen nicht mehr hinnehmen wollten. Eindeutige Sieger dieser teilweise blutig geführten Kämpfe waren die Grafen von Tirol. Dieses Geschlecht, das sich den Beinamen **»Tirol«** im Jahr 1142 nach seinem Stammsitz, der gleichnamigen Burg bei Meran, zugelegt hatte, weitete im 12. und 13. Jh. seinen Einfluss derart aus, dass es das spätere Südtirol fast vollständig unter seiner Kontrolle hatte. Unter Meinhard II. (1268 – 1295) erlangte Tirol weit gehend seine von da an geltende politische Gestalt; 1282 bestätigte König Rudolf von Habsburg Meinhards Anspruch

In der Brixener Hofburg residierten einst die Fürstbischöfe, bevor sie ihre Macht an die Grafen von Tirol verloren.

auf das »Land an der Etsch und im Gepirg«. Die letzte Herrscherpersönlichkeit aus dem Geschlecht der Grafen von Tirol war Margarethe Maultasch (► Berühmte Persönlichkeiten), die 1363 Tirol an Rudolf IV. von Habsburg vermachte.

Frühe Neuzeit

1493 – 1519	Blüte unter der Regentschaft Maximilians I.
1525/26	Bauernaufstand unter Führung von Michael Gaismair.
1809	Aufstand Tirols gegen die bayerischen Herrscher.

Habsburger

Die unter den Grafen von Tirol erlangte Eigenständigkeit Tirols wurde unter den Habsburgern noch gefördert. Im 15. Jh. erlebte Tirol durch den Salz-, Silber- und Kupferbergbau einen wirtschaftlichen Aufschwung, der eine kulturelle Blütezeit zur Folge hatte. Südtirols vorteilhafte Lage kam dem Durchzugshandel zugute. Die Landstände (darunter auch die Bauern) hatten sich bedeutende Rechte erkämpft und vereitelten u. a. den Plan Sigismunds des Münzenreichen (►Berühmte Persönlichkeiten), der 1487 Tirol an die Bayern abtreten wollte. 1490 erhielt Sigismunds nächster Verwandter Maximilian das Land. Unter diesem Tiroler Landesfürsten und späteren Kaiser Maximilian I. (1493–1519), dem »letzten Ritter« und bedeutenden Renaissancefürsten, wurde Tirol mit Innsbruck, das Meran mittlerweile als Landeshauptstadt abgelöst hatte, sogar zum Zentrum europäischer Politik. Er vergrößerte Tirol beträchtlich nach Norden (Kufstein), Süden (Rovereto, Ala) und Osten (Pustertal, Cortina) hin.

Engadiner Krieg

Das ausgehende 15. Jh. und die Folgezeit waren auch von großen Turbulenzen gekennzeichnet. 1499 drangen im Engadiner Krieg (Schwabenkrieg), den die schweizerische Eidgenossenschaft zusammen mit dem verbündeten Graubünden gegen Österreich und den Schwäbischen Bund führte, Schweizer Truppen durch das Münstertal in den Vinschgau vor und schlugen das österreichische Heer vernichtend. Es war die blutigste Schlacht auf Tiroler Boden mit tausenden von Toten. Mit Maximilians Tod fand die Glanzzeit ein rasches Ende: Auf religiöse und rechtliche Unruhen folgten auch noch Missernten und schlechte Witterung.

1525/1526 erhoben sich die Tiroler Bauern unter Führung von Michael Gaismair (►Berühmte Persönlichkeiten) gegen die zunehmende Unterdrückung durch die Kirche und den Landesherrn Friedrich von Habsburg. Nach anfänglichen Erfolgen Gaismairs wurde der Aufstand blutig und grausam niedergeschlagen. Auch die **Hutterer**, eine nach Jakob Hutter aus St. Lorenzen im Pustertal benannte reformistische Wiedertäuferbewegung, bekamen die ganze Härte von Kirche und Staat zu spüren. Jakob Hutter wurde 1536 in Innsbruck hingerichtet, mehr als 6000 »Huttersche Brüder« wanderten nach Mähren und später in die USA aus, wo die Hutterer noch heute in einer religiösen Gemeinschaft leben.

»Heiliges Land« ►

Als sich im 17. Jh. die Zentren des politischen und wirtschaftlichen Geschehens in Europa verlagerten, versank Tirol immer mehr in politischer Bedeutungslosigkeit. 1665 entstand nach dem Aussterben der Tiroler Linie der Habsburger in der nun von Wien aus verwalteten Alpenregion ein politisches Vakuum, das die katholische Kirche geschickt zu füllen wusste. Jegliches reformerische Gedankengut wurde unterdrückt, protestantische Familien mussten das Land verlassen, die Errichtung kirchlicher Prachtbauten nahm zu und schon bald kursierte der Mythos vom »heiligen Land Tirol«.

Kriege mit Franzosen und Bayern

Zwischen 1700 und 1810 wurde Tirol mehrmals in die gesamteuropäischen Auseinandersetzungen hineingerissen. Im Spanischen Erbfolgekrieg (1701–1714) gelang es dem Tiroler Landesaufgebot, ein französisch-bayerisches Truppenkontingent zu schlagen; auch 1797 wehrte der Tiroler Landsturm einen Vorstoß napoleonischer Verbände bei Franzensfeste erfolgreich ab. Düstere Zeiten erlebte Tirol im beginnenden 19. Jahrhundert. 1805 hatte Napoleon Bonaparte Österreich den Krieg erklärt. Nach dem entscheidenden Sieg des Korsen bei Austerlitz in Mähren verlor nun Wien u. a. Tirol an das mit Frankreich verbündete Bayern. Die Bayern herrschten mit harter Hand. Sie erhöhten die Steuern, tilgten den Namen »Tirol« von der Landkarte und schlugen einen harten antiklerikalen Kurs ein.

1809 erhoben sich die Tiroler unter Andreas Hofers Führung gegen die verhasste bayerische Vorherrschaft (► Baedeker Special, S. 50). Viermal führte Hofer seine Kämpfer gegen Franzosen und Bayern in die Schlacht, dreimal trug sein Bauernheer den Sieg davon. Nach dem Sieg der aus Preußen, Großbritannien, Russland und Österreich bestehenden Koalition über Napoleon erhielt Österreich auf dem Wiener Kongress von 1814 / 15 Tirol wieder zurück.

Im Tiroler Aufstand unter Andreas Hofer wird Innsbruck erobert (Aquarell von Ernst Henseler).

Zeitgeschichte

1919	Nach dem Ersten Weltkrieg fällt Südtirol an Italien.
1922	Die italienischen Faschisten unter Mussolini übernehmen die Macht.
1969	Das »Südtirol-Paket« gewährt Autonomiestatus.
1992	Streitbeilegung vor der UNO

Südtirol wird italienisch

Im **Ersten Weltkrieg**, in den Italien 1915 eintrat, waren Südtirol und die Dolomiten Schauplatz erbitterter Kämpfe; im Friedensvertrag von 1919 musste die Alpenregion an Italien abgetreten werden. Schon seit dem ausgehenden 19. Jh. waren Stimmen in Italien laut geworden, die eine Ausdehnung des Gebietes auf die natürlichen Grenzen an der Wasserscheide der Alpen und somit eine Annexion des heutigen Südtirols forderten. Während des Ersten Weltkrieges verlangte Italien 1915 dann auch als Preis für das Festhalten am 1882 geschlossenen Dreibund »Deutschland / Österreich-Ungarn / Italien« den Brenner als Grenze. Wien zeigte sich immerhin bereit, das Tren-

Ein österreichischer Posten an der Dolomitenfront.

BERGE IN FLAMMEN

Am 23. Mai 1915 trat Italien mit der Kriegserklärung an Österreich-Ungarn in den Ersten Weltkrieg ein. Im Gegensatz zu den Massenschlachten an der Isonzo-Front herrschten im Hochgebirge – bedingt durch die Besonderheiten des Geländes – Gruppen- und Einzelkämpfe, sodass sich in Tirol der größte Gebirgskrieg der Geschichte entwickelte.

An der Dolomitenfront und im Ortlermassiv lagen Deutsches Alpenkorps, »Leiber«, österreichische Kaiserjäger und -schützen den an Zahl und Ausrüstung weit überlegenen italienischen Alpini und Bersaglieri gegenüber. **Gebirgstruppen** beider Seiten haben hier alpine Höchstleistungen vollbracht, die in Friedenszeiten aufsehenerregende Einzelaktionen gewesen wären. Trotz der Härte der Kämpfe waren bis Kriegsende kaum nennenswerte Gebietsgewinne oder -verluste zu verzeichnen. Und die Lebensfeindlichkeit der Bergwelt forderte doppelt so viele Opfer wie die Kampfhandlungen.

Auf österreichischer Seite spielten auch Freiwilligenverbände eine wichtige Rolle, vor allem die **Standschützen**. Bei diesen handelte es sich um bergerfahrene Männer, die noch nicht oder nicht mehr der aktiven Truppe angehörten und sich ihre Hauptleute selbst wählten.

Im Sturmangriff waren die Gipfelstellungen nur schwer zu attackieren. Deshalb verfiel man auf die Methode, Stollen durch Gletschereis oder Fels unter die feindlichen Stellungen zu treiben und diese zu unterminieren, so am Col di Lana und Lagazuoi in den Dolomiten, wo ganze Gipfel und Bergflanken samt der Besatzung weggesprengt worden sind.

Auch die Logistik erwies sich als außerordentlich schwierig. Waffen und Gerät mussten in Einzelteile zerlegt und zu Fuß an die Einsatzorte gebracht werden, meist auf extrem ausgesetzten und einsehbaren Klettersteigen, die nur bei Nacht einigermaßen sicher zu begehen waren. Entsprechend schwer waren die Verluste bei den Trägerkolonnen.

Nach Kriegsende setzte mit wachsendem zeitlichem Abstand eine gewisse **Heroisierung** der Geschehnisse ein, die sich namentlich in Buch- und Filmproduktionen manifestierte und in Deutschland nach 1933 bewusst gefördert wurde.

Vor allem in Ortlergebiet geben noch heute Schnee und Eis Ausrüstungsgegenstände und Waffen aus dem Ersten Weltkrieg frei.

tino, das italienisch besiedelte Welsch-Tiroler Gebiet, abzutreten. Doch Rom hatte bereits Geheimverhandlungen mit den Alliierten aufgenommen, die ihm größere Gebietsansprüche zusicherten. Im Mai 1915 erklärte Italien der Habsburger Monarchie den Krieg und an der Dolomitenfront und im Ortlermassiv entwickelte sich ein heftiger Stellungskampf (Baedeker Special, S. 34).
Nach dem Ersten Weltkrieg erhielt Italien mit dem **Friedensvertrag von Saint Germain** (1919) nicht nur das Trentino, sondern auch die deutschsprachigen Gebiete nördlich der Salurner Klause bis zur Alpenhauptwasserscheide am Brenner; aus strategischen Gründen annektierte Italien auch die Sextener Dolomiten mit Innichen jenseits der Wasserscheide.

Italienisierung

Mit der Machtübernahme der Faschisten unter Mussolini im Jahr 1922 setzte im Norden eine rigorose Italienisierungspolitik ein. Auf Ämtern und in Schulen wurde der Gebrauch der deutschen Sprache verboten, nur im Gottesdienst und Religionsunterricht durfte dank kirchlicher Intervention noch Deutsch gesprochen werden. So entstanden im ganzen deutschsprachigen Südtiroler Raum geheime »Katakombenschulen«, in denen der Unterricht weiterhin in deutscher Sprache erfolgte. Der Geograf Ettore Tolomei (► Berühmte Persön-

1939 einigen sich Hitler und Mussolini in der »Berliner Vereinbarung« über die Aussiedlung der Südtiroler.

lichkeiten) italianisierte die Südtiroler Orts- und Flurnamen. Dank einer konsequent durchgesetzten **Siedlungspolitik**, d. h. nach Zuzug von rund 100 000 Italienern vorwiegend aus dem Süden des Landes, war Ende der 1930er-Jahre bereits ein Viertel aller Bewohner Südtirols italienischer Abstammung.

Die »Option« ▸ Am 22. Juni 1939 wurde zwischen Hitler und Mussolini das Deutsch-Italienische Abkommen zur Umsiedlung der Südtiroler geschlossen. Die so genannte »Option« erlegte der deutschsprachigen Bevölkerung die Entscheidung auf, für die deutsche Staatsbürgerschaft zu optieren und sich dadurch zur Auswanderung zu verpflichten, oder die italienische beizubehalten und dabei ihre deutsche Kultur und Sprache aufzugeben. Nur wenige Monate, bis 31. Dezember 1939, dauerte die Frist, die ganze Familien zerriss. 75 000 Südtiroler hatten die Heimat bereits verlassen, als der Ausbruch des Zweiten Weltkrieges im September 1939 die Abwanderung stoppte. Die meisten von ihnen wurden in dem damals zum Großdeutschen Reich gehörenden Nordtirol angesiedelt.

Deutsche Besatzer ▸ 1943, nach dem Sturz Mussolinis und der Kapitulation Italiens, besetzten deutsche Truppen Norditalien. Der Tiroler Gauleiter Franz Hofer wurde Kommissar der »Operationszone Alpenvorland«. Über Verweigerer des Einberufungsbefehls wurde die Todesstrafe verhängt und deren Familien in das Arbeits- und Durchgangslager in der Kaiserau bei Bozen eingewiesen. Im Mai 1945 kam es zum Waffenstillstand mit den Alliierten.

Kampf um die Autonomie

Am 5. September 1946 ratifizierten Italien und Österreich am Rande der **Pariser Friedenskonferenz** das zwischen ihnen ausgehandelte Gruber-De-Gasperi-Abkommen, das den weiteren Verbleib Südtirols bei Italien bestätigte, aber den Südtirolern Kultur- und Verwaltungsautonomie zusicherte. Doch mit dem 1. Autonomiestatut von 1948 und der Schaffung der neuen, aus den Provinzen Bozen (Südtirol) und Trient bestehenden Region »Trentino – Alto Adige« (Trentino – Tiroler Etschland) im Jahr 1948 war eine italienische Mehrheit gesichert; Deutsch wurde im Amtsverkehr nur Hilfssprache.

Die wachsende Unzufriedenheit der deutschsprachigen Bevölkerung führte 1957 unter der Losung »Los von Trient« zu einer Reihe von Protestveranstaltungen und in Folge auch zu **Sprengstoff- und Terroranschlägen** – darunter die »Feuernacht« im Juni 1961 –, die nicht ohne Tote und Verletzte blieben. 1960 hatte Österreich zwar die Südtirol-Frage vor die UNO gebracht und die Einhaltung des Abkommens und die Durchsetzung der Gleichberechtigung gefordert, doch folgten lange und zähe Verhandlungen, bis sich ein Ergebnis zeigte.

Streitbeilegung ▸ 1969 einigten sich als Folge der österreichisch-italienischen Verhandlungen Rom und die am 12. März 1945 gegründete christlich-demokratische Südtiroler Volkspartei (SVP) unter Führung ihres Obmannes Silvius Magnago (▸ Berühmte Persönlichkeiten) auf das so genannte »Südtirol-Paket«. Dieses sah ein neues Autonomiestatut für die Alpenregion vor, das 1972 in Kraft trat. Die Provinz Bozen

Bei über 300 Attentaten der so genannten »Bumser«, die auch 19 Menschenleben fordern, wird im Juni 1961 dieser Hochspannungsmast bei Bozen zerstört.

erhielt weitere Kompetenzen im Sinne der Autonomieregelung (auch für die Sprachgruppe der Ladiner). Nach und nach wurden in den 1970er-Jahren wichtige Durchführungsbestimmungen erlassen, darunter jene über den ethnischen Proporz bei der Besetzung von Stellen der öffentlichen Körperschaften. 1992 kam es zur offiziellen Streitbeilegungserklärung vor der UNO, Österreich erkannte formell an, dass die italienische Regierung ihre aus dem Südtirol-Paket resultierenden Verpflichtungen erfüllt hatte.

Die Grenzen fallen

Mit dem Schengen-Abkommen zwischen Österreich und Italien 1998 fielen die Grenzbarrieren. Fast jährlich wurden vom römischen Ministerrat weitere Autonomiedurchführungsbestimmungen erlassen und die Kompetenzen des Landes erweitert.
2001 kam Silvio Berlusconi als Ministerpräsident Italiens an die Macht und damit eine Regierungskoalition aus den rechts gerichteten Parteien Forza Italia, Alleanza Nazionale und Lega Nord. Der Name »Südtirol« wurde von der italienischen Regierung offiziell zugelassen und in die italienische Verfassung eingefügt.

Kunst und Kultur

Auch der kunsthistorisch interessierte Urlauber kommt in Südtirol voll auf seine Kosten. Herrliche Fresken aus Romanik und Gotik wollen bewundert werden und eine unglaubliche Anzahl von imposanten Burgen lädt ein zur Entdeckungsreise ins Mittelalter.

Kunstgeschichte

Die Kunstgeschichte Südtirols reicht weit zurück – jüngste Ausgrabungen geben immer wieder neue Aufschlüsse über die frühchristliche Zeit in Südtirol. St. Peter in Altenburg oder St. Lorenz in Castelfeder sind bleibende Denkmäler aus dem Frühmittelalter. Aber auch der Freskenreichtum lockt viele Kunstinteressierte ins Land. Aus der vorromanischen Malerei sind jene von St. Prokulus in Naturns und St. Benedikt in Mals zu nennen. Die Kunstregion Südtirol ist seit über tausend Jahren maßgeblich geprägt durch ihre besondere geografisch-politische Lage als Durchgangsland und sowohl von den wichtigsten nord- und mitteleuropäischen wie den italienischen und byzantinischen Kunstströmungen beeinflusst.

Vor- und Frühgeschichte

Ureinwohner und Römer

Von der Urbevölkerung Tirols zeugen Wallburganlagen und Gebrauchsgegenstandsfunde aus der Jungsteinzeit, der Bronze- und Eisenzeit. Viele sind im Archäologiemuseum in Bozen zu sehen, darunter Keramikfragmente aus der Jungsteinzeit und Figurenmenhire aus der Kupferzeit. Aufschlüsse über die Frühgeschichte des Vinschgaus gibt auch die Grabungsstätte Ganglegg oberhalb von Schluderns. Der geschichtsträchtige Ort war einst eine befestigte Höhensiedlung der Bronze-, Eisen- und auch der Römerzeit.

Die besonderen Leistungen der **römischen Zivilisation** lagen vor allem auf dem Gebiet der Monumentalarchitektur, des Kunstgewerbes und der Ingenieurstechnik, die sich in Südtirol auf die Anlage und den Ausbau der Militärstraßen beschränkte. Die 46 n. Chr. fertig gestellte Via Claudia Augusta verband das Etschtal über den Reschenpass, Imst und den Fernpass mit Augsburg. Eine weitere Variante führte vom Piavetal über den Misurinasee, durch das Höhlenstein- und Pustertal, via Brennerpass, Innsbruck und Mittenwald nach Augsburg. Ein römischer Meilenstein bei St. Lorenzen und in Sterzing der Mithras-Altar mit Stieropferrelief für den unter den Soldaten stark verehrten persischen Lichtgott zeugen u. a. von der römischen Provinzialkultur.

Frühchristentum

Die Christianisierung Raetiens war um die Mitte des 5. Jh.s mit der Aufteilung der Kirchenprovinzen abgeschlossen: Der Vinschgau kam zum Bistum Chur, das Pustertal zu Aguntum, der Bozner Raum zum Bistum Trient, der Rest fiel an die Diözese Augsburg, deren Bischof sich gegen 570 auf den steilen Felsen von Säben oberhalb Klausens flüchtete – die Grundmauern des Kirchenbaus stammen aus dieser Zeit. St. Peter in Gratsch bei Dorf Tirol und St. Valentin bei Meran

← *Die Romanik hat in Südtirol zahlreiche Spuren hinterlassen, so wie hier an der Pfarrkirche von Laas.*

bergen Reste frühchristlicher Baukunst. Die Kirchenruine St. Peter in Altenburg oberhalb vom Kalterer See, eine Art dreischiffige Basilika, stammt vom hl. Bischof Vigilius von Trient (um 400), wurde aber im 6. Jh. ausgebaut. Im Skulpturbereich zeigt das so genannte Untermaiser Relief (7. Jh.) im Meraner Stadtmuseum archaische Figuration mit Planeten und Flechtbandmotiven.

Romanik

Herzog Tassilo von Bayern gründete 769 ein Kloster in Innichen, dessen erste Kirche zwar nicht erhalten ist, aber der heutige Kernbau der dreischiffigen Basilika gehört immerhin der Hoch- und Spätromanik (um 1170 – 1284) an. Der große Schatz Südtirols sind aber die Ende des 8. Jh.s errichteten kleinen einschiffigen Saalkirchen im Vinschgau, darunter St. Prokulus bei Naturns mit den ältesten Wandmalereien im deutschsprachigen Raum. Die nordisch tradierte Flechtbandornamentik der iroschottischen Buchmalerei, gepflegt von Mönchen in den Missionszentren St. Gallen und Salzburg, fand ebenso wie das römisch-antike Mäanderband Eingang in die Ende des 8. Jh.s gestalteten Fresken mit Engeln und Heiligen. Karolingische Reichskunst aus dem Anfang des 9. Jh.s mit plastischer Figurendarstellung vor dreidimensionaler Hintergrundkulisse findet sich in St. Benedikt bei Mals. Aus dem 10. und frühen 11. Jh., der ottonischen Epoche, ist nur die um 1020 entstandene Krypta des Klosters Sonnenburg erhalten.

Architektur Nachdem die Grafen von Tirol im Lauf des 12. Jh.s die Landeshoheit errungen hatten, kam es zu einer neuen Kunstentfaltung mit der Neugründung und Umgestaltung von Kirchen (die Stiftskirche von Innichen und der Dom zu Brixen) und Klöstern (Marienberg, Neustift). In den Dörfern entstanden meist flach gedeckte einschiffige Saalkirchen mit halbrunder Apsis. Als Sonderform etablierten sich die so genannten Bozner Chorturmkirchen, in denen das Turmuntergeschoss den Altarraum bildete. Daneben entstanden wenige Zentralbauten wie die 1199 geweihte zweigeschossige Michaelskapelle in Neustift oder die Johanniterhospizkirche in Taufers im Münstertal.
Die Baukunst wurde wesentlich vom Stil **lombardischer Wanderkünstler** geprägt, die den aus der Antike überlieferten Gewölbebau wieder aufgriffen. Sie schufen u. a. die fantasievollen Bestiarien- und Figurenreliefs an den Portalen von Schloss Tirol, den Kapitellschmuck im Palas der Burgruine Boymont oder die Apsis der Pfarrkirche von Laas. Die Portal- und Reliefplastik des 12. und 13. Jh.s in den Kirchen von Innichen und Marienberg weist dagegen auf deutschen Bauhütteneinfluss hin.

Holzskulptur Auf dem Gebiet der Holzskulptur ragen die monumentale Kreuzigungsgruppe (Christus zwischen Maria und Johannes, um 1250) in der Stiftskirche von Innichen hervor, ferner die romanischen Kruzifixe in der Pfarrkirche von Gries und in der Spitalkirche von Sonnenburg sowie die Sitzmadonnen in den Museen von Bozen und Brixen.

Der größte Kunstschatz der Romanik in Südtirol sind die zahlreichen **Wandmalereien**. Um das Jahr 1160 wurde die Krypta des Benediktinerklosters Marienberg mit der Majestas Domini ausgemalt. Zwischen 1180 und 1200 entstand die Ausmalung der Burgkapelle von Hocheppan. Streng gestaltet sind die Kirchenlehrer in St. Johann in Taufers (um 1230) und die starren Gesichter in den Darstellungen der Maria-Trost-Kirche in Untermais (Ende 12. Jh.). Auf den Fresken von St. Jakob in Grissian (um 1200) ziehen Abraham und Jakob vor einer felsigen, mit Schnee bedeckten Dolomiten-Landschaft einher. Einzigartig sind zudem die skurrilen Bestiarien (um 1220) in St. Jakob in Kastelaz bei Tramin. Die Fresken in Burg Rodeneck zur Illustration des Heldenliedes Iwein nach Hartmann von Aue gelten als die älteste bekannte Profanmalerei der Romanik, kurz nach 1200 entstanden.

Die Fresken von St. Prokulus gehören zu den ältesten im deutschen Sprachraum.

Gotik

Den ungeheuren Reichtum an gotischer Kunst hat Südtirol dem im 14. und 15. Jh. aufsteigenden Bürgertum in den Städten als Auftraggeber zu verdanken, die die Gewinne aus Handel und Bergbau unter der gefestigten Herrschaft der Tiroler Landesfürsten in Kunstwerke investieren konnten. Die meist aus dem schwäbischen Süddeutschland stammenden Baumeister kamen den Wünschen der Bettelorden wie Franziskaner und Dominikaner nach, indem sie geräumige Predigtkirchen bauten und für die bürgerlichen Pfarrgemeinden meist dreischiffige Hallenkirchen schufen. In Meran zählt die Turmvorhalle (um 1350) der Pfarrkirche St. Nikolaus zu den besten Werken der hochgotischen Bauplastik in Südtirol. Das dreischiffige, hallenartige Innere der Kirche Unsere Liebe Frau in der Vill in Neumarkt überspannt ein reich figuriertes Stern- und Netzgewölbe der Spätgotik. Besondere Beachtung verdient der filigrane Turmhelm der Bozner Dompfarrkirche von Hans Lutz von Schussenried, der innen auch das feine Maßwerk und die Reliefs der Kirchenväter an der Kanzel (1513 / 1514) aus Sandstein meißelte.

Wandmalerei Auf dem Gebiet der Wandmalerei herrschte um 1300 der aus Deutschland und Frankreich übernommene Linear- oder Konturenstil vor, bei dem die Farbe lediglich die bewegte Umrisslinienzeichnung ausfüllt, aber nicht zur plastischen Modellierung der Figuren eingesetzt wird. Gute Beispiele dafür liefern die Fresken in der Viktorskapelle von Kloster Neustift oder die Darstellungen der Christinalegende im Brixener Domkreuzgang sowie die Fresken von St. Johannes in Brixen.

Bozner Schule ► Von Italien her breitete sich mit der bahnbrechenden Malerei Giottos ein neuer Stil aus, der Licht-Schatten-Modellierung kannte, die Figuren vermenschlichte und wirklichkeitsnahe Landschafts- und Architekturprospekte schuf. Die Legende der hl. Dorothea an der Langhauswand der Bozener Dompfarrkirche, um 1340 gemalt von einem Paduaner Maler, bildet den Auftakt für die so genannte Bozner Schule. Die daran geschulten lokalen Maler trugen die bildnerischen Ideen weiter nach St. Cyprian in Sarnthein, in die Pfarrkirche nach Terlan, nach St. Valentin in Tramin und St. Helena bei Deutschnofen. Sie verfolgten einen strengen Bildaufbau, den sie durch Hintergrundprospekte und durch bewegte Figurengruppen in schwungvollen Gewändern auflockerten.

Höfischer Stil Um 1400 hielt der von Prag über Wien vermittelte höfische Stil Einzug in Südtirol. Meister Wenzeslaus, der Hofmaler des deutschen Bischofs von Trient, schuf um 1415 die Ausmalung der Friedhofskapelle in Riffian. Farbenreichtum, kunstvolle Faltenwürfe, elegante Bewegungen, abgestufte Raumebenen und atmosphärische Wirkungen zeichnen die Fresken der Burg Runkelstein (um 1400) bei Bozen aus. Hans von Bruneck gelang es schließlich, die höfische Kunst des Nordens und des Südens in seiner Malerei zu einer Synthese zu bringen. Seine Darstellungen in der Spitalkirche von Sterzing, die Fresken in den Kreuzgängen von Brixen und Neustift sowie in der Nikolauskirche in Stegen begründeten die Pustertaler Schule, die mit Michael Pacher (►Berühmte Persönlichkeiten) ihren Höhepunkt erreichte. In Brixen setzte Jakob von Seckau in der 3. Kreuzgangarkade neue Akzente durch die bewegte Dramatik der Kreuzigung (um 1450).

Flügelaltäre ► Eine Besonderheit Südtirols sind die monumentalen gotischen Flügelaltäre. Der Ulmer Meister Hans Multscher (um 1400 – 1467) betonte bei seinen Figuren die Körperlichkeit und verlieh ihnen expressive Mimik und Gestik, zu beobachten an seinem Altarwerk in Sterzing. Michael Pacher entwarf tiefe, bühnenähnliche Architekturgehäuse wie im Schreinflügelaltar (1475) der alten Pfarrkirche von Gries. Hans Klocker schnitzte u. a. eindrucksvolle Schreinfiguren für

den Krippenaltar (um 1500) in der Marienkapelle des Franziskanerklosters in Bozen. Bedeutsam sind außerdem die von schwäbischen Meistern und Werkstätten geschnitzten großen Altäre wie der Hochaltar der Pfarrkirche in Niederlana von Hans Schnatterpeck. Jörg Lederer aus Kaufbeuren gestaltete um 1517 den Flügelaltar der Spitalkirche zum Hl. Geist in Latsch.
Volkstümliche Frömmigkeit spiegeln die zahlreichen gotischen **Bildstöcke** wieder. Das spitzige Stöckl (um 1460) bei Mitterolang und der Tabernakelbildstock (15. Jh.) auf dem Dorfplatz von Welsberg zählen zu den eindrucksvollsten.

Altar von Hans Klocker in der Bozner Franziskanerkirche

Renaissance

In Südtirol wurden die Neuerungen der Renaissanceepoche den örtlichen Traditionen und Bedürfnissen angepasst. Mehrere Burgen wurden mit Loggienhöfen verschönert, darunter der reizvolle mehrstöckige Loggienhof der Brixener Hofburg (ab 1591), der prächtige Arkadenhof der Churburg in Schluderns (ab 1537) und der Hof mit den Rundbogenarkaden (um 1522) von Schloss Ehrenburg.
Im Überetsch, das man wegen seiner vielen Burgen und Schlösser auch das Adelsparadies nannte, entwickelte sich bei der besonders kunstvollen Ausstattung der Ansitze mit aufwändigen Täfelungen, Kachelöfen und Mobiliar der aus spätgotischen und Renaissanceformen manieristisch geprägte **»Überetscher Stil«**. Charakteristisch für den Überetscher Stil sind die Doppelbogenfenster an den Edelsitzen und prunkvollen Bürgerhäusern.
Aus dem Bereich der Wandmalerei und der Holzintarsien ist Schloss Velthurns zu nennen, aus dem Bereich der Plastik der Habsburgerstammbaum in bronzefarbener Terracotta von Hans Reichle in der Brixner Hofburg.

Barock

Architektur

Wirtschaftliche Krisen, nicht zuletzt verursacht durch den Dreißigjährigen Krieg, führten im 17. Jh. zur Verarmung Südtirols. Erst im 18. Jh. fand daher der in Rom entstandene Barockstil hier seine Umsetzung. Es entstanden nur wenige Neubauten, sondern eher barocke Umbauten wie im Brixener Dom (1745 – 1755) und in der Stiftskirche von Neustift (1734 – 1738). Kleinere Neubauten waren die Stifts

Barocke Perspektivmalerei von M. Günther in der Deutschordenskommende von Sterzing

kirche in Gries und die Pfarrkirchen in Gossensaß, Toblach, Taisten sowie St. Vigil in Enneberg. Im Profanbau schuf der Veroneser Francesco Perotti mit dem Merkantilpalast (ab 1705) in Bozen ein gelungenes Beispiel für die Einbindung eines italienischen Palazzo in eine Laubengasse. Auch das Palais Campofranco (1764), das Palais Menz (um 1771) und das Palais Pock (1759) in Bozen zeigen reizvolle Barockfassaden. Außerdem erhielten zahlreiche Ansitze ein barockes Gewand, z. B. der Ansitz Mühlrain (um 1680) in Latsch. Das einzig reine Barockschloss ist Schloss Wolfsthurn in Ratschings.

Malerei Auf dem Gebiet der Barockmalerei sticht Paul Troger (► Berühmte Persönlichkeiten) mit seinen kühnen Raumillusionen hervor, dessen Frühwerk mit dem Altarblatt in der Kalvarienbergkirche von Kaltern zu sehen ist. Höhepunkt seines Schaffens in Südtirol bilden die prachtvollen Deckenfresken (1748 – 1750) im Brixener Dom. Martin Knoller schuf mit den Deckenfresken im Kloster Muri (1771) in

Bozen-Gries Kompositionen voll dramatischer Bewegtheit in hellem Kolorit. Franz Anton Zeiller schuf den Rocaillestuck und die Deckenfresken (1764) in der Heiligkreuzkirche in Brixen sowie die Ausmalung der Pfarrkirche in Toblach (1769). Matthäus Günther aus Augsburg freskierte die Stiftskirche zu Unserer Lieben Frau in Neustift 1735 – 1743. Karl Heinrich Henrici schuf barocke Malereien in der Dompfarrkirche von Bozen, in Pfalzen im Pustertal sowie die Kreuzwegbilder in St. Vigil in Enneberg.

19. und 20. Jahrhundert

Historismus

In der zweiten Hälfte des 19. Jh.s trat der Historismus als Gegenbewegung zum Klassizismus, der in Südtirol kaum Spuren hinterließ, auf. Er orientierte sich an den geistig-sittlichen Vorstellungen großer Epochen der Vergangenheit. Als bestes Werk der Neugotik gilt der 1869 vom Wiener Moritz Wappler errichtete Kirchenbau St. Johann in Schenna, der als Grabstätte für den populären Erzherzog Johann (gest. 1859) und seine Familie dient. Im neu-romanischen Stil aus einheimischem roten Porphyr wurde von Johann Bittner die Heilig-Kreuz-Kirche in der Rauschertorgasse in Bozen errichtet.

Jugendstil

Der Jugendstil setzte um 1900 neue Akzente durch seine von Naturvorbildern abgeschauten, schwungvoll-fließenden Formen und ornamentalen Linienspiele. Im aufstrebenden Kurort Meran schuf der Münchner Martin Dülfer mit dem Stadttheater (1899 – 1900) einen Bau aus Jugendstil- und Klassizismuselementen. Der Wiener Architekt Chabert errichtete 1905 – 1906 den Meraner Bahnhof im Wiener Sezessionsstil und Friedrich Obmann aus Wien gestaltete das Neue Kurhaus in Meran (1912 – 1914).

Moderne Architektur

Anfang des 20. Jahrhunderts veränderte sich das architektonische Stadtbild Bozens rasant: Karl Hocheder entwarf das neue Rathaus und der Bozner Architekt Marius Amonn den Laubengang zwischen Piavestraße und Rathausplatz. Vom Stadtmuseum in Bozen, einem Gebäude im eklektischen Stil, wurde zur Zeit des Faschismus der »zu deutsche« Turm mit treppenförmig angegliederten Zinnen abgerissen und erst später wieder aufgebaut. Der regimetreue Architekt Marcello Piacentini errichtete das »Siegesdenkmal«; ganze Stadtviertel mit Wohnhäusern und Repräsentationsbauten entstanden im monumentalen Baustil.

Ein wichtiges Bauwerk der Zwischenkriegszeit war das GIL-Gebäude an der Drususbrücke, das jüngst umfassend renoviert wurde. Theatersaal, Turnhallen und Werkstätten der faschistischen Jugendorganisation sind nun den Räumen der Eurac-Europäischen Akademie gewichen. Ursprünglich sollte es mit dem nicht weit davon entfernt liegenden Stadion und dem von Ettore Sottsass und Willy Weyhenmeyer gestalteten »Lido« eine Symbolzeile des faschistischen Regimes für den Sport bilden.

Das GIL-Gebäude wurde 1934 bis 1939 für die weibliche faschistische Jugend gebaut.

Unter den Architekten der Nachkriegszeit ist Othmar Barth hervorzuheben, der für die Haslach-Siedlung bei Bozen, die Nikolaus-Cusanus-Akademie in Brixen und das Seehotel Ambach am Kalterer See verantwortlich zeichnet.

Sprachen

Land der drei Sprachen

Bis zum Beginn der Italianisierungspolitik nach dem Frieden von Saint-Germain (1919) war das heutige Südtirol zweisprachig. Es herrschte die deutsche Sprache vor; im Südosten gab es eine ladinischsprachige Minderheit. Dagegen war die heutige Provinz Trient (bis 1919 »Welschtirol« genannt) so gut wie rein italienischsprachig. Seither hat sich das Italienische, das bis vor etlichen Jahren einzige Amtssprache war, auch in der Provinz Bozen ausgebreitet. In Südtirol sprechen heute 69,4 % deutsch, 26,3 % italienisch und 4,3 % der Bevölkerung ladinisch.
Seit einiger Zeit sind die Bewohner von Südtirol gehalten, sich einer der Sprachgruppen zuzuordnen, und eine nicht geringe Zahl von Bürgern italienischer Abstammung bekennt sich bewusst zur deutschsprachigen Gruppe. Bei der jüngeren Bevölkerung wächst zudem die Fähigkeit und Bereitschaft zur Zweisprachigkeit.

Ladinisch

Eine Besonderheit stellt Ladinisch dar, das noch heute in einigen Dolomitentälern der Provinzen Bozen und Belluno gesprochen und bewusst gepflegt wird. Es ist kein Dialekt des Italienischen, sondern gehört zu den rätoromanischen Sprachen (neben dem Ladinischen das Bündnerromanische = Rumantsch und das Friaulische = Furlanische), die sich nach der römischen Kolonisation aus dem Vulgärlatein und Resten der nichtromanischen Regionalsprachen entwickelt haben. Heute gibt es Schulunterricht, Sendungen in Fernsehen und Radio sowie eine Wochenzeitung in ladinischer Sprache.

i ORTS- UND FLURNAMEN

- Der Übersichtlichkeit wegen werden bei der Beschreibung der Reiseziele in diesem Reiseführer bei kleineren Zielen lediglich die deutschen Namen benutzt. Über das Register findet man aber die jeweiligen italienischen Entsprechungen.

Berühmte Persönlichkeiten

Als Grenz- und Durchzugsregion war Südtirol immer wieder stark umkämpft und musste um seine Unabhängigkeit ringen. Kein Wunder also, dass unter den vorgestellten Persönlichkeiten auffällig viele »Volkshelden« sind. In der Gebirgsregion spielen natürlich auch Bergsteiger eine wichtige Rolle.

Theodor Christomanos (1854 – 1911)

Förderer des Tourismus

Der in Wien geborene Theodor Christomanos (auch Christomannos), von Beruf Jurist und Landtagsabgeordneter, gehört zu den bedeutendsten Förderern in der Frühzeit des Südtiroler Tourismus. Dem Präsidenten der »Vereinigung der Alpenhotels« wurde auf dem Karerpass ein Denkmal gesetzt. Auf seine Initiative geht nicht nur der Bau der Großen Dolomitenstraße zurück, sondern auch der Bau der Großhotels in Sulden, Trafoi und am Karersee, die Errichtung der Bahnlinie durch den Vinschgau und der Bau der Straße vom Trafoier Tal nach Sulden im Ortlergebiet.

Paul Flora (geb. 29.6.1922)

Illustrator

Der Grafiker Paul Flora wurde im mittelalterlichen Städtchen Glurns im oberen Vinschgau geboren und lebt heute in Innsbruck. Bekannt wurde er u. a. als Karikaturist der bundesdeutschen Wochenzeitung »Die Zeit«, für die er bis 1971 arbeitete. Daneben ist er auch mehrmals als Buchillustrator hervorgetreten. Seine Heimatgemeinde hat einen der Hauptstraßenzüge nach der Familie Flora benannt.

Pater Josef Freinademetz (1852 – 1908)

Missionar

Der in Abtei geborene Pater ist im Gadertal eine sehr beliebte Heiligenfigur. In allen Kirchen des Tales und in den meisten Privathäusern findet man Bilder des Heiligen Paters. Den größten Teil seines Lebens verbrachte er als Missionar im damals kaiserlichen China, wo er auch verstarb. Dem Südtiroler war China so zur zweiten Heimat geworden, dass er sagte: »Ich bin schon mehr Chinese als Tiroler und will auch im Himmel Chinese bleiben.« 2003 wurde er von Papst Johannes Paul II. heilig gesprochen.

Michael Gaismair (1490 – 1532)

Bauernführer

Der aus Sterzing stammende Michael Gaismair war Führer im Tiroler Bauernkrieg. Er verfasste die »Tiroler Landesordnung«, deren Ziel die Errichtung einer demokratisch bäuerlichen Staatsform war und deren Hauptforderungen die Erneuerung der alten bäuerlichen Rechte unter Abschaffung der Adelsprivilegien, die Verstaatlichung der Schlüsselwirtschaft (Bergbau, Handel) und eine tief greifende Abrüstung (Schleifung von Festungen, Niederreißen der Burgen) waren. In den Meraner Artikeln von 1525 fanden diese Programmpunkte ihren Niederschlag. Als sich das Kriegsglück gegen die Bauern wandte, zog sich Gaismair mit seinen Truppen auf venezianisches Gebiet zurück und wurde von einem Söldner in Padua ermordet.

← Reinhold Messner präsentiert im Frühjahr 2004 sein Buch, dem eineinhalb Jahre später bereits vier weitere gefolgt sein werden.

Mit dem Lied »Zu Mantua in Banden …« hat man Andreas Hofer 1831 ein Denkmal gesetzt. Seit 1823 ruhen seine sterblichen Überreste in der Hofkirche in Innsbruck.

ZU MANTUA IN BANDEN …

Er ist der Tiroler Nationalheld schlechthin: Andreas Hofer, der Sandwirt aus dem Passeiertal. In den Jahren 1796 bis 1805 war er Schützenhauptmann im Kampf gegen Frankreich und gewann damit das Vertrauen Erzherzog Johanns.

Dieser berief ihn 1809 nach Wien. Der Plan der Krone war eine **Volkserhebung ganz Österreichs** gegen die Franzosen und die mit diesen verbündeten Bayern; Tirol sollte niemals von Österreich getrennt werden.

Der »vom Haus Österreich erwählte Kommandant« (wie sich Hofer zeitweise selbst bezeichnete) errang am 11.4.1809 auf dem Sterzinger Moos den ersten Sieg über die feindlichen Verbände und übernahm 1809 den Oberbefehl über die Tiroler Kampfeinheiten; auch in den beiden anschließenden Gefechten am Berg Isel bei Innsbruck war er siegreich.

Im **Waffenstillstand** von Znaim (12.7.1809) musste sich Österreich verpflichten, Tirol und Vorarlberg zu räumen. Hofer wartete zunächst den Gang der Dinge ab, bis der französische General Lefebvre das Gebiet besetzte. Dann mobilisierte er, von Haspinger und Speckbacher unterstützt, den Tiroler Landsturm zur Gegenwehr. Nach der dritten Schlacht am Berg Isel regierte er für kurze Zeit in der Innsbrucker Hofburg und ließ eine Landesverfassung ausarbeiten.

Der **Frieden von Schönbrunn** (14.10.1809) schrieb Österreichs Verzicht auf Tirol und Vorarlberg fest, wobei Napoleon den Freiheitskämpfern umfassende Amnestie gewährte. Erzherzog Johann setzte Hofer von dem Vertrag in Kenntnis, doch dieser ließ sich von seinem fanatischen Gefährten **Haspinger** davon überzeugen, den Kampf fortzusetzen. Nachdem er die vierte und entscheidende Schlacht am Berg Isel verlor, zog sich Hofer auf die Pfanderalm zurück. Auf seinen Kopf hatten die Franzosen eine Prämie gesetzt. Er wurde verraten, am 28.1.1810 gefangen genommen, in Mantua von einem französischen Kriegsgericht zum Tode verurteilt und standrechtlich erschossen.

Josef (Sepp) Innerkofler (1865 – 1915)

Bergsteiger-Legende

Josef Innerkofler entstammte einer berühmten Alpinistendynastie aus Sexten. Berühmt wurde er, weil er bereits bezwungene Gipfel auf neuen Wegen bestieg. So durchstieg er als erster die Nordwand der Kleinen Zinne. Der österreichische Schriftsteller Karl Springenschmid nannte ihn deshalb den »Erfinder der Route«. Außerdem baute er im Dolomitenraum mehrere Hotels. Als 1915 der Krieg die Dolomiten erreichte, meldete sich der Fünfzigjährige zu den Standschützen, wo er beim Angriff auf den Paternkofel fiel und von den italienischen Gegnern voller Respekt auf dem Gipfel des Berges bestattet wurde. 1918 wurde er exhumiert und auf dem Friedhof seiner Heimatgemeinde Sexten zur letzten Ruhe gebettet.

Johann, Erzherzog von Österreich (1782 – 1859)

Volkstümlicher Landesvater

Noch heute zählt Erzherzog Johann zu den volksverbundensten Mitgliedern des Hauses Habsburg. Er kämpfte, unterstützt von Andreas Hofer und Josef Freiherr von Hormayr, gegen Frankreich und Bayern, regte aber auch die Erstersteigung des Ortlergipfels an. Er war für den Alpenbund führend aktiv und engagierte sich für die Landwirtschaft. 1847 richtete er in Eppan ein Musterweingut ein und brachte in der Folgezeit mehrere Rebsorten wie Welschriesling, Traminer, Ruländer und Weißburgunder nach Südtirol. 1848 wurde er Stellvertreter des Kaisers und betrieb in dieser Funktion die Abdankung Metternichs. Johann und seine Frau sind in ►Schenna bestattet.

Norbert C. Kaser (1947 – 1978)

Schriftsteller

In Brixen geboren, beginnt N. C. Kaser seine berufliche Laufbahn als Mittelschullehrer im Vinschgau. In dieser Zeit verfasst er seine ersten Gedichte und veröffentlicht ab 1968 satirisch-kritische Lyrik, politische Texte und Kurzprosa. Darin rechnet er mit den Südtiroler Literaten der Vorkriegszeit ab, was ihm auch Feinde schafft. 1978 stirbt er an den Folgen seiner Trunksucht. Posthum wird er zum ersten anerkannten Südtiroler Schriftsteller, der sich kritisch gegen das Establishment wandte und auch über die Landesgrenzen hinaus wahrgenommen wurde. Anlässlich seines 10. Todestages wurde der internationale Norbert-C.-Kaser-Preis ins Leben gerufen.

Georg Kofler (geb. 1957)

TV-Manager

Seine Geschichte klingt wie ein amerikanischer Traum. Im Alter von vier Jahren wird der im Pustertal geborene Kofler durch den Tod des Vaters Halbwaise; die Mutter ernährt die Familie als Fabrikarbeiterin.

Kofler mit seiner Partnerin, der TV-Unternehmerin Christiane zu Salm.

Ein Stipendium brachte ihn ans Knabenseminar Vincentinum in Brixen. Der Ausbildung zum Skilehrer ließ er ein Publizistikstudium in Wien folgen. 1987 holte in Fernsehmogul Leo Kirch in sein Unternehmen. In dessen Auftrag brachte er 1997 Pro7 erfolgreich an die Börse und wandelte den kommerziell erfolglosen »Frauen«-Sender »tm3« zum Verkaufskanal Neun Live. Sein Geniestreich ist jedoch die Sanierung des Pay-TV-Senders »Premiere«, der unter seiner Führung Anfang 2005 erfolgreich an die Börse ging.

Franz Kostner (1877 – 1968)

Bergführer und Ski-Pionier

Mit dem Erwachen des Tourismus bot sich für Franz Kostner ein neuartiger Beruf – der des Bergführers. Dabei lernte er den Alpen- und Polarforscher Julius Payer (1842 – 1915) kennen, der ihn für Expeditionen begeisterte. So brach Kostner 1901 mit dem Asienforscher Merzbacher nach Zentralasien auf, um das rund 3000 Kilometer lange Tien-Tschan-Massiv zu erkunden. Ihm ist aber auch der Einzug des Skisports in Südtirol zu verdanken, denn bereits 1904 führte er das damals noch exotische Sportgerät im Gadertal ein. Im Ersten Weltkrieg bildete er die Gebirgstruppen im Skilauf aus und übernahm ein Standschützenkommando.

Alexander Langer (1946 – 1995)

Politiker

Alexander Langer wuchs in Sterzing auf. Seine Schulzeit in Bozen sensibilisierte ihn für die Befindlichkeiten zwischen der deutsch- und italienischsprachigen Bevölkerung. Seitdem setzte er sich für ein harmonisches Zusammenleben der drei Südtiroler Bevölkerungsgruppen ein. Er baute die grüne Bewegung in Italien auf, engagierte sich gegen die Attentate in den 1960er-Jahren und als Abgeordneter im Südtiroler Landtag gegen die sprachgruppentrennenden Proporzregelungen. Als Europaparlamentarier der Grünen bemühte er sich ab 1989 um Friedensinitiativen in Albanien, Kosovo und Bosnien, bis er sich 1995 in Florenz das Leben nahm. Der Sitzungssaal der Grünen-Fraktion in Straßburg ist nach ihm benannt.

Silvius Magnago (geb. 5.2.1914)

Politiker

Silvius Magnago wurde in Meran als Sohn eines Bezirksrichters italienischer Abstammung und einer Vorarlbergerin geboren. In seine

Kindheit und Jugendzeit fielen der Zusammenbruch der Donaumonarchie und die Italianisierungspolitik der Faschisten in Südtirol. Nach dem Studium der Rechtswissenschaften an der Universität von Bologna zogen ihn die deutschen Besatzer zum Militärdienst in der Wehrmacht ein, wo er im Kaukasus schwer verwundet wurde. Von 1957 bis 1991 war er Obmann der Südtiroler Volkspartei (SVP) und zwischen 1961 und 1989 Landeshauptmann der Provinz Bozen. Ihn zeichnete vor allem die Fähigkeit zur Politik als »Kunst des Möglichen« aus: So akzeptierte er die Zugehörigkeit Südtirols zum italienischen Staatswesen als Tatsache und handelte auf dieser Basis das »Südtirol-Paket« aus, welches der deutschsprachigen Bevölkerung der Region Trentino-Südtirol die Autonomie zusicherte.

Margarete Maultasch (1318 – 1369)

Gräfin von Tirol

Margarete Maultasch, Enkelin Meinhards II. und Erbtochter Herzog Heinrichs von Kärnten, war die letzte Gräfin von Tirol. Nach dem Tod des einzigen verbliebenen männlichen Nachkommens Meinhards II. setzte sich 1335 die Vertretung des Landes für sie als rechtmäßige Landesherrin ein und verhinderte so eine Teilung Tirols zwischen Bayern und Österreich. Die Heirat Margaretes mit Herzog Ludwig von Bayern und Brandenburg, dem Sohn des Kaisers, sorgte für viel Wirbel. Sie brachte der Grafschaft Tirol einen Freiheitsbrief, der den Bewohnern ein Mitspracherecht in Sachen Steuern, Gesetzgebung und Regierung gewährte. Aufgrund politischer Intrigen und der nahen Verwandtschaft untereinander wurden die Eheleute von Papst Clemens VI. gebannt. Nach dem Tod des Herzogs 1361 und zwei Jahre später auch ihres einzigen Sohnes, Meinhards III., beanspruchten Bayern und die Habsburger Tirol für sich. Um kriegerische Streitigkeiten und eine Aufteilung des Landes zu verhindern, entschied sich Margarete, das Land dem Habsburger Rudolf IV. zu übergeben. Sie selbst zog sich nach Wien zurück, wo sie auch starb.

Ihre angebliche Hässlichkeit war höchstwahrscheinlich nur üble Nachrede ihrer Feinde.

Reinhold Messner (geb. 17.9.1944)

Extrembergsteiger

Der aus Villnöß stammende Reinhold Messner machte in der Vergangenheit Schlagzeilen durch seine spektakulären Bergbesteigungen. In den Alpen, im Himalaya, im Karakorum und den Anden gelangen ihm Erstbegehungen der höchsten Schwierigkeitsstufen. Als erster Alpinist hat er alle vierzehn Achttausender der Erde erstiegen. Messner ist auch als Buchautor sehr erfolgreich. Heute lebt der aktive Umweltschützer, der fünf Jahre lang als Europaparlamentarier für die Grünen tätig war, u. a. auf Schloss Juval bei ►Naturns, wo er ein Museum mit Tibetica eingerichtet hat. Das Museum gehört zum Großprojekt der »Messner Mountain Museen«, von denen in den letzten Jahren auch das Museum in den Wolken auf dem Monte Rite in Cadore und das Messner Mountain Museum in Sulden (►Prad) eröffnet wurden. Bereits im Bau ist das Messner Mountain Museum auf Schloss Sigmundskron bei Bozen.

Peter Mitterhofer (1822 – 1893)

Erfinder

Peter Mitterhofer war Musikinstrumentenbauer und Tischler. In den Jahren 1866 / 1867 entwarf und baute er eine Typenkorb-Schreibmaschine. Zweimal ging er zu Fuß nach Wien, um seine Erfindung publik zu machen, hatte aber mit dem aus Holz gefertigten Gerät keinen Erfolg. Noch zu seinen Lebzeiten plagiierte ein Amerikaner das Prinzip und setzte sich mit seiner Maschine durch. In seinem Geburtsort Partschins zeigt heute das Schreibmaschinenmuseum eine Sammlung von rund 2000 Exponaten.

Nikolaus von Kues, gen. Cusanus (1401 – 1464)

Philosoph

Der Philosoph und Theologe Nikolaus Chrypffs aus dem Moselort Kues latinisierte seinen Herkunftsnamen zu Cusanus. Im Alter von 29 Jahren wurde er zum Priester geweiht und nahm 1432 am Konzil zu Basel teil. 1448 wurde er Kardinal und zwei Jahre später Bischof von Brixen. Hier hatte er einen schweren Konflikt mit ►Herzog Sigismund dem Münzreichen von Tirol, der sich an der Reformunwilligkeit des Nonnenklosters Sonnenburg bei Bruneck entfachte und zu einem Streit um die Landeshoheit zwischen den Fürstbischöfen und den weltlichen Herren des Bistums Brixen und den Tiroler Grafen ausartete. 1458 musste sich Cusanus aus Brixen zurückziehen. Er kehrte nach Bruneck zurück, wo ihn die Truppen Sigismunds belagerten und endgültig vertrieben. Cusanus wirkte dann als Kurienkardinal in Rom; gestorben ist er in der umbrischen Stadt Todi.

Der Jurist und Theologe Cusanus war auch den Naturwissenschaften zugetan.

Oswald von Wolkenstein (1377 – 1445)

Dichter, Sänger, Abenteurer

Oswald von Wolkenstein, vermutlich auf Schloss Schöneck im Pustertal zur Welt gekommen, stammte aus altem tirolischem Adel. Er wuchs im Grödner Tal auf Schloss Wolkenstein auf. Früh regte sich sein unruhiger Geist: »Es fuegt sich, do ich was von zehen jaren alt ich wolt besehen, wie die welt wär gestalt«. Er durchstreifte Litauen, Russland, Schweden, England, Rumänien und den Nahen Osten, lernte mit bewundernswerter Leichtigkeit zehn Sprachen und war damit dem deutschen Kaiser Sigismund beim Konstanzer Konzil 1413 von großem Nutzen. Nach einem turbulenten Leben zog er sich 1433 auf die Burg Hauenstein bei Seis am Schlern zurück, wo er wahrscheinlich starb. Als Dichter ist Oswald von Wolkenstein eine herausragende Gestalt an der Schwelle vom Mittelalter zur Renaissance. Die 133 überlieferten Texte schöpfen aus allen lyrischen Möglichkeiten des Mittelalters, die Oswald mit großer sprachlicher und rhythmischer Begabung variiert hat.

Michael Pacher (um 1435 – 1498)

Künstler

Der Maler und Bildschnitzer Michael Pacher stammte wahrscheinlich aus Bruneck; nachweisbar ist zumindest ab 1467 seine Werkstatt. Sein der Spätgotik zuzurechnendes Werk ist von oberitalienischen Meistern beeinflusst. Im Südtiroler Raum haben Pacher und seine Schüler wichtige Werke hinterlassen, darunter die Fresken in der Stiftskirche von Neustift und Innichen, den Laurentiusaltar in St. Lorenzen bei Bruneck, den Marienaltar in Gries bei Bozen und den Kirchenväteraltar in Neustift (heute ausgestellt in der Alten Pinakothek München).

Sigismund, Herzog von Tirol (1427 – 1496)

Fürst

Herzog Sigismund (auch Sigmund) war der Sohn von Herzog Friedrich IV. und Regent in Tirol und Vorderösterreich. Er verdankt seinen Beinamen »der Münzreiche« der Prägeanstalt, die er 1477 von Meran nach Hall in Tirol verlegte und wo er die erste Großsilbermünze (Taler) prägen ließ. Er folgte den Bestrebungen seines Vaters, eine geordnete Zentralverwaltung aufzubauen sowie Adel und Prälaten der fürstlichen Landesherrschaft zu unterwerfen. Bekannt wurde seine Fehde mit ► Nikolaus Cusanus, seinerzeit Bischof von Brixen. Der Streit, der sich an besitzrechtlichen Problemen entzündete, wuchs sich zu einem Grundsatzstreit zwischen kirchlicher und weltlicher Gewalt aus und hatte für Sigismund 1460 den Kirchenbann zur Folge. Auf die Initiative des Herzogs geht der Bau der Burg Sigmundskron bei Bozen zurück; auch förderte er die kulturelle Entwicklung Tirols und ließ wichtige Straßen ausbauen. Im Jahre 1490 verzichtete er zugunsten seines Neffen Maximilians I. auf die Regierung, da er keine legitimen Erben besaß.

Ettore Tolomei (1865 – 1952)

Nationalist

Der in Rovereto geborene Ettore Tolomei ist eine Persönlichkeit von höchst umstrittenem Verdienst. Der überzeugte italienische Nationalist, von Beruf Geograf, sah das deutschsprachige Südtirol als einen Teil der noch nicht befreiten italienischen Territorien. Schon 1906 gründete er das »Archivio per l'Alto Adige«, mit dessen Hilfe er die angebliche Zugehörigkeit Südtirols zu Italien zu beweisen versuchte. Als die Bedingungen des Friedensvertrags von Saint Germain 1920 u. a. die Berichtigung der italienischen Grenze »nach den klar erkennbaren Linien der Nationalität« vorsahen, kam Italien Tolomeis Arbeit gerade recht. Zur Stützung seiner Thesen erfand er rund 20 000 italienische Orts- und Flurnamen für das deutschsprachige Gebiet. Diese waren teils wörtliche Übersetzungen (Schönau – Belprato), teils an den originalen Wortklang angelehnte Romanisierungen (Meran – Merano) und teils willkürliche Neubildungen (Sterzing – Vipiteno). Aus diesem Grund trifft noch heute die Verwendung der italienischen Ortsnamen so manchen deutschsprachigen Einwohner Südtirols an einem empfindlichen Punkt und brachte Tolomei auch den Beinamen »Totengräber Südtirols« ein.

Luis Trenker (1892 – 1990)

Schauspieler

Eigentlich war der in St. Ulrich im Grödner Tal geborene Luis Trenker von Beruf Architekt, der nebenbei als Bergführer arbeitete. Berühmtheit erlangte er als Filmschauspieler, Regisseur und Schriftsteller. Er gilt als Begründer des realistischen Berg- und Skifilms. Daneben verfasste er zahlreiche Romane, die ebenfalls überwiegend in den Alpen spielen und häufig die Kämpfe in den Dolomiten während des Ersten Weltkriegs thematisieren. Sein Natur- und Heimatideal gefiel auch den deutschen und italienischen Faschisten. Doch ließ sich Trenker von diesen nicht vereinnahmen und verließ aus diesem Grund 1940 Berlin, in das er 1927 übergesiedelt war. Zuletzt lebte er dann in Bozen-Gries. Durch die ARD-Sendung »Luis Trenker erzählt« brachte der begnadete Erzähler den deutschen Zuschauern seine Südtiroler Heimat näher.

So hat ein schauspielernder Bergheld einfach auszusehen.

Paul Troger (1698 – 1762)

Der Barockmaler Paul Troger stammte aus Welsberg im Pustertal, erhielt aber seine künstlerische Ausbildung – wie viele seiner Zeitgenossen – in Italien, vor allem in Venedig. Seit 1726 war er in Österreich tätig; berühmt sind seine groß angelegten Deckenfresken, u. a. in St. Cajetan zu Salzburg, im Stift Melk an der Donau und im Stift zu Göttweig. Im Südtiroler Raum ist seine Ausgestaltung des Domes zu Brixen zu nennen, die er zwischen 1748 und 1750 schuf. Charakteristisch für seine Werke ist der Einsatz eines besonderen blauen Farbtons, der als »Trogerblau« bezeichnet wird.

Max Valier (1895 – 1930)

Raumfahrt-Pionier

Der in Bozen geborene Max Valier war Amateurastronom und Science-Fiction-Autor; in seinem Geburtshaus am Pfarrplatz 11 sind einige Erinnerungsstücke zu sehen. Er gilt als Pionier des Raketenbaues und der Raumfahrt. Zusammen mit dem Autoindustriellen Fritz von Opel baute er 1928 das mit Feststofftreibsätzen ausgerüstete erste Raketenauto der Welt. Später forschte er an Flüssigtreibstoffraketen. Mit einer solchen erreichte er 1929 die Rekordgeschwindigkeit von 400 km/h. Eine Explosion bei einem Raketentest kostete ihn ein Jahr später das Leben – er ist damit auch das erste Todesopfer der Raumfahrt.

Walther von der Vogelweide (ca. 1170 – 1230)

Minnesänger

Obwohl neueste Forschungsergebnisse seine Herkunft in Niederösterreich vermuten, hinterließ die mittelalterliche Dichtergröße auch in Südtirol ihre Spuren. Gegen Ende des 19. Jh.s vermutete man am Vogelweiderhof bei Lajen (►Waidbruck) den Geburtsort des Lyrikers und eine wahre Walther-Renaissance setzte ein. 1877 wurde ein Denkmal des Dichters im Zentrum von Bozen enthüllt. Scharen von Germanisten trafen sich in Klausen und das kleine Städtchen wurde ein Anziehungspunkt für Künstler aller Gattungen.

Walther von der Vogelweide erhielt seine lyrische Schulung bei Reinmar von Hagenau, hielt sich um 1190 am Wiener Hof auf und begann dann ein unstetes Wanderleben. Um 1220 erfüllte sich einer seiner größten Wünsche: Er erhielt endlich ein kleines Lehen bei Würzburg und feierte dieses Ereignis in einem seiner bekanntesten Gedichte (»Ich hân mîn lêhen, al die welt, ich hân mîn lêhen ...«). Er gilt als der bedeutendste deutsche Lyriker des Hochmittelalters. In seinen Gedichten vereint sich virtuose Gestaltungskraft mit Elementen der Hohen Minne wie der Vagantenlyrik und der religiosen Literatur. Noch die Meistersinger beriefen sich auf ihn.

Praktische Informationen

SÜDTIROL LIEGT NICHT AM MEER UND HAT DOCH WAALE. MAN KANN HIER ZELTEN UND DIESE GLEICHZEITIG ESSEN. AUF DEN FOLGENDEN SEITEN BEREITEN WIR SIE AUF DIESE UND ANDERE SPEZIALITÄTEN DES LANDES VOR.

Anreise · Vor der Reise

Mit dem Auto

Die bekannteste Verbindungsstrecke von Deutschland nach Südtirol führt über die Autobahn nach München und Innsbruck und weiter über den **Brenner** nach Bozen. In Österreich benötigt man eine Plakette für die mautpflichtigen Fernverkehrsstraßen, das so genannte »Pickerl«. Eine zusätzliche Maut wird außerdem für die Benutzung der Brenner-Autobahn fällig.

Aus dem westlichen **Österreich** kommend, gelangt man am besten über den ganzjährig befahrbaren Reschenpass nach Südtirol. Timmelsjochstraße und Staller Sattel sind je nach Schneelage von Juni/ Juli bis Oktober geöffnet. Kommt man aus dem östlichen Österreich empfiehlt sich die Fahrt über Lienz, wo man die E 66 erreicht, welche über Winnebach und das Pustertal nach Brixen führt.

Von der **Schweiz** gelangt man zwischen Müstair und Taufers im Münstertal über die Grenze (ganzjährig geöffnet) nach Südtirol.

Bei der Tourplanung hilft ein Besuch bei einem Automobilclub, wo man detailliert über Mautgebühren, Öffnungszeiten der Grenzübergänge und Pässe etc. informiert wird.

Ungewöhnlich, aber nicht unmöglich: mit dem Flieger nach Südtirol

ADRESSEN FÜR DIE REISEPLANUNG

MIT DER BAHN

▸ **In Deutschland**
Deutsche Bahn Reiseservice
Tel. 0 18 05 / 19 41
www.bahn.de
Auch Auskünfte über inneritalienische Bahnverbindungen

▸ **Autoreisezüge**
DB Auto Zug GmbH
Tel. 018 05 / 24 12 24
www.dbautozug.de

▸ **Trenitalia**
in Deutschland
Auskünfte und Reservierung (nur Personenbeförderung)
Tel. 0 60 31 / 73 76 30
in Italien
Tel. 89 20 21 (24 h)
www.trenitalia.com

▸ **Österreichische Bahnauskunft**
Tel. 05 17 17
www.oebb.at

MIT DEM FLUGZEUG

▸ **Flughafen Bozen**
Tel. 04 71 25 52 55
www.abd-airport.it

▸ **Flughafen Innsbruck**
Tel. 00 43 / 05 12 22 52 53 04
www.innsbruck-airport.com

Mit dem Zug

Von Norden her kann man mit der Bahn über zwei Grenzübergänge nach Südtirol einreisen: entweder über den Brenner oder aus Richtung Lienz (Österreich) über Innichen. Die Verbindungen sind ausgezeichnet. Nervenschonend ist außerdem die Anreise mit einem **Autoreisezug**, die von verschiedenen deutschen Städten (Hamburg, Berlin, Düsseldorf, im Sommer auch Dortmund) nach Bozen verkehren. Die Fahrtfrequenz ist allerdings stark saisonabhängig. Auch von Österreich verkehren an Sommerwochenenden Autozüge von Wien in Richtung Italien.

Mit dem Flugzeug

Nächstgelegene Großflughäfen sind Innsbruck, Venedig und Mailand. Der Regionalflughafen Bozen wird von München und Rom direkt angeflogen. In Innsbruck landen Linienflüge aus Hannover und Wien; von hier aus bestehen gute Bahnverbindungen nach Südtirol.

Elektrizität

Das Netz führt 220 V Wechselspannung. Im Allgemeinen sind Netzstecker nach der Europa-Norm verwendbar; für Schutzkontaktanschlüsse benötigt man Zwischenstecker (im Fachhandel erhältlich).

Ein- und Ausreisebestimmungen

Personalpapiere

Auch als EU-Bürger sollte man nicht ohne Personalpapiere nach Südtirol reisen. Für Deutsche, Österreicher und Schweizer genügt der Personalausweis. Kinder unter 16 Jahren müssen einen Kinderausweis besitzen oder im Elternpass eingetragen sein.

Verlust der Papiere Bei Diebstahl, helfen die jeweiligen Auslandsvertretungen. Erste Anlaufstelle ist aber die Polizei, denn ohne Kopie der Diebstahlsmeldung geht nichts. **Ersatzpapiere** bekommt man von der Botschaft leichter, wenn man Kopien der jeweiligen Dokumente vorweist.

Fahrzeugpapiere Mitzuführen sind Führerschein, die Zulassungsbescheinigung I (alter Kfz-Schein) und die Internationale Grüne Versicherungskarte. Kraftfahrzeuge müssen das ovale Nationalitätskennzeichen tragen, sofern sie kein EU-Kennzeichen tragen.

Haustiere Wer Haustiere (Hund, Katze) nach Italien mitnehmen will, benötigt seit dem 1. Oktober 2004 einen EU-Heimtierausweis, der vom Tierarzt ausgestellt wird (mit dem Nachweis einer Tollwutimpfung). Maulkorb und Leine sind mitzuführen.

Zollbestimmungen Innerhalb der Europäischen Union ist der **Warenverkehr** für private Zwecke weit gehend **zollfrei**. Es gelten lediglich gewisse Höchstmengen (z. B. für Reisende über 17 Jahre 800 Zigaretten, 10 l Spirituosen und 90 l Wein). Für Reisende aus Nicht-EU-Ländern wie der Schweiz gelten folgende Freigrenzen: 200 Zigaretten oder 100 Zigarillos oder 50 Zigarren oder 250 g Tabak, ferner 2 l Wein oder andere Getränke bis 22 % Alkoholgehalt sowie 1 l Spirituosen mit mehr als 22 % Alkoholgehalt. Zollfrei sind außerdem Geschenke bis zu einem Wert von 170 €.

! *Baedeker* TIPP

Zollfreie Zone

Westlich von Südtirol liegt das Zollausschlussgebiet von Livigno. Hier kann man in rund 200 Duty-free-Läden zollfrei Waren einkaufen.

Reiseversicherungen

Krankenversicherung Versicherte der deutschen Krankenkassen haben im Krankheitsfall Anspruch auf eine Behandlung nach den in Italien gültigen Vorschriften. Der Auslandskrankenschein ist abgeschafft, dafür gibt es seit dem 1.1.2005 die **europäische Krankenversicherungskarte**. Auch mit dieser Karte muss in den meisten Fällen ein Teil der Kosten für ärztliche Behandlung und verordnete Arzneimittel selbst bezahlt werden. Gegen Vorlage der Quittungen übernimmt die Krankenkasse zu Hause dann die Kosten – allerdings nicht für jede Behandlung. Schweizer müssen Behandlung und Medikamente selbst bezahlen. Privat Versicherte reichen bei ihrer Versicherung die Rechnung ein.

Private Reiseversicherung Da die Kosten für ärztliche Behandlung und Medikamente in der Regel teilweise vom Patienten zu tragen sind und die Kosten eines evtl. notwendigen Rücktransports von den Krankenkassen nicht übernommen werden, empfiehlt sich der Abschluss einer zusätzlichen Reise-Krankenversicherung.

Auskunft

WICHTIGE ADRESSEN

ITALIENISCHE FREMDEN-VERKEHRSÄMTER

► **E.N.I.T. in Deutschland**
Kaiserstr. 65
60329 Frankfurt am Main
Tel. 0 69 / 23 74 34
Fax 0 69 / 23 28 94
www.enit-italia.de

► **E.N.I.T. in Österreich**
Kärntner Ring 4
1010 Wien
Tel. 01 / 505 16 39
Fax 01 / 505 02 48
www.enit.at

► **E.N.I.T. in der Schweiz**
Uraniastr. 32
8001 Zürich
Tel. 043 / 466 40 40
Fax 043 / 466 40 41

► **Kostenlose Prospektbestellung**
Tel. 00 800 00 48 25 42
Die Telefonnummer gilt in allen drei Ländern.

IN SÜDTIROL

► **Südtirol Information**
Pfarrplatz 11
39100 Bozen
Tel. 04 71 99 99 99
Fax 04 71 99 99 00
www.suedtirol.info
Eierlegende Wollmilchsau: von der Mountainbike-Strecke bis zur Hotelbuchung

INTERNET

► **Südtiroler Bürgernetz**
www.provinz.bz.it

► **www.lts.it**
Hier sind die Kontaktadressen aller Südtiroler Tourismusorganisationen zu finden.

BOTSCHAFTEN

► **Deutsche Botschaft**
Via San Martino della Battaglia 4
00185 Roma
Tel. 06 49 21 31, Fax 06 44 52 67 2
www.ambgermania.it

► **Österreichische Botschaft**
Via Pergolesi 3
00198 Roma
Tel. 0 68 44 01 41
Fax 0 68 54 32 86

► **Schweizerische Botschaft**
Via Barnaba Oriani 61
00197 Roma
Tel. 0 68 08 95 71, Fax 0 68 08 85 10

KONSULATE

► **Deutsches Honorarkonsulat**
Dr.-Streiter-Gasse 12
39100 Bozen
Tel. 04 71 97 18 58
Fax 04 71 97 57 79

► **Österreichisches Generalkonsulat**
Piazza del Liberty 8/4
20145 Milano
Tel. 02 78 37 43, Fax 02 78 36 25

► **Schweizer Generalkonsulat**
Via Palestro 2
20145 Milano
Tel. 02 77 79 16 1
Fax 02 76 01 42 96

Mit Behinderung in Südtirol

In Südtirol sind viele Orte und Sehenswürdigkeiten auch für Menschen mit eingeschränkter Mobilität erreichbar. Gerade Museen sind häufig behindertengerecht ausgebaut. So kann man beispielsweise, dank einer Hebebühne, auch aus dem Rollstuhl einen Blick auf den berühmten »Ötzi« werfen.

ADRESSEN FÜR KÖRPERBEHINDERTE

AUSKUNFT

- **Hotelsuche**
  www.hotel.bz.it
  Der Dienst von »Südtirol für alle« der Sozialgenossenschaft Independent L. hilft bei der Übernachtungssuche.

- **Blindenzentrum St. Raphael**
  Schießstandweg 36
  39100 Bozen
  Tel. 04 71 44 23 23
  Fax 04 71 44 23 00
  www.blindenzentrum.bz.it

- **Independent L. – Sozialgenossenschaft**
  Laurinstraße 2/d
  39012 Meran
  Tel. 04 73 20 03 97
  Fax 04 73 20 04 53
  www.independent.it

Essen und Trinken

Essenszeiten In den Tourismuszentren haben Restaurants nur selten einen Ruhetag. Dagegen ist selbiger bei den Landgasthöfen durchaus üblich. Die Essenszeiten in den Restaurants sind üblicherweise von 12.00 – 14.00 und 19.00 – 21.00 Uhr. Lokale, die ihre Küchen länger offen haben, sind die Ausnahme und fast nur in größeren Städten zu finden. Auf Berghütten und in Ausflugsgasthäusern gibt es häufig auch am Nachmittag kleine warme Gerichte.

Trinkgeld Trinkgeld wird in Südtirol im Allgemeinen bei den gleichen Gelegenheiten und in ähnlicher Höhe gegeben wie in Deutschland, Österreich oder der Schweiz. Als Richtwert gelten etwa 5 – 10 % des Rechnungsbetrages. Manche Lokale berechnen für Gedeck und Bedienung einen Zuschlag (1 – 2 € in Pizzerias bzw. 10 – 15 % der Rechnung in gehobeneren Restaurants); dann kann das Trinkgeld entfallen.

Rauchverbot Nach einer letzten Übergangsfrist gilt seit 1.6.2005 eines der strengsten Anti-Rauchergesetze: In öffentlich zugänglichen Räumen – in

Büros, Bahnhöfen, Geschäften und auch in Kaffeebars und Restaurants – darf bei hoher Strafe (275 €) nicht mehr geraucht werden. Ausnahmen gibt es nur in Lokalen mit separaten Raucherräumen.

Südtiroler Spezialitäten

Zur Brotzeit bieten sich deftige Südtiroler Spezialitäten an.

Die Basis der bodenständigen Tiroler Küche bilden die Produkte der Landwirtschaft. Zu den ursprünglich deftigen Speisen kamen im Laufe der Zeit kulinarische Einflüsse aus den benachbarten Ländern. So stammen die reiche Vorspeisenauswahl und die Verwendung von Olivenöl aus der italienischen Küche. Und von den Wienern hat man die Liebe zu Hefekuchen und Gebackenem übernommen.

Die traditionelle Südtiroler Küche ist so einfach wie schmackhaft: Als **Vorspeisen** gibt es Suppen mit Einlagen wie Knödel mit Speck oder Leberknödel, »schwarzplentene« Knödel (aus Buchweizen), Milzschnitten, Griesnocken und Frittaten oder auch Saure Suppen mit Kutteln (Rindskaldaunen), weiterhin verschiedene Nocken mit Käse oder Spinat und Schlutzkrapfen (mit Spinat gefüllte Teigravioli). Die **Fleischspeisen** kommen frisch oder geselcht, gepökelt oder als Wurst auf den Tisch, dazu als **Beilagen** Knödel, Kartoffeln, Polenta und Kraut. Bei den **Süßspeisen** grüßt wiederum Wien mit Verlockendem wie Marillen- oder Zwetschgenknödel, Apfelstrudel oder Gugelhupf. Dazu gesellt sich Gebackenes: Bauernkrapfen in vielen Variationen, Apfelküchlein, Knieküchel, Striezel oder die Strauben, die auf jedem Kirchtag feilgeboten werden.

Allerlei Brot

Eine Südtiroler Besonderheit ist die Vielfalt an Brot. Brot gibt es in über hundert verschiedenen Formen, die oftmals originelle Namen wie Bosniaggen, Gipfelen, Struzen, Bananen oder Krapfen tragen. Das **Oster-Fochaz** ist beispielsweise ein rundes Osterbrot, mit Fenchel und Koriander gewürzt, das zum gekochten Osterschinken gegessen wird. Zu Weihnachten gibt es das **Bozner Zelten**, ein süßes Früchtebrot. Die **Vinschger Paarln** sind paarweise gebackene, mit Kümmel, Fenchelsamen u. a. gewürzte Roggenbrötchen in Fladenform aus dem Vinschgau. Als **Schüttelbrot** werden flache, knusprige Fladen bezeichnet, die gern zu Rotwein und Speck serviert werden. Der Teig aus Roggenmehl wird vor dem Backen »geschüttelt«, bis er ganz dünn geworden ist. Als **Vorschlagbrot** bezeichnet man ein aus Roggen- und Weizenmehl gebackenes flaches Brot, dessen Teig Kümmel und Fenchel zugesetzt worden sind.

Brot genoss in Südtirol sogar heilige Verehrung. Bis in die Gegenwart hat sich eine religiöse Brotspende von Raas bis Brixen erhalten, wo am 1. September bis zu 2000 **Ägydi-Brote** an die Besucher der Messe und des anschließenden Mittagsrosenkranzes ausgegeben werden.

! *Baedeker* TIPP

Perfekte Jausen

Zur Brotzeit werden gern Brettlspeck, Kaminwurzen und Almkäse gegessen. Auf einem Holzbrett schneidet man sich den Speck ganz fein vom Stück ab; echte Profis haben deshalb immer ein Taschenmesser dabei. Dazu empfiehlt sich hartes Bauernbrot, Schüttelbrot oder Vinschger Paarln. Auch ein Glas des leichten Vernatsch-Rotweins passt jetzt hervorragend.

Besonders im ländlichen Raum hört man bei den Mahlzeiten manchmal noch die traditionellen Namen. Der Tag beginnt hier beispielsweise mit dem »Vormas«, dem Frühstück; das zweite Frühstück heißt »Halmittag«. Als »Marende« wird die Brotzeit am Nachmittag bezeichnet. Und das Abendessen heißt bei den Südtiroler Bauern noch immer »Nachtmahl«.

Die Tiroler Küche hat auch für einige typische Gerichte sehr eigene Namen. Aus diesen erschließt sich nicht unbedingt, welche Leckerei sich dahinter verbirgt. Das kleine Lexikon erleichtert die Auswahl.

Auf alle Fälle Wein

Die bekannteste Südtiroler Spezialität aus der Flasche ist der Wein. Zwanzig verschiedene **Rebsorten** werden auf einer Fläche von 5200 ha angebaut und stehen für Vielfalt und genussvolle Abwechslung. Eine besondere Rolle spielen dabei die einheimischen Trauben (► Baedeker Special, S. 68). Aber auch die üblichen internationalen Rebsorten wie Chardonnay, Weißburgunder und Sauvignon Blanc sind hier zu finden. Man sollte sie unbedingt probieren, da sie gerade hier, im nördlichsten Weinland Italiens, besonders ausdrucksstark sind. Keinesfalls außer Acht lassen sollte man außerdem den fruchtig-frischen Sylvaner aus dem Eisacktal. Dieser Weißwein gedeiht auf einer Höhe von 500 bis 700 Metern und begeistert durch seinen eigenständigen Charakter. Bei den Roten ergänzen – wie überall auf der Welt – Cabernet Sauvignon, Cabernet Franc und Merlot das heimische Angebot. Und last but noch least werden in Südtirol aus Chardonnay und Pinot Nero beeindruckende trockene Spumante nach Flaschengärmethode hergestellt.

Für die Qualität der Weine bürgt das D.O.C. Prüfsiegel. 98 % aller Südtiroler Weine kommen aus **D.O.C.-Regionen**. Im Eisacktal im Norden entstehen vor allem spritzige, charaktervolle Weißweine. In der Region um Bozen gedeihen samtig-kräftige St. Magdalener und charaktervolle Lagrein.Das Überetsch, die Weinregion entlang des Kalterer Sees, ist die Heimat des Vernatsch; im Unterland wird dagegen hauptsächlich Gewürztraminer angebaut. Burggrafenamt mit Meran ist das jüngste D.O.C.-Gebiet. Und der Vinschgau ist für Kerner und Müller-Thurgau berühmt.

SÜDTIROLER SPEISENLEXIKON

Bauernbratl	Braten-Eintopf aus Schweinefleisch mit Kartoffeln
Bauernschöpsernes	Eintopf aus Hammelfleisch (Schöpsenfleisch), Rotwein und Kartoffeln, gewürzt mit Knoblauch, Salbei, Rosmarin und Lorbeer
Erdäpfelblattln	in Fett ausgebackene Kartoffelteigrechtecke
Gerstsuppe	Suppe aus Gerste, Gemüse und Selch-fleischstückchen
Hauswurst	Gekochte Schweinewurst, die mit Sauerkraut gegessen wird
Kaminwurzen	leicht geräucherte harte Rohwurst, beliebt zur Brettljause
Keschtn	Edelkastanien
Kloazenfülle	Krapfenfüllung aus gedörrten, passierten Birnen
Kniekücheł	kreisförmiges Hefe-Fettgebäck, dessen Vertief ung in der Mitte mit Marmelade gefüllt wird
Milzschnittensuppe	Schnitten aus Kalbsmilz, Semmeln und Gewürzen in kräftiger Fleischbrühe
Schlutzer / Schlutzkrapfen	Teigwaren ähnlich den schwäbischen Maultaschen, gefüllt mit Spinat und mit Parmesan angerichtet
Schwarzplent	Buchweizen; das Mehl hat einen nussartigen Geschmack und wird gern zu Kuchen oder Knödeln verarbeitet
Speckknödel	durch Speck, Zwiebeln und Kräuter verfeinerte Semmelknödel, die in der Suppe oder als Beilage serviert werden; es gibt sie auch in Variationen mit Käse, Spinat oder Pilzen
Spinatnocken	aus Weißbrot, Spinat, Knoblauch und anderen pikanten Zutaten geformte Nocken
Tirtlan	Teigtasche gefüllt mit Sauerkraut, Quark, Spinat oder süßen Zutaten, in Fett ausgebacken
Topfen	Quark
Weinsuppe	Fleischbrühe mit Rahm, Eigelb und Weißburgunder
Zelten	Früchtebrot mit sehr wenig Teig
Ziegerkas / Ziegerkäse	kleiner, kegelförmiger, pikanter Almkäse aus Kuhmilch

Alle zwei Jahre unterziehen internationale Weinexperten den Gewürztraminer einem intensiven Geschmackstest.

TRADITION UND INNOVATION

Das Weinland Südtirol zählt zu den ältesten Weinbaugebieten Mitteleuropas. Schon in vorrömischer Zeit wurden hier Reben angebaut. So prägen neben den zahlreichen Burgen und Schlössern vor allem die Weinreben mit ihren typischen Laubdächern die Landschaft.

Dementsprechend groß ist auch die Vielfalt der Weine. Neben den internationalen Trauben sind es vor allem die waschechten Südtiroler Rebsorten, die man während des Urlaubs unbedingt probieren sollte.

Die alten, neuen Stars

Lagrein ist die älteste Rebsorte Südtirols, der man lange Zeit keine große Aufmerksamkeit schenkte. Er war nur ein Zechwein, der als roter Lagrein oder als Lagrein Kretzer (Roséwein) ausgeschenkt wurde. Vor knapp 20 Jahren begannen jedoch einige Weinmacher, sich intensiver mit dem heimischen Produkt zu beschäftigen. Sie reduzierten die Erträge, bauten die Weine in Barriquefässern aus und ließen ihm genügend Zeit, um in der Flasche zu reifen. Mittlerweile haben sich viele Winzer wieder auf die Tradition besonnen. Denn gute internationale Weine kann man auf der ganzen Welt machen, einen feinen Lagrein jedoch nur in Südtirol. Und wie schmeckt so eine Super-Lagrein? Saftig und samtig zugleich, Aromen von dunklen Beeren und Gewürzen prägen diesen Star am Südtiroler Weinhimmel ebenso wie Lakritz- und Tabaknoten.

Eine sehr populäre Sorte ist der **Vernatsch**. Obwohl in den vergangenen Jahren viele Vernatschreben zu Gunsten anderer Sorten entfernt wurden, sind immer noch 40 % der Südtiroler Weinbaufläche damit bedeckt. Der Trend hin zu leichten, süffigen Weinen mit weniger Alkohol kommt dem fruchtbetonten, hellroten Wein mit den sanften Tanninen zugute. Vernatsch ist ein unkomplizierter Wein, ohne jedoch langweilig zu sein. Je nach Boden, Klima und Landschaft präsentiert er sich immer wieder ein

Berühmte Traube: Der eigenwillige Geschmack des Gewürztraminers passt hervorragend zu vielen modernen Kochkreationen.

wenig anders. Immer mehr Genießer entdecken den Vernatsch als perfekten Speisenbegleiter.

Der **Blauburgunder** kam in der zweiten Hälfte des 19. Jahrhunderts in die Alpenweinregion. Die launische Rebsorte braucht viel Aufmerksamkeit, im Weinberg wie im Keller. Nur leidenschaftliche Winzer mit persönlicher Liebe zu Pinot Nero wagen sich an diese schwierige Aufgabe. Blauburgunder hat zwar in Südtirol keine große Tradition, dennoch profilieren sich diese Weine immer mehr auf dem internationalen Bankett. Die Weine sind geprägt vom Terroir, duften verführerisch nach roten Beeren und Kirschen, sind gut strukturiert und ausgesprochen elegant.

Gold und Gewürz im Glas

Rund um Tramin gedeihen die eleganten **Gewürztraminer**, die selbst diejenigen überzeugen, die normalerweise intensiv duftende Weine ablehnen. In dem Weinort sieht man wohl deshalb auch den Namensgeber für den duftigen, eigenwilligen Weißwein. Südtiroler Gewürztraminer sind fast ausschließlich trocken ausgebaut. Ein paar Flaschen für zu Hause lohnen auf jeden Fall, ist er doch u. a. ein idealer Begleiter für den asiatischen Kochstil.

Normalerweise sind Südtiroler Weine trocken ausgebaut, mit einer Ausnahme: die **Gold- oder Rosenmuskateller**. Diese regionalen, aromatischen Tropfen harmonieren fantastisch mit den typischen Desserts der Region. Übrigens, wie der Name schon verrät, duften und schmecken die Weine nach Muskat und der Rosenmuskateller verlockt zudem noch mit zartem Rosenduft. Unbedingt probieren!

Ihr Können stellen die Weinmacher auch bei den **roten Cuvées** – einer Mischung aus verschiedenen Traubensorten – unter Beweis. Die klassische Mischung aus Cabernet und Merlot ist in den letzten Jahren immer mehr durch gelungene Kreationen aus heimischen Rotweinen abgelöst worden. Durch die Auswahl der richtigen Sorten aus den richtigen Lagen wird dabei die Vielschichtigkeit des Terroirs eindrucksvoll demonstriert. Was dann schon auf dem Etikett toll klingt – Cornelius, Corolle, Ygram oder Linticlarus – ist es dann auch im Glas, ein großartiges Weinerlebnis!

! *Baedeker* TIPP

Probieren, Kaufen, Mitnehmen

Viele Winzer bieten einen Direktverkauf an und lassen bei vorheriger Anfrage Besucher gerne einen Blick in die Keller werfen. Winzer-Adressen findet man unter:
www.suedtirolerwein.com
Im Herbst laden außerdem viele Buschenschanken zum Probieren der neuen Weine:
www.buschenschaenke.it

Beliebt sind außerdem die **Alpenkräuter- und Obstschnäpse** sowie der **Grappa** (auch Treber genannt), ein Destillat aus Traubentrestern. Wo viele Obstbäume stehen, sind selbstverständlich die **Fruchtsäfte** erstklassig. Auch das Angebot an **Bier** ist mehr als ausreichend, darunter die übliche Importware oder das einheimische »Forst«-Bier aus Meran. Und selbstverständlich wird auch die ganze Palette italienischer **Kaffeespezialitäten** serviert.

Feiertage, Feste und Events

Von Tracht bis Frack

In Südtirol wird gern und viel gefeiert. Volksfeste im Trachten-Outfit sind genauso verbreitet wie Konzert- und Theaterveranstaltungen. Im Sommer findet eine ganze Reihe hochkarätiger kultureller Veranstaltungen statt: vom Bozner Tansommer über die Gustav Mahler

Traditionelle Feste wie hier die Fronleichnamsprozession am Fuße des Schlern sind farbenprächtige Spektakel.

musikwochen in Toblach bis zu den berühmten Meraner Musikwochen. Die Volksfeste erreichen wiederum während der Weinlese im Herbst ihre höchste Dichte. Im Folgenden finden Sie eine kleine, aber feine Auswahl der Veranstaltungen; ausführliche Informationen gibt es bei den lokalen Tourismusbüros.

VERANSTALTUNGSKALENDER

FRÜHLING

▶ Meran

Zu Ostern finden das »Haflinger-Galopprennen«, ein Umzug mit Haflinger Pferden, und ein traditionelles Bauernreiten auf dem Untermaiser Rennplatz statt.

▶ Bozen

Gleich zwei kulinarische Highlights: die »Bozner Weinkost« (April) und das Speckfest (Mai). www.weinkost.it, www.speckfest.it

▶ Terlan

Bei den Spargelwochen dreht sich alles um das Stangengemüse.

▶ Tramin

Alle zwei Jahre werden während der Gewürztraminerwochen im Mai die gleichnamigen Weine aus der ganzen Welt miteinander verglichen.

▶ Kastelruth

Am Sonntag nach Fronleichnam findet hier die größte und schönste Prozession ihrer Art in Südtirol statt. Keine Folklore!

SOMMER

▶ Oswald-von-Wolkenstein-Ritt

Anfang / Mitte Juni zeigen beim Reiterturnier-Spektakel rund um Kastelruth, Völs und Seis Mannschaften in historischen Trachten ihr Können.
www.ovw-ritt.com

> **i DIE SCHÖNSTEN FESTE**
>
> - Anfang / Mitte Juni findet das legendäre Reitturnier, der **Oswald-von-Wolkenstein-Ritt** statt.
> - Rund 600 Leute präsentieren sich beim Festumzug **Gröden in Tracht**.
> - Die **Meraner Musikwochen** zählen zu Europas bedeutendsten Festivals für klassische Musik.
> - Das **Laubenfest** in Neumarkt findet an historischem Ort mit traditionellen Volksfestzutaten statt.
> - Zu den **Kalterer Weintagen** präsentieren 30 Betriebe ihre Weine.

▶ Bozen

International besetztes Tanzfestival mit Fokus auf Osteuropa
www.bolzanodanza.it

▶ Neumarkt

Anfang August feiert man an Mittsommer (Fr. – So.) in den historischen Gassen das Laubenfest.

▶ Maratona dles Dolomites

Ca. 8000 Radfahrer quälen sich Anfang Juli durch die Dolomiten.
www.maratona-dolomites.com

▶ Toblach

Bei den Gustav Mahler Musikwochen (August) dreht sich in Konzerten wie Vorträgen alles um den Komponisten.
www.gustav-mahler.it

Folkloristisches Reitspektakel beim Maiaoktoberfest auf dem Pferderennplatz Mais in Meran

▶ **Schenna**
Zur »Südtirol Classic«-Rallye treffen sich Anfang Juli Oldtimerbegeisterte aus ganz Europa.
www.suedtirolclassic.com

▶ **Ritten**
Die Rittner Sommerspiele garnieren die Jahreszeit mit Theater und Konzerten. Zur »Barthlmasmarkt« findet der Almabtrieb statt.
www.rittnersommerspiele.com

▶ **Gröden**
Bei »Gröden in Tracht« im August wird Tradition satt geboten.

HERBST

▶ **Meran**
Die Meraner Musikwochen sind ein Muss für Freunde der klassischen Musik. Außerdem findet das Pferderennen um den Großen Preis von Meran statt.
www.meranofestival.com

▶ **Kaltern**
Bei den Kalterer Weintagen werden die Verkostungen von Weinbergführungen und einem Kulturprogramm begleitet.
www.wein.kaltern.com

▶ **Sarnthein**
Am ersten Septemberwochenende wird seit 450 Jahren der Sarner Kirchtag gefeiert, mit allem, was ein vernünftiges Volksfest braucht.

▶ **Eisacktal**
Im gesamten Tal freut man sich beim Törggelen in den Buschenschänken auf den neuen Wein (Anfang Oktober – Mitte

November). Zur Erntezeit der Esskastanie bereiten zahlreiche Gasthöfe daraus leckere Gerichte.

WINTER

▸ **Weihnachtsmärkte**
In Bozen, Brixen und Meran gibt es schöne Weihnachtsmärkte. So schöne, dass in Bozen sogar die Italiener Gefallen daran gefunden haben.

FEIERTAGE

▸ **Frühling**
Ostermontag
25. April (Tag der Befreiung vom Faschismus)
1. Mai
Pfingstmontag
2. Juni (Tag der Republik)

▸ **Sommer**
15. August (Mariä Himmelfahrt)

▸ **Herbst**
1. November (Allerheiligen)
8. Dezember (Mariä Empfängnis)

▸ **Winter**
25. und 26. Dezember
1. Januar (Neujahr)
6. Januar (Heilige-Drei-Könige)

Geld

Abheben und bezahlen

Seit dem 1. Januar 2002 ist der **Euro** in Italien wie in Deutschland, Österreich und anderen Ländern der Europäischen Union das offizielle Zahlungsmittel. 1 CHF entspricht etwa 0,66 €, für 1 € bekommt man ca. 1,50 CHF.
Die **Banken** sind mit geringen Abweichungen Mo.–Fr. 8.30–13.00 Uhr geöffnet; nachmittags variieren die Öffnungszeiten (ca. 14.30 bis 16.30 Uhr). Besonders in touristischen Zentren ist länger und meist auch am Samstagvormittag offen.
Mit Geldkarte und Geheimnummer kann man an **Geldautomaten** rund um die Uhr problemlos Geld abheben. Mit der Bankkarte erhält man maximal 500 € pro Tag und Konto, mit der Postbank SparCard pro Kalendermonat maximal 1500 €. Kreditkarten unterliegen höheren Grenzen.
Die meisten internationalen **Kreditkarten** werden von Banken, Hotels, Restaurants, Autovermietern und vielen Geschäften akzeptiert.

Kartenverlust

Bei Verlust von Kredit-, Bank-, oder Krankenkassenkarten wie auch Handys und anderer sperrbarer Medien sollte man unverzüglich den **Sperr-Notruf** benachrichtigen. Seit Mitte 2005 erreicht man ihn unter: **Tel. 0049/116116** (www.sperr-notruf.de).

Besser nicht wegwerfen

In Italien ist der Käufer verpflichtet, die **Kassenbelege** (ricevuta fiscale oder scontrino) aufzuheben. Es kann vorkommen, dass man nach dem Verlassen eines Geschäfts von der Polizei aufgefordert wird, die Quittung vorzuzeigen – damit soll Steuerbetrug erschwert werden.

Gesundheit

Apotheken Die Apotheken sind in Südtirol an Sonn- und Feiertagen geschlossen. In den größeren Orten haben »Turnusapotheken« Bereitschaftsdienst. Hinweise auf die Öffnungszeiten und Adressen sind an den Apotheken angeschlagen.

Vorsicht im Gebirge Achten Sie darauf, dass Sie vor allem im Gebirge nicht allein unterwegs sind. Verlassen Sie sich auch nicht darauf, dass Sie mit dem Mobiltelefon von jedem Standort aus Hilfe anfordern können, denn in den Gebirgslagen ist der Handy-Empfang nicht überall gewährleistet. Geben Sie Ihr Ausflugsziel zur Sicherheit im Hotel an.
Wenn Sie in höheren Regionen unterwegs sind, sollten Sie außerdem selbst bei indirekter Sonneneinstrahlung auf entsprechenden **Sonnenschutz** achten, da die UV-Strahlung im Gebirge selbst bei Nebel oder Wolken sehr hoch ist.

Mit Kindern unterwegs

Was Kindern Spaß macht Südtirol ist ein sehr kinderfreundliches Land. Bereits bei der Übernachtungsauswahl kann man hier für zufriedene Kinderaugen sorgen. So bietet der Urlaub auf dem Bauernhof dafür beste Vorausset-

Sichere Sache: Ferien auf dem Bauernhof machen Kinder glücklich.

zungen. Eine Reihe von Familienhotels empfiehlt sich mit kinderfreundlicher Ausstattung, besonderen Angeboten für die Kleinen oder eigenen Kinderveranstaltungsprogrammen (► Übernachten). Die Tourismusbüros vermitteln außerdem ein breites Angebot an Ausflugszielen und Wanderwegen, die sich für Familien eignen.

Zum Austoben

Beim Freizeitangebot profitieren Eltern von den natürlichen Gegebenheiten des Landes. Wanderungen lassen sich leicht mit Abstechern zu spektakulären Schluchten oder Seilbahnfahrten kombinieren. Auch das Sportprogramm lässt sich kindgerecht aufbereiten. Kinderbetreuung bzw. Kurse für die Jüngsten sind beim Wintersport mittlerweile fast überall obligatorisch. Aber auch im Sommer finden Familien hier gute Voraussetzungen, z. B. beim **Radfahren**. Eine Route, die sich für Familien eignet, bietet der Passerradweg. Er verläuft von Meran bis St. Leonhard im Passeier (18 km, 350 Höhenmeter) und ist im Frühjahr zur Zeit der Obstbaumblüte am schönsten. Start ist am Flussbett der Passer auf halbem Weg zwischen der Passerbrücke und der Abzweigung nach Dorf Tirol (Parkplatz). Entlang der Strecke gibt es jede Menge Einkehrmöglichkeiten.

Auch ein **Museumsbesuch** kann für Kinder durchaus interessant werden. Es fängt damit an, dass viele Museen in ehemaligen Schlössern und Burgen untergebracht sind und somit ein Hauch von Abenteuer auf ihnen liegt. Außerdem sind viele Ausstellungen auch für Kinder konzipiert.

i DIE BESTEN MUSEEN FÜR KINDER

- Die Rüstkammer der Churburg dürfte jeden Jungen begeistern (S. 261).
- Im Bozner »Naturmuseum Südtirol« wird nicht nur multimediales Erleben, sondern auch ein Meerwasseraquarium geboten (S. 128).
- Im Archäologischen Museum wird mit »Ötzi« die Urgeschichte fast wieder lebendig (S. 127).

Knigge

»Natürliche« Benimmregeln

Südtirol gehört zu den meistbesuchten Urlaubsregionen Europas, und dies vor allem wegen seiner landschaftlichen Schönheit. Der Schutz der noch relativ intakten Natur sollte deshalb selbstverständlich sein. Auch außerhalb von Schutzgebieten (Naturparks, Biotope) sollte man die Wege nicht verlassen, keine Blumen pflücken oder Tiere stören. Abfälle gehören in die dafür vorgesehenen Behälter.
Das Sammeln von Mineralien ist nur mit Genehmigung gestattet, das Sammeln von Pilzen ganz verboten. Die Einheimischen sehen es außerdem mit äußerstem Missfallen, wenn man durch ungemähte Wiesen geht, Fallobst aufliest oder sich zur Zeit der Traubenreife in die Weinberge begibt. Durchquert man Weidegebiete, muss beim Betreten und Verlassen das Gatter wieder sorgfältig geschlossen werden.

Die prunkvollen und mit großer Hingabe gefeierten Kirchenfeste, allen voran die ländlichen Prozessionen, sind noch heute ein wichtiger Bestandteil der Volksfrömmigkeit und keine folkloristischen Veranstaltungen. Als Zuschauer sollte man sich entsprechend zurückhaltend und respektvoll verhalten.

Nicht zu viel italienisch

Auch ein Zeichen von Takt ist es, in Südtirol nicht die italienischen Ortsnamen zu verwenden, sondern die ursprünglichen deutschen Namen. Es wird nicht nur als überflüssige Unsitte aufgefasst, sondern trifft möglicherweise sogar einen sehr empfindlichen Punkt der Einheimischen. Denn die meisten italienischen Bezeichnungen erinnern von ihrer Herkunft her an die Zeit des Faschismus, als der überzeugte italienische Nationalist Ettore Tolomei (▶ Berühmte Persönlichkeiten) rund 20 000 deutsche Orts- und Flurnamen meist völlig willkürlich ins Italienische übersetzte.

Literatur und Film

Bücher zur Einstimmung

In unzähligen Büchern sind die Schönheit der Südtiroler Landschaft, die Besonderheiten der Küche sowie die zahlreichen Wander- und Kletterziele beschrieben. Folgende Werke einheimischer Buchautoren oder Fotografen geben einen guten Einblick:

Gatterer, Claus: Schöne Welt, böse Leut, Folio Verlag 2005
Eine Kindheit in Südtirol zur Zeit des Faschismus wird hier vom Autor in einen humorvoll ironischen Roman verpackt.

Kompatscher, Anneliese und Schmalzl, Tobias: Südtirols Küche – raffiniert einfach, Folio Verlag 2005
Kalte und warme Vorspeisen, leichte Fisch- und Fleischgerichte bis hin zu unwiderstehlichen Desserts und der entsprechenden Weinempfehlung

Messner, Reinhold und Tappeiner, Jakob: Dolomiten. Die schönsten Berge der Welt, Bucher 2002
Vom Extrembergsteiger Reinhold Messner stammt die Beschreibung seiner Kletterheimat, der renommierte Fotograf Jakob Tappeiner lieferte die faszinierenden Fotos und Luftaufnahmen der Dolomiten.

Perathoner, Kajus und Kostner, A. A.: Ladinisches Vermächtnis. Natur, Mythos, Bauernkultur in den Dolomiten, Athesia 1999
Der Bildband gibt einen schönen Einblick in Ladinien, die Menschen und ihre Bräuche und Kultur.

Südtirol im Film

Die Dolomiten und Südtirols Bergwelt sind auch ein beliebter Schauplatz für zahlreiche Kletter- und Bergfilme. So wurden die Dolomiten bei Leni Riefenstahls »Das blaue Licht« oder »Cliffhanger« mit Sylvester Stallone dramatisch in Szene gesetzt. Gröden ist außerdem die Heimat des legendären Bergfilm-Schauspielers, Filmemachers und passionierten Bergsteigers Luis Trenker (►Berühmte Persönlichkeiten), der zwischen 1923 und 1989 in zahlreichen Filmen mitwirkte. Auch dem Extrembergsteiger Reinhold Messner sind mehrere filmische Dokumentationen gewidmet, die gleichzeitig die Faszination des Kletterparadieses Südtirol vermitteln.

Medien

Man spricht deutsch

In Südtirol sind eine ganze Reihe deutschsprachiger Sender zu empfangen. Im **Radio** sind eine Vielzahl kleiner Regionalsender sowie die österreichischen Stationen zu hören. Auch im **Fernsehen** dürfte es nicht zu Sprachproblemen kommen. Der Sender Bozen der italienischen Rundfunkanstalt RAI strahlt seine Sendungen in deutscher Sprache – und bei besonderer Relevanz für die Minderheit sogar in ladinischer Sprache – aus. Außerdem können das ZDF, das erste und zweite Programm des ORF und das deutschsprachige Schweizer Fernsehen empfangen werden. Viele Hotels besitzen außerdem Satellitenempfangsanlagen und die damit verbundene Programmauswahl. In dringenden Fällen können im Radio **Reiserufe** übermittelt werden. Auskünfte erteilen die Automobilclubs oder die Polizei.

Wer sich für regionale Belange interessiert, greift zur Tageszeitung »Dolomiten«.

Gedrucktes Überregionale Tageszeitungen wie die »Süddeutsche«, die FAZ oder die NZZ sind vor Ort am Erscheinungstag erhältlich. Das Angebot an Zeitschriften und Illustrierten dürfte ebenfalls kaum Wünsche offen lassen. Wer eine deutschsprachige Lokalzeitung sucht, wird bei der konservativen »Dolomiten« fündig; die italienischsprachige Lokalzeitung heißt »Alto Adige«.

Notrufe

Alpines Notsignal Ist man in den Bergen in Not geraten, sollte man sich an folgende Signalfolgen halten: Tagsüber schwingt man sechsmal / Min. ein Tuch bzw. Kleidungsstück oder gibt Rauchzeichen, um auf sich aufmerksam zu machen. Darauf folgt eine einminütige Pause. Nachts lässt man sechsmal / Min. ein Licht aufleuchten, dem wiederum eine Minute Pause folgt. Man kann natürlich in diesem Rhythmus auch akustisch durch Rufen auf sich aufmerksam machen. Auf ein empfangenes Notsignal antwortet man übrigens mit einem Zeichen, dass man dreimal / Min. wiederholt und dann eine Minute Pause einlegt.

WICHTIGE NOTRUFNUMMERN

ALLGEMEINE NOTRUFE

- **Landesnotrufzentrale**
  Tel. 118
  Alle Notrufe werden rund um die Uhr an die entsprechenden Stellen weitergeleitet.

- **Carabinieri (Gendarmerie)**
  Tel. 112

- **Feuerwehr**
  Tel. 115

VERKEHRSNOTRUFE

- **Autohilfsdienst des ACI**
  Tel. 80 31 16
  mit ausländischem Handy:
  Tel. 8 00 11 68 00

- **ACE-Notrufzentrale**
  Tel. 00 49 / 18 02 / 34 35 36

- **ADAC Pannenhilfe und Notruf**
  Tel. 02 66 15 91 (Mailand)

- **DRK-Flugdienst Bonn**
  Tel. 00 49 / 228 / 23 00 23

- **Deutsche Rettungsflugwacht**
  Tel. 00 49 / 711 / 70 10 70

- **ÖAMTC-Notrufzentrale Wien**
  Tel. 00 43 / 1 / 2 51 20 00

- **Schweizer Rettungsflugwacht**
  Tel. 00 41 / 44 / 14 14

IN DEN BERGEN

- **Lawinenwarnungen**
  Ansagedienst: Tel. 04 71 27 11 77

- **Schnee- und Wetterbericht**
  Tel. 04 71 27 11 77 oder
  04 71 27 05 55
  www.provinz.bz.it/wetter/sued tirol.htm

- **Bergrettungsdienst**
  Tel. 118

Post · Telekommunikation

Post und Brief

Postämter sind im Allgemeinen von 8.30 – 13.30 Uhr geöffnet; samstags und am letzten Tag des Monats schließen sie um 11.45 Uhr. **Briefmarken** (Francobolli) kauft man entweder in Postämtern oder in Tabakwarengeschäften, die mit einem »T«-Schild (Tabacchi) gekennzeichnet sind. Ein Brief bis 20 g sowie eine Postkarte ins europäische Ausland kosten 0,62 € und werden mit »Posta prioritaria« frankiert. Die **Briefkästen** sind rot.

Telefongespräche nach Deutschland, Österreich oder in die Schweiz kann man von öffentlichen Fernsprechern mit orangerotem Telefonhörersymbol führen. Sie funktionieren mit Münzen (nur noch wenige) oder mit Telefonkarten (carta telefonica), die es u. a. in Bars, an Kiosken oder in Tabakgeschäften gibt. **Wichtig:** Die Ortsvorwahlen sind Bestandteil der italienischen Rufnummern. Bei Ortsgesprächen und Anrufen aus dem Ausland muss die Vorwahl einschließlich der 0 gewählt werden.

Mobiltelefonieren ist möglich; in den Bergen muss man aber mit Funklöchern rechnen. In Italien stehen mehrere Netzanbieter zur Verfügung. Am besten erkundigt man sich bei seinem Netzbetreiber, mit welchem dieser zusammenarbeitet, um Gebühren zu sparen.

VORWAHLEN

nach Italien 00 39

▸ **aus Italien**
nach Deutschland 00 49
nach Österreich 00 43
in die Schweiz 00 41

TELEFONAUSKUNFT

Inland Tel. 12
Ausland Tel. 4176

Preise

WAS KOSTET WIE VIEL?

1 Tasse Espresso 1,00 €

Einfache Mahlzeit ab 5,00 €

Menü ab 15,00 €

Doppelzimmer ab 48,00 €

Reisezeit

Palmen und ewiges Eis

Südtirol liegt an der wetterbegünstigten Alpensüdseite. Die kalten, starken Luftströme aus dem Norden werden vom Alpenhauptkamm abgefangen. Die Jahresdurchschnittswerte zeigen im Vergleich zu den nördlichen Gebieten wesentlich mehr Sonnentage und weniger Niederschlag. Auch die Tiefdruckgebiete des Atlantik beeinflussen kaum das Klima. Schlechtwetter zieht meist mit feuchten, aber milden Strömungen von der nahen Adria oder vom Golf von Genua zu den Bergen. Während auf den Gipfeln der Hochgebirge ganzjährig Schnee liegt, ist das Klima in den nach Süden geöffneten Talböden von Etsch und Eisackfat fast mediterran. Dementsprechend variieren auch die **mittleren Jahrestemperaturen**. Sie liegt beispielsweise in Sterzing im Norden (948 m ü.d.M.) oder in Bruneck (835 m ü.d.M.) um die 6 °C. Im östlich gelegenen Innichen sinkt das Jahresmittel sogar auf 4,7 °C. Warm wird es in Schlanders (9 °C) und Meran (11,5 °C) und am wärmsten in Gries bei Bozen (273 m ü.d.M.) mit 11,7 °C. Zum Vergleich: die wärmste deutsche Stadt Freiburg kommt »nur« auf 10,4 °C.

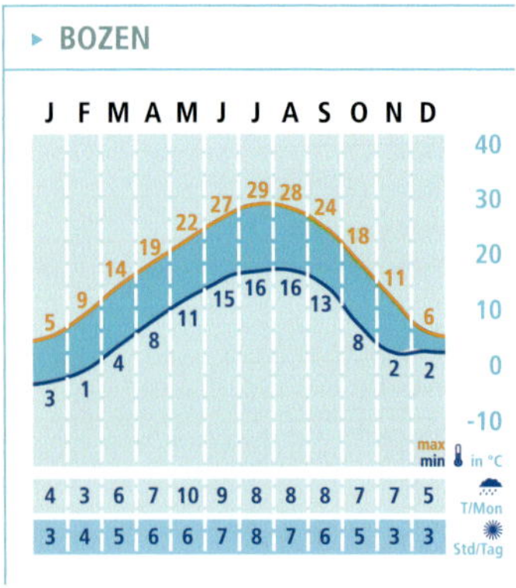

Das ganze Jahr »Saison«

Wegen des Klimas hat Südtirol das ganze Jahr über etwas zu bieten. Hauptsaison für die Skifahrer ist der Winter, Schnee finden diese aber auch im Sommer, z. B. am Stilfser Joch und im Schnalstal. Naturfreunde und Wanderer können den Blütenreichtum der Region genießen. Im Frühjahr blühen die Obstbäume und im Sommer die Almwiesen. Juli und August ist dann auch die Hauptreisezeit für ganz Südtirol. Man kann nicht nur hervorragend wandern, sondern auch baden gehen, z. B. im wärmsten Alpensee, dem Kalterer See, oder in einem glasklaren, aber frischen Gebirgssee. Schön ist auch der Herbst, wenn man von Buschenschank zu Buschenschank ziehen kann, um die neuen Weine zu testen.

Shopping

Geschäftszeiten

Die Geschäfte sind in den Städten im Allgemeinen Mo – Fr von 9.00 bis 12.00 Uhr und 15.00 – 19.00 Uhr geöffnet. Am Samstag sind die meisten Geschäfte nur vormittags offen, Sonntags geschlossen, einige machen auch einmal pro Woche halbtags zu. In den Tourismuszentren ticken die Geschäftszeituhren allerdings anders.

Spitzenklöpplerinnen stellen kunstvolle Decken auf althergebrachte Weise her.

Ein beliebtes Mitbringsel aus Südtirol ist traditionsreiches Handwerk und Kunstgewerbe, dass hier in erstaunlicher Vielfalt hergestellt wird.

Handwerk und Kunstgewerbe

Wer sich gleichfalls für die Geschichte des Südtiroler Kunsthandwerks interessiert, sollte auch im Kunsthandwerklichen Museum in St. Ulrich oder im Südtiroler Landesmuseum für Volkskunde in Dietenheim (bei Bruneck) vorbeischauen.

Berühmt sind die **Grödner Holzschnitzereien**. Vor allem in den Fremdenverkehrsorten St. Christina, St. Ulrich und Wolkenstein kann man u. a. die heimatliche Weihnachtskrippe mit aus Holz geschnitzten Figuren verstärken. Um wirkliche Handarbeit von maschinell gefertigten Produkten zu unterscheiden, wird erstere durch ein Markenzeichen geschützt. Die Marke besteht aus einem Metallplättchen, welches das Zeichen der Handwerkskammer Bozen und den Schriftzug »Entirely Hand Carved« trägt.

Eine gute Adresse für Kunsthandwerk sind außerdem die »Südtiroler Werkstätten« in Bozen (►S. 127).

! Baedeker TIPP

Es muss nicht immer Gröden sein

Auch im Sarntal gibt es viele traditionelle Handwerker. Ihre Produkte, darunter Federkielstickereien, Sarnerjangger (Trachtenjanker aus handgesponnener Wolle), das wertvolle Sarner Essbesteck oder das »Reggele« (eine Kurzpfeife mit schön gearbeitetem Pfeifenkopf aus Wurzelholz und Metall) kann man vielerorts kaufen. Viel lehrreicher und sinnlicher ist es jedoch, den Handwerkern bei der Arbeit zuzusehen (Adressen beim Tourimusbüro Sarnthein, Tel. 04 71 62 30 91).

Leckeres für daheim

Als kulinarische Spezialität beliebt ist der **Südtiroler Speck**, der unter dem Namen »geschützte geografische Angabe (ggA) Südtiroler Markenspeck« im Handel ist. Man erkennt die »Echtheit« auch am grünen Hosenträgersteg und an der Brandmarkierung in der Schwarte. Südtiroler **Wein** schmeckt auch daheim. Kompetente Beratung gibt es in den Fachgeschäften, Kellereigenossenschaften und beim Winzer. Von hervorragender Qualität sind auch die klaren **Schnäpse** wie Birnenbrand, Marillenbrand, Kirsch- und Zwetschgenwasser, Grappa bzw. Treber oder die Kräuterliköre.

Märkte

Abwechslungsreich ist ein Bummel über die Märkte, die in allen größeren Orten Südtirols abgehalten werden, wie z. B. regelmäßig am Samstag bei der Talferbrücke in Bozen und am Freitag in Meran beim Bahnhof.

Übernachten

Für alle Ansprüche

Als bestens entwickelte Urlaubsregion gibt es in Südtirol dementsprechend viele Übernachtungsmöglichkeiten. Einfache und schlichte **Hotels** sind genauso im Angebot wie Nobelherbergen mit Wellness-Farm oder Familienhotels. Bei der Hotelauswahl hilft u. a. die Homepage der »Südtirol Information« (► Auskunft) oder auch dieser Reiseführer. Die hier aufgeführten Hotels sind in **Kategorien** eingeteilt, die sich nach dem Preis einer Übernachtung für eine Per-

Zum von Matteo Thun entworfenen Traumhotel »Vigilius« auf dem Vigiljoch gehört selbstverständlich auch ein Schwimmbad.

son im Doppelzimmer richten. Dabei gilt: »Luxus« (über 80 €), »Komfortabel« (40 – 80 €), »Günstig« (bis 40 €). Die Preise variieren abhängig von der Saison und teilweise auch von der Aufenthaltsdauer.
Nachfolgend sind gleichfalls einige Adressen zu finden, die bei der Vermittlung von »Ferien auf dem Bauernhof« bzw. bei der Privatzimmersuche helfen.

WICHTIGE ADRESSEN

BAUERNHÖFE UND FERIENWOHNUNGEN

▸ **Südtiroler Bauernbund**
»Urlaub auf dem Bauernhof«
Schlachthofstraße 4D
39100 Bozen
Tel. 04 71 99 93 08
Fax 04 71 98 11 71
www.roterhahn.it
Komfortable Suchfunktion und detailierte Informationen zu den einzelnen Höfen im Internet

▸ **Familienhotels Südtirol**
Pfarrplatz 11
39100 Bozen
Tel. 04 71 99 99 90
Fax 04 71 99 99 90
www.familienhotels.com

▸ **Verband der Privatzimmervermieter**
Leonardo-da-Vinci Str. 20
39100 Bozen
Tel. 04 71 97 83 21
Fax 04 71 98 19 39

CAMPING / CARAVANING

▸ **Campingplätze online**
www.camping.suedtirol.com

▸ **Federazione Italiana del Campeggio e del Caravanning**
Via Vittorio Emanuele 11
50041 Calenzano / Firenze
Tel. 0 55 88 23 91
www.federcampeggio.it

▸ **Campingplatz Steiner**
Kennedystraße 32
39055 Leifers
Tel. 04 71 95 01 05
www.campingsteiner.com
Schön im Obstgarten gelegen. Unbedingt dem Bozner Platz vorzuziehen, weil größer und schöner.

JUGENDHERBERGEN

▸ **Jugendherbergsverband A.I.G. Bozen**
Rosministraße 14
39100 Bozen
Tel. 04 71 97 71 00
Fax 04 71 97 70 08
www.jugendherberge.it

▸ **Jugendherberge Bozen**
Rittnerstraße 23
Tel. 04 71 30 08 65
Fax 04 71 30 08 58

▸ **Jugendherberge Brixen**
Brunogasse 2
Tel. 04 72 27 99 99
Fax 04 72 27 99 98

▸ **Jugendherberge Meran**
Carduccistraße 77
Tel. 04 73 20 14 75
Fax 04 73 20 71 54

▸ **Jugendherberge Toblach**
Dolomitenstraße 29
Tel. 04 74 97 62 16
Fax 04 74 97 37 54

Camping In Südtirol gibt es weiterhin eine große Anzahl gut bis sehr gut ausgestatteter Campingplätze, die teilweise ganzjährig geöffnet sind. Ein Campingführer ist über die »Südtirol Information« (► Auskunft) erhältlich. Campingplatzverzeichnisse für ganz Italien werden u. a. von der E.N.I.T. und von der Federazione Italiana del Campeggio e del Caravanning herausgegeben.

Urlaub aktiv

Einfach mal zugucken Auch in Südtirol gibt es Sportveranstaltungen, die durchaus für ein breites Publikum interessant sein können. Darunter sind einige recht populäre Laufveranstaltungen (u. a. Halbmarathon Meran-Algund, »Boclassic« in Bozen), aber auch die beliebten Reitturniere in historischen Kostümen wie der Eppaner Burgenritt im Juni oder der Oswald-von-Wolkenstein-Ritt (► Feiertage). Radsport-Freunde sollten sich den Maratona dles Dolomites von Stern bis Corvara, das größte Radrennen Südtirols, vormerken. Viel schöner ist es jedoch, in Südtirol selbst sportlich aktiv zu werden. Möglichkeiten gibt genug, das wissen nicht nur Wintersportler und Wanderer. Die Berge bieten ideale Bedingungen für Kletterer wie auch Wildwasserkanuten. Zudem ist man in den letzten Jahren dem Bedarf an Golfplätzen gerecht geworden.

In Südtirol finden Mountainbiker jede Menge Herausforderungen.

Gefördert wird ebenfalls das **Radwandern**. In verschiedenen Gegenden sind eigens beschilderte Radwege angelegt worden, u. a. zwischen Eppan und Kaltern (»Überetscher Fahrradweg«; 3 km), zwischen Partschins / Rabland und Latsch (»Untervinschgauer Fahrradtour«; 54 km), bei Sand in Taufers (Richtung Gais; 8 km) oder in Brixen (Richtung Albeins; 10 km).

Verwöhnt mit Bergen und Natur, ist Südtirol gleichfalls ein ideales Gebiet für **Mountainbiker**, die hier ein großes Tourenangebot finden. Auf Bike-Touristen spezialisierte Hotels verleihen außerdem selbst Räder.

Wellness

Auf dem Gipfel der Erholung

Südtirol bietet hervorragende Gelegenheiten, sich und seinen Körper zu verwöhnen. Zum Kuren zog es einst schon Kaiserin Sisi und ihren Hofstaat her. Mit dem Heubad haben die Südtiroler außerdem der Sauna etwas ganz Eigenes entgegenzusetzen. Auf den Wellness-Trend setzen auch die gehobenen Hotels, die ihren Gästen Sauna, Massage etc. im Haus bieten.

Heilbäder und Kuren

In Südtirol gibt es eine Reihe von Heilbädern. Am bekanntesten sind die radioaktiven **Mineralquellen** von Meran; weiter sind aus dem gesamten auf der beiliegenden Reisekarte wiedergegebenen Gebiet zu nennen: Weißlahnbad bei Tiers, Bad Bergfall in Olang, das Völlaner Badl bei Lana, Bad Valdander in Untermoi, Bad Schörgau im Sarntal, Salomonsbrunn in Antholz, Bad Moos in Sexten, außerdem die Heubäder wie z. B. in Völs am Schlern. Genauere Informationen erhält man bei den Tourismusbüros.

Im Heu baden

Die Heubäder sind eine alte Kurtradition, die sich bereits Ende des 19. Jh.s großer Beliebtheit erfreute. Dabei wird eine Wanne mit einem Tuch ausgelegt und mit Heu gefüllt. Man legt sich hinein und wird mit Heu zugedeckt, bis nur der Kopf herausschaut. Nach einiger Zeit schwitzt man gehörig, Kreislauf und Stoffwechsel kommen ordentlich in Schwung. Dies fördert die Durchblutung, regt den Stoffwechsel an und stärkt das Immunsystem. In den Badestuben (»Badln«) kommt dagegen die Heilkraft des Wassers voll zur Wirkung. Im Zuge der naturnahen Wellness-Welle sind solche Anwendungen wieder »in« und werden von etlichen Hotels angeboten.

Nicht niesen!

Wintersport

Südtirol und die Dolomiten bieten Wintersportlern **paradiesische Voraussetzungen**. Es gibt eine große Zahl von Skipisten aller Schwierigkeitsgrade, gespurte Loipen, Rodel- und Eisbahnen sowie jede Menge Aufstiegshilfen – vom Schlepplift für Babies bis zur Großkabinen-Gletscherbahn. Praktisch jeder Ort verfügt über Ski- und Snowboardschulen und Sportgeräteverleih; die

WICHTIGE ADRESSEN FÜR SPORTLER

GOLFEN

► **Maia Service Center**
Tel. 04 73 44 39 96
www.golfinsuedtirol.it
Infos zu Plätzen, Golfhotels sowie Ermäßigungen (»Goldcard«)

► **Golfplatz Petersberg**
Tel. 04 71 61 51 22
Schöner wie abwechslungsreicher 18-Loch-Platz 4 km nordöstlich von Aldein

HALLEN- UND ERLEBNISBÄDER

► **Acquafun**
M.-H.-Hueber-Str. 2, Innichen
Tel. 04 74 91 62 00
www.acquafun.com

► **Acquarena**
Altenmarktgasse 28/B, Brixen
Tel. 04 72 82 36 70
www.acquarena.com

► **Erlebnisbad Naturns**
Feldweg 5, Naturns
Tel. 04 73 66 80 36
www.erlebnisbad.it

► **Hallenbad Bozen**
Triester Straße, Bozen
Tel. 04 71 91 10 00

► **Meranarena**
Piavestr. 46, Meran
Tel. 04 73 23 69 82
www.meranarena.it

KLETTERN

► **Südtiroler Alpenverein**
Tel. 04 71 97 81 41
www.alpenverein.it

► **Kletterhalle Sexten**
Waldheimstr. 23, Sexten
Tel. 04 74 71 00 96
www.dolomitarena.it
45 Routen mit unterschiedlichen Schwierigkeitsgraden

RAFTING

► **Rafting Club Activ**
Sand in Taufers
Tel. 04 74 67 80 76

► **Rafting Sterzing / Schifferle**
Tel. 04 72 76 56 60

RADFAHREN

► **M2 BIKE Sterzing**
Ried 39
Tel. 04 72 76 04 70
www.m2-bike.com
Verleih, Reparaturen, Touren.

► **Bike Alpin**
Tel. 09 17 6 99 30 9
www.bikealpin.de
Bietet mehrtägige Mountainbike-Reisen durch Südtirol an.

► **Südtirol Bike Arena**
Sigmundskronerstr. 26/a
Frangart / Eppan
Tel. 04 71 63 11 40
www.bikearena.it

REITEN

► **Südtiroler Haflinger Pferdezuchtverband**
Galvanistr. 40, Bozen
Tel. 04 71 50 10 71
www.haflinger-suedtirol.it

SEGELN

► **Segelverein Kalterer See / SVKS**
Tel. 04 71 91 47 88

WINTERSPORT

► **Dolomiti Superski**
www.dolomitisuperski.com
Alles zu Pisten, Pässen, Pensionen

Gleitschirm-Piloten können zu fantastischen Flügen abheben; Ungelernte schauen am Boden neidisch zu.

Kleinen finden in Ski-Kindergärten Betreuung. Apropos: Für Wintersportler unter 14 Jahre gilt auf italienischen Pisten seit 2005 **Helmpflicht**. Wer gegen die neue Vorschrift verstößt, muss mit Bußgeldern bis zu 150 Euro rechnen.

Skipass

Fast jeder Wintersportort bietet, oft im Verbund mit benachbarten Tälern und Orten, für die lokalen Lifte Skipässe an. Diese gibt es in der Regel als Tages-, Wochen- oder Saisonabonnement.
Das absolute Nonplusultra bildet der unter dem Namen **»Dolomiti Superski«** zusammengefasste Wintersportverbund zwischen Eisacktal, Pustertal und Fleimstal. Der weltweit größte Lift- und Pistenverbund öffnet den Pass-Inhabern beinahe die gesamte Dolomitenregion. Der Skipass gilt für zwölf Skigebiete. Insgesamt 450 Lifte und 1220 km Piste stehen Skifahrern, Snowboardern, Schneeschuhläufern oder Telemark-Fans zur Verfügung.

Verkehr

Autobahn

Fast alle Autobahnen (autostrada) in Italien sind gebührenpflichtig (pedaggio). Die Autobahngebühr kann bar, mit Kreditkarte oder mit der sog. »Viacard« bezahlt werden. Man erhält sie in Italien bei den Automobilclubs, aber auch in Tabakläden sowie an Tankstellen.

Tankstellen Die Einfuhr und der Transport von Benzin in Kanistern sind verboten. Es gibt bleifreies Benzin (95 Oktan, benzina senza piombo oder benzina verde), Superbenzin (97 Oktan) und Dieselkraftstoff (gasolio). Die Tankstellen sind in der Regel von 7.00 bis 12.00 und 14.00 bis 19.00 Uhr geöffnet; an der Autobahn gibt es meist einen 24-Stunden-Service. Fast alle Tankstellen bieten Selbstbedienung und Bezahlung am Geldautomaten an.

Verkehrsvorschriften Neben den in Europa üblichen Verkehrsvorschriften gibt es in Italien einige Besonderheiten. Die **Promillegrenze** liegt bei 0,5. Außerdem muss man auf Autobahnen und Schnellstraßen tagsüber mit **Abblendlicht** fahren.

Es gelten folgende **Tempolimits**: Pkws, Motorräder und Wohnmobile bis 3,5 t: innerorts 50 km / h, außerorts 90 km / h, auf Schnellstraßen (zwei Spuren pro Richtung) 110 km / h, auf Autobahnen 130 km / h; Pkws und Wohnmobile über 3,5 t: außerorts 80 km / h, auf Schnellstraßen 80 km / h und auf Autobahnen 100 km / h. **Bei Regen** sind auf der Autobahn maximal 110 km / h anstatt 130 km / h erlaubt! Auf der **Brennerautobahn** besteht zudem ein generelles Tempolimit von 110 km / h. Wer zu schnell fährt und erwischt wird, muss mit hohen Geldstrafen rechnen.

Die Passstraßen, wie diese zum Timmelsjoch, sind nichts für schwache Fahrernerven.

Wichtig: Seit 2004 sind **Pannenwesten**, die den Sicherheitsnormen entsprechen, Pflicht! Privates **Abschleppen** auf Autobahnen ist verboten. Im Falle einer Panne werden ausländische Auto- oder Motorradreisende vom Pannendienst des italienischen Automobilclubs kostenlos zur nächsten Werkstatt abgeschleppt. Auf Motorrädern und Mopeds besteht **Helmpflicht**. Bei Totalschaden ist der Zoll zu verständigen, da sonst u. U. für das Schadensfahrzeug Einfuhrzoll bezahlt werden muss.

Passstraßen

Zu den ganzjährig befahrbaren Pässen gehören die Grenzübergänge Brenner und Reschen. Folgende Pässe sind zu den Zeiten in Klammern gesperrt: Timmelsjoch (Oktober – Mai), Gavia (September – Juli), Jaufen (Oktober – Mai), Penser Joch (November – April) und Stilfser Joch (Oktober – Juni).
Auf den Passstraßen können gelegentlich schon im Herbst bzw. noch im Frühling winterliche Verhältnisse herrschen, die eine **Winterausrüstung** verlangen. Über wetterbedingte Beeinträchtigungen der Befahrbarkeit informieren die Automobilclubs sowie Hinweistafeln an den großen Zufahrtsrouten.

Öffentlicher Nahverkehr

Die regionalen Bus- und Zuglinien sind gut ausgebaut. Die wichtigsten Bahnlinien führen vom Brenner bzw. von Innichen nach Bozen und von Bozen nach Meran. Auch die 1906 eröffnete Vinschgaubahn von Meran bis Mals ist seit Mai 2005 wieder in Betrieb.

WICHTIGE ADRESSEN

AUSKUNFT / INFORMATION

► **Südtiroler Verkehrsmeldezentrale**
Tel. 04 71 20 01 98
Verkehrsinfos über gesperrte Pässe, Staus etc.

► **Automobilclub Südtirol**
Italienallee 19/A
39100 Bozen
Tel. 04 71 26 10 47; www.acibz.it
Zweigbüros: am Brenner- und Reschenpass, in Brixen, Neumarkt, Leifers, Meran, Innichen, Schlanders und Sterzing

► **Südtiroler Verkehrsverbund**
www.sii.bz.it
Fahrpläne und Tarife für den Busverkehr

► **SAD Nahverkehr AG**
Italienallee 13/N, Bozen
Tel. 800 84 60 47, www.sad.it
(kostenfreie Auskunft in Italien)
Fahrplanauskunft für die »Öffentlichen« wie die Vinschgaubahn.

AUTOVERMIETUNGEN IN BOZEN

► **Avis Autonoleggio**
Piazza Verdi 18
Tel. 04 71 97 14 67

► **Hertz Italia Autonoleggio**
Via Garibaldi 34
Tel. 04 71 98 14 11

► **Maggiore / Budget Rent a Car**
Via Garibaldi 32
Tel. 04 71 97 15 31

Wandern

Für alle Ansprüche

Südtirol gehört zu den schönsten Wandergebieten Europas. Es bietet zahlreiche Möglichkeiten zum Wandern in den verschiedensten Höhenlagen: Ungeübte können auf Höhenwegen über Almen oder auf Passwegen an mächtigen Felsburgen vorbeiwandern; besonders reizvoll sind auch Wanderungen durch die Weinlandschaften Südtirols, z. B. durch das Etschtal, das Bozner Unterland (Überetsch) und das Eisacktal. Für Geübte gibt es längere markierte Rundtouren. Eine alpine Attraktion für Schwindelfreie sind die Klettersteige, mit Klammern, Eisenleitern und Drahtseilen gesicherte Wege.

Besonders leicht begehbar sind die **Waalwege** entlang von alten Bewässerungsgräben, die nur mit relativ geringer Steigung durch die Natur führen. Waalwege findet man vor allem um Meran und im Vinschgau.

Fortgeschrittene dürften sich vor allem für die Höhenwege im Dolomitengebiet oder den Europäischen Fernwanderweg interessieren. Gerade anspruchsvolle Wanderungen sollten gut geplant sein. Gute Karten und entsprechende Kleidung sind da selbstverständlich und vonnöten. Vor Antritt einer größeren Wanderung sollte man in jedem Falle auch seinen Wirt über das Wanderziel informieren, um eine evtl. notwendig werdende Suchaktion zu erleichtern. Gerät man in den Bergen in Not, kann man ein alpines Notsignal auslösen (►Notrufe).

? WUSSTEN SIE SCHON ...?

- **Waale** sind sorgfältig angelegte, zum Teil jahrhundertealte Bewässerungskanäle. Sie leiten das Schmelzwasser der Gletscher ab und führen es über große Entfernungen zu Wiesen und Feldern. Die Bauern des regenarmen Vinschgaus konnten damit über Jahrhunderte Landwirtschaft ohne künstliche Bewässerung betreiben. Für die Instandhaltung dieses Wasserwege-Netzes an den steilen Hängen sorgten die »Waaler«. Heute verlaufen entlang der Waale schöne, ebene Wanderwege.

Berghütten und Schutzhäuser

In Südtirol gibt es rund hundert Schutzhütten, von denen mehr als die Hälfte dem italienischen Alpenverein (Club Alpino Italiano; CAI), knapp zwanzig dem Alpenverein Südtirol (AVS) gehören und die übrigen der Öffentlichkeit zugängliche Privathütten sind. Mitglieder des Deutschen, Schweizer und Österreichischen Alpenvereins erhalten Preisermäßigungen. Die Hüttenordnungen der Alpenvereine sind im Wesentlichen gleich, doch kennt der Alpenverein Südtirol keine unterschiedlichen Kategorien. Die Schutzhütten sind in der Regel bewirtschaftet.

Es ist ratsam, sich vor Antritt einer Mehrtagetour über die Öffnungszeiten der in Frage kommenden Hütten zu informieren und Quartier reservieren zu lassen. Im Münchner Rother-Verlag ist außerdem das Buch »Die Alpenvereinshütten« mit einem **Hüttenverzeichnis** und detaillierten Angaben erschienen.

NATURPARKS

NATURPARK-HÄUSER

- **Fanes-Sennes-Prags**
  Katharina-Lanz-Str. 96
  St. Vigil in Enneberg
  Tel. 04 74 50 61 20

- **Rieserferner-Ahrn**
  Rathausplatz 9, Sand in Taufers
  Tel. 04 74 67 75 46

- **Schlern**
  Weißlahnbad (nahe Tiers am Eingang des Tschamintales)
  Tel. 04 71 64 21 96

- **Sextner Dolomiten**
  Kulturzentrum
  Grand Hotel Toblach
  Dolomitenstr. 1
  Toblach
  Tel. 04 74 97 30 17

- **Stilfser Joch**
  Rathausplatz 1, Glurns
  Tel. 04 73 83 04 30

- **Texelgruppe**
  Feldgasse 3, Naturns
  Tel. 04 73 66 82 01

- **Trudner Horn**
  Knöcknschmiedgasse 1, Truden
  Tel. 04 71 86 92 47

- **Amt für Natur und Landschaft**
  Cesare-Battisti-Str. 21
  39100 Bozen
  Tel. 04 71 41 43 00
  Fax 04 71 41 43 09
  www.provinz.bz.it/natur
  Auf der Internetseite gibt es unter anderem eine Liste der geschützten Pflanzen.

Naturparks

Ein beliebtes Ziel für Wanderer sind ebenfalls die acht Südtiroler Naturparks, von denen sich einer noch im Aufbau befindet. Beim Wandern und Spazierengehen in den Naturparks sind einige Regeln zu beachten. Alle wildwachsenden kraut- und staudenartigen Alpenpflanzen sind geschützt; pro Person und Tag dürfen jedoch bis zu zehn Blütenstengel gepflückt werden. Jedoch muss man hier aufpassen, da 23 Pflanzenarten vollkommen geschützt sind. Pflückt man diese trotzdem, drohen Geldstrafe und strafrechtliche Verfolgung. Informative Führungen und einen Einblick in die jeweiligen Besonderheiten der einzelnen Parks geben die **Naturpark-Häuser** vor Ort. Naturpark-Wanderungen können außerdem über die lokalen Tourismusbüros gebucht werden.

Zeit

Im Winterhalbjahr gilt in Südtirol die Mitteleuropäische Zeit (MEZ), von Ende März bis Ende Oktober die Mitteleuropäische Sommerzeit (MEZ + 1 Std.).

Touren

WO SPEKTAKULÄRE BERGWELTEN LOCKEN, SIND GLEICHFALLS ATEMBERAUBENDE TÄLER UND SCHLUCHTEN ZU FINDEN. WER SÜDTITOL DURCHSTREIFT, WIRD ABER AUCH AUF ROMANTISCHE BURGEN UND IDYLLISCHE STÄDTE TREFFEN.

TOUREN DURCH SÜDTIROL

Mit unseren Routenvorschlägen erkunden Sie die abwechslungsreichen Landschaften Südtirols und entdecken versteckte Ortschaften abseits der Touristenzentren.

TOUR 1 **Kleine Dolomitenrunde**
Die Route folgt anfangs der Großen Dolomitenstraße bis zum berühmten Postkarten-Motiv am Karersee. Mit dem Tierser Tal und Schloss Prösels stehen weitere Highlights auf dem Programm. ▸ **Seite 97**

TOUR 2 **Ins Herz Südtirols**
Mit Bozen, Sterzing und Meran begegnen Sie drei unbedingt sehenswerten Städten. Ein absolutes Erlebnis ist außerdem die Fahrt durch das Sarntal mit seinen roten Porphyrfelsen. ▸ **Seite 98**

TOUR 3 **Durch das Tisner Gebirge**
Es muss nicht immer alpin zugehen: Im Tisner Mittelgebirge reiht sich Hügel an Hügel und Schloss an Schloss. ▸ **Seite 100**

TOUR 4 **Über das Stilfser Joch in die romanische Schweiz**
In drei Sprachräume und bis in die Ostschweiz führt die Tour, deren »Höhepunkt« das Stilfser Joch auf 2757 m ist. ▸ **Seite 101**

TOUR 5 **Vier Täler und das Grödner Joch**
Bei der Fahrt in die Dolomitenwelt rund um das Grödner Joch trifft man auf Spuren der Römer und vier charakteristische Täler. ▸ **Seite 103**

TOUR 6 **Von Uttenheim nach Tesselberg**
In kleinen, unentdeckten Dörfern finden Sie ideale Ausgangspunkte für Wanderungen und einen grandiosen Blick auf Bruneck. ▸ **Seite 104**

TOUR 7 **Südtiroler Weinstraße**
Ob Vernatsch, Lagrein oder Gewürztraminer, hier lernen Sie die Herkunftsorte der typischen Südtiroler Weine kennen. ▸ **Seite 105**

Stilfser Joch
Fahrspaß für Motor-»Sportler« auf der Passstraße.

Sterzing
Im historischen Städtchen kann man hübsche Details an den Häusern entdecken.

Klausen
Das Städtchen wird von der Klosteranlage Säben überragt.

Unterwegs in Südtirol

Auf zwei Beinen oder auf Rädern

Südtirols Vielfalt an Landschaftseindrücken und kulturellen Sehenswürdigkeiten lässt sich auf verschiedenste Weise kennen lernen. Dem Wanderer bieten sich unzählige Wege an, um auf Schusters Rappen durch die Wälder, Weinberge, Obstanlagen und über Almen zu streifen oder im Hochgebirge in die grandiose Bergwelt einzutauchen.

Südtirol ist auch ein sehr fahrradfreundliches Land. Radwanderer können die Region entlang der Flüsse auf ausgezeichneten Radwegen erkunden. Mountainbiker finden in den Bergen ideale Bedingungen. Unzählige Routen mit verschiedenen Schwierigkeitsgraden laden dazu ein, das Land zu »erradeln«.

Die größeren Städte sind gut mit dem Zug erreichbar; in die kleineren Orte fahren Busse. Wer mit dem Auto oder mit dem Motorrad reist, ist aber sicherlich am flexibelsten. Die hier beschriebenen Routen bieten schon beim Fahren spektakuläre Straßen mit grandiosen Aussichten. Viel Schönes gibt es in den kleinen Orten zu entdecken, die abseits der viel befahrener Durchzugsstrecken liegen.

Schwierige Bergetappen ►

Da einige der Touren über hohe Gebirgspässe führen, sollte man sich in den kalten Jahreszeiten vorher unbedingt informieren, ob diese auch passierbar sind (► Praktische Informationen, Verkehr). Außerdem sind viele Bergstraßen, insbesondere im Dolomitenraum, ziemlich schmal und steil. Mit Wohnmobilen oder Campinganhängern sollte deshalb von »Autowanderungen« in die Berge abgesehen werden. Hier hilft auch die Reisekarte im Anhang, in der gesperrte bzw. nicht empfehlenswerte Strecken gekennzeichnet sind.

Imposante Bergmassive bilden ein würdiges Empfangskomitee für den Südtiroler Autowande

Tour 1 Kleine Dolomitenrunde

Start: E 9

Länge: 64 km **Fahrtzeit:** ca. 2 Stunden

Der Weg deckt sich anfangs mit der berühmten großen Dolomitenstraße. Von der wilden Felsschlucht des Eggentales führt sie zum berühmten Karersee und knapp vor den Karerpass, der zwischen den eindrucksvollen Bergriesen Latemar und Rosengarten liegt. Unterhalb der mächtigen Wände des Rosengartenmassivs vorbei, geht es ins schöne Tierser Tal, am sehenswerten Schloss Prösels vorbei, weiter nach Blumau und zurück nach Bozen.

❶ ✶✶ **Bozen** verlässt man in Richtung Osten. Hinter Kardaun zweigt ein neuer Umfahrungstunnel ins ❷ **Eggental** ab. Die Straße windet sich beeindruckend an den steilen Wänden aus rotem Porphyr vorbei immer stetig aufwärts. Ab ❸ **Birchabruck** wird der Blick auf die Dolomitengipfel von Rosengarten und Latemar frei. Der nächstgrößere Ort ist ❹ **Welschnofen** vor der Kulisse der Latemarzacken. Von hier führt die Straße weiter zum ❺ **Karersee**, der mit etwas Glück einen guten Wasserstand hat und das berühmte und viel fotografierte Bild bietet: Helle Felsen, dunkle Tannen, blauer Himmel und weiße Wolken spiegeln sich im türkis farbenen Wasser des klei-

Karersee
Hinter dem kleinen Bergsee erhebt sich das Massiv des Latemar.

Bozen
Gleich hinter der Stadt beginnt die Bergwelt der Dolomiten.

nen Bergsees. Knapp vor dem Karerpass (1745 m) zweigt die Route ab zum ❻ **Nigerpass** (1630 m) und führt an den beeindruckenden Felswänden des Rosengartenmassivs vorbei. Dann senkt sich die Straße ins grüne Tierser Tal hinab, das als eines der schönsten Dolomitentäler zwischen Brixen und Bozen gilt. Sie führt an St. Cyprian vorbei, einem hübschen Kirchlein aus dem 13. Jahrhundert. Kurz vor Blumau liegt stolz auf einem Hügel ❼ ✶ **Schloss Prösels**, die ehemalige Residenz des Landeshauptmannes von Tirol. Von Blumau führt die Brennerstraße dann im Talgrund nach Bozen zurück.

Tour 2 Ins Herz Südtirols

Start: E 9

Länge: 131 km **Fahrtzeit:** ca. 4 Stunden

Die Tour führt durch zwei ursprüngliche Täler: das Sarntal, das direkt im Herzen Südtirols liegt, und das Passeiertal. Sie verläuft über die aussichtsreichen Pässe Penser Joch und Jaufenpass und verbindet die sehenswerten Städte Bozen, Sterzing und Meran.

Die Fahrt führt von ❶ ✶✶ **Bozen** entlang der Talfer zum Nordrand der Stadt. Am Beginn des Sarntales steht auf einem Felsen ❷ ✶✶ **Schloss Runkelstein**. Dieses Kleinod mittelalterlichen Festungsbaus mit seinen berühmten Profanfresken wird auch die »Bilderburg« genannt. Einige 100 m danach, die Straße beginnt am westlichen, felsigen Talhang bereits zu steigen, steht auf einem Felssporn im Talgrund der **Wehrturm Schloss Ried**. Für die Straße ist in der engen Felsschlucht kein Platz mehr. Sie passiert eine Reihe von Tunnels und gewinnt ständig an Höhe. Das Bild der Landschaft ist grandios: die engen, steil aufragenden Felswände aus rotem, vulkanischem Porphyrgestein lassen dem tosenden Talferbach im Talgrund kaum Platz. Einige wenige Bauernhöfe kleben geradezu an den Berghängen. Nach jedem Tunnel eröffnen sich neue Ausblicke: auf das imposante Schloss Wangen-Bellermont auf der östlichen Talseite oder auf den Felsturm des Johanniskofels, auf dem man das Kirchlein nur erahnen kann. Nach 15 Minuten Fahrt wird das Tal breiter, die ersten Häuser tauchen am Straßenrand auf. Beim Weiler **Bundschen** ist die Enge endgültig vorbei, das Tal öffnet sich und die roten Porphyrfelswände machen Feldern und Wäldern Platz. Die Straße führt mäßig ansteigend in den Hauptort des Tales: ❸ **Sarnthein**. Durch die engen Dorfgassen bummelt man am besten zu Fuß, um die alten Häuser, die typischen Gasthäuser

> ! *Baedeker* TIPP
>
> **Botanisches Alpenglühen**
>
> Ende Juni bis Juli blühen am Penser Joch auf über 1800 m Meereshöhe die Alpenrosen. Dann sind die Berghänge vom Blütenmeer dieser Rhododendrenart überzogen.

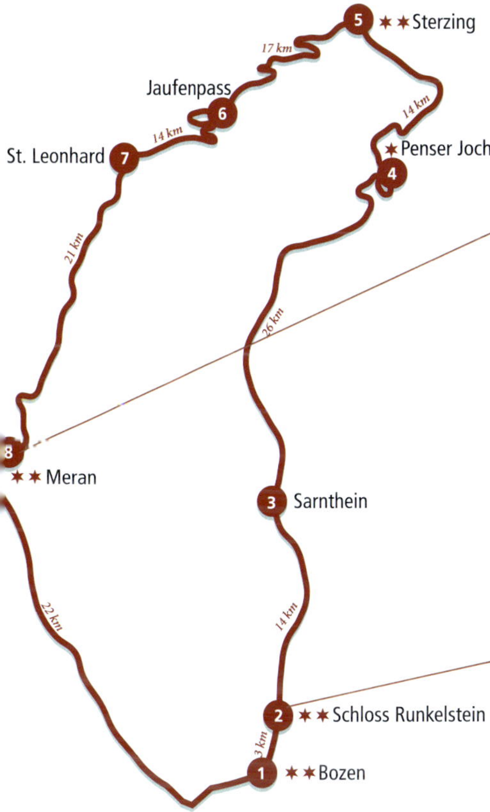

Meran
Mittelalter in Miniatur: die Landesfürstliche Burg

Schloss Runkelstein
Wegen der berühmten Fresken ein Muss.

und die Läden mit dem vielfältigen Angebot an Kunsthandwerk zu besichtigen. Weiter geht es dann über Astfeld, Weißenbach und Pens auf das ❹★ **Penser Joch** (2211 m), wo sich ein Zwischenstopp lohnt, um den Blick über das prachtvolle Bergpanorama schweifen zu lassen.

Die Straße führt nun abwärts in den Talgrund nach ❺★★ **Sterzing**, dem quirligen Bergwerksstädtchen mit seinem historischen Altstadtkern. Der markante Zwölferturm trennt die mittelalterliche Altstadt von der gotischen Neustadt. Ein Bummel durch die Gassen lohnt wegen der prächtigen Bürger- und Handwerkerhäuser.

Die Fahrt führt von Sterzing auf kurvenreicher Straße hinauf auf den ❻**Jaufenpass** (2094 m) und in vielen Kehren und Kurven (eine Genussstrecke für Motorradbiker) zum Talgrund bei ❼★ **St. Leonhard** in Passeier. Westlich flankieren die hohen Gipfel der Texelgruppe das Tal, im Osten die Sarntaler Alpen. Trotz der Nähe zur Kurstadt und zum Touristenmagnet Meran hat sich hier noch viel Ursprüngliches erhalten. Der Übergang vom grünen, waldreichen Passeiertal in den breiten Talkessel von 8 ✶✶ **Meran** ist überwältigend. Die alpine Naturlandschaft wird von der mediterranen Vegetation der Kurstadt abgelöst. Weinberge und Obstgärten umgürten die sonnenbegünstigte Stadt. Der historische Stadtkern mit den Laubengängen, den alten Stadttoren und den Promenaden entlang der stürmischen Passer ist unbedingt sehenswert.

Von Meran führen zwei Wege durch das Etschtal nach Bozen zurück: Die Schnellstraße »MEBO« im Talgrund säumen weitläufige Obstanlagen. Die Staatsstraße hingegen schlängelt sich am Fuß des Tschögglbergs durch die Etschtal-Orte Burgstall, Gargazon, Vilpian und Terlan.

Tour 3 Durch das Tisner Gebirge

Start: D 7

Länge: 26 km **Fahrtzeit:** ca. 2 Stunden

Den mächtigen Bergen des Gantkofels und des Laugen, die die Grenze zwischen Südtirol und der Nachbarprovinz Trentino bilden, ist ein hügeliges Mittelgebirge vorgelagert. In diese einmalige Kulturlandschaft locken viele schöne Schlösser und Ausblicke.

Die Fahrt beginnt im Dorfzentrum von 1 ✶ **Lana** und führt über die so genannte Gampenstraße. In steter Steigung windet sich die

Nals
Die Schwanburg hat einen wunderschönen Innenhof.

Straße in die Höhe, überquert den Brandisbach und führt am Weiler Ackpfeif vorbei. Zur linken Hand ist die wehrhafte, seit über 700 Jahren im Besitz der Grafen Brandis befindliche **Leonburg** zu sehen. Vor dem Tunnel, bei dem wenig höher gelegenen Parkplatz, breitet sich eine fantastische Aussicht über das Etschtal aus. Kunsthistorisch Interessierte können von hier zum Hügel von 2 **St. Hippolyt** wandern. Gleich nach dem Tunnel beginnt der Weg: In 20 Minuten steigt man einen markierten Steig entlang zu einem Hügelkirchlein hinauf, wo man Spuren vorchristlicher Siedlungen gefunden hat. Hungrige und Durstige können sich in der Jausenstation stärken. Die Autofahrt geht weiter über eine Abzweigung von der Gampenstraße, am Waldrand entlang und an Obstwiesen vorbei nach 3 **Tisens**. Das stattliche Dorf mit einer stilreinen gotischen Kirche, alten Bauernhäusern und herrschaftlichen Anwesen ist es wert, zu Fuß durchstreift zu werden. Die Tour setzt sich dann nach 4 **Prissian** fort, an den Schlössern Fahlburg, Katzenzungen und Wehrburg vorbei. Die Straße führt in Kurven und Serpentinen wieder hinab und gibt die prächtigsten Ausblicke ins Etschtal und auf die fernen Dolomiten frei. Dann geht es weiter nach 5 * **Nals**, immer den Prissianer Bach entlang. Bei Nals bietet sich die Gelegenheit, in der alten, sehenswerten Schlosskellerei Schwanburg Wein zu kaufen. Über die Abzweigung nach Norden führt die Route im Tal nach Lana zurück.

Tour 4 Über das Stilfser Joch in die romanische Schweiz

Start: D 4

Länge: 95 km **Fahrtzeit:** ca. 3 Stunden

Bei der Fahrt vom Vinschgau in die Täler der Ostschweiz begegnet man deutscher, italienischer und romanischer Kultur in einem beeindruckenden Gebirgsraum. Man passiert alte Dörfer und mittelalterliche Städtchen, grüne Täler und eisige Gletscher.

Bei Spondinig, am Zusammenfluss des Suldenbaches mit der Etsch, beginnt offiziell die Stilfser-Joch-Straße. An 1 **Prad** vorbei gewinnt sie stetig an Höhe. Von 2 **Gomagoi** aus kann man Abstecher zum bekannten Aktivsportzentrum **Sulden** oder zum charakteristischen Haufendorf **Stilfs** einschieben. Hinter Trafoi, einem kleinen Wintersportort, beginnt der beeindruckendste Teil der Passstraße. In unzähligen Serpentinen wird die baumlose Talflanke erklommen. Nun bieten sich herrliche Ausblicke auf die Gletscherwelt des Ortler. Das 3 ** **Stilfser Joch** auf 2757 m ist der Ausgangspunkt des Sommerskigebietes. Seilbahnen bringen die Touristen auf die vergletscherten und verschneiten Hänge. Vom Stilfser Joch erreicht man auf tunnel- und kurvenreicher Strecke das Adda-Tal und den Ort 4 * **Bórmio**

Glurns
Angeblich die kleinste Stadt Europas

Taufers
Die kleine Kapelle St. Johann zieren romanische und gotische Fresken.

auf der lombardischen Südseite. Der Rückweg erfolgt entweder über dieselbe Strecke oder vom Umbrailpass über eine schmale, kurvenreiche Straße in das schweizerische ❺ ✶ **Santa Maria** im Münstertal. Gleich zweimal wird dabei die italienisch-schweizerische Grenze überschritten: am Umbrailpass und in Müstair. Auf der Fahrt durch das grüne Münstertal mit den schönen Lärchenwiesen erkennt man den rätoromanischen Einschlag der Dörfer mit den fremdartigen Aufschriften an den Häusern. Die einzigartige, von Karl dem Großen um 800 gestiftete romanische Kirche in **Müstair** und das Hospiz mit den wertvollen mittelalterlichen Fresken in ❻ **Taufers** sind einen Besuch wert. Die Route führt weiter ins mittelalterliche Städtchen ❼ ✶ **Glurns** mit seiner vollständig erhaltenen Stadtmauer, nach ❽ ✶ **Schluderns** und über die Vinschgauer Talstraße zurück nach Spondinig.

Tour 5 Vier Täler und das Grödner Joch

Start: C 10

Länge: 114 km **Fahrtzeit:** 3 Stunden

Die Rundfahrt passiert vier charakteristische Täler. Dem engen Eisacktal folgt das grüne Pustertal. Durch das teilweise schluchtartige Gadertal führt der Weg bis vor das Dolomitenmassiv der Sellagruppe. Wieder hinunter geht es durch das Grödner Tal.

Wenig nördlich von ❶ ★★ **Brixen** im Eisacktal zweigt bei Mühlbach das Pustertal nach Osten ab. In ❷ **Kiens** lohnt die Besichtigung von **Schloss Ehrenburg**. Kurz vor ❸ **St. Lorenzen** liegt, versteckt auf einem Hügel, die imposante Anlage der **Sonnenburg**. Das älteste Südtiroler

St. Lorenzen
ım linken Straßenrand, m Stausee vor der Ein- ·t ins Gadertal, passiert man die Kopie eines ·ömischen Meilensteins, ssen Original im Ferdinandeum in Innsbruck steht.

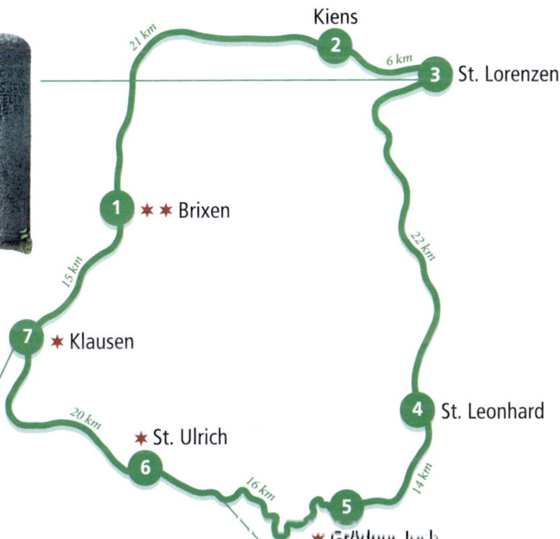

Klausen
Schloss Velthurns war einst Residenz der Brixener Bischöfe.

Gröden
Das Tal ist berühmt für seine Kunsthandwerker.

Nonnenkloster ist heute ein Hotel. In St. Lorenzen lagerten schon die Römer und bauten hier einen Brückenkopf und eine Militärstation. Bescheidene Reste davon sind an der Staatsstraße nach Bruneck zu finden. Die Straße biegt nun nach Süden in die Dolomitenwelt des Gadertals ab. Bei ❹ **St. Leonhard** öffnet sich das Tal und macht einem prächtigen Bergpanorama Raum. Bis nach Gröden durchquert man nun die Dolomiten. Bei **Corvara** zweigt die Route nach Westen. Dieser Abschnitt bietet ein grandioses Panorama: Die Straße schlängelt sich in Kehren unterhalb der Cir Spitzen hoch zum ❺ * **Grödner Joch** (2121 m). Die Felswände des 3152 m hohen Sellastockes sind zum Greifen nahe; die Straße verläuft unmittelbar am Fuß der fast 1000 m hohen Felsabstürze. Nun öffnet sich der Blick zum Grödental und zum Langkofel, der im Westen mit seinen über 3000 m das Szenario beherrscht.

Der Rückweg führt durch das 32 km lange Grödental mit seinen unzähligen Hotelbauten und die schönen Hauptorte Wolkenstein, St. Christina und ❻ * **St. Ulrich**. Ab hier folgt die Straße der ehemaligen Schmalspurbahntrasse ins Eisacktal bis ins Städtchen ❼ * **Klausen**. Eindrucksvoll thront die Anlage der Kirchenburg **Kloster Säben** über dem Ort, der man unbedingt einen Besuch abstatten sollte, bevor man nach Brixen zurückkehrt.

Tour 6 Von Uttenheim nach Tesselberg

Start: B 12

Länge: 32 km **Fahrtzeit:** 1 Stunde

Die gemütliche Runde am Fuß des Nationalparks Rieserferner-Ahrn bietet nicht nur gute Ausgangspunkte für Wanderungen, sondern auch zwei hervorragende Einkehrstätten. Außerdem überrascht sie mit einem prächtigen Blick auf Bruneck und die Dolomiten.

Von ❶ **Uttenheim** im Tauferer-Ahrntal zweigt eine Straße ostwärts zur Streusiedlung ❷ **Mühlbach** ab. Nach der anfänglich steilen Auffahrt zieht sie sich den Berghang entlang, mit ungewohnten Ausblicken auf das Tauferer Tal. Gegenüber erheben sich die vereisten Bergspitzen der Zillertaler Alpen. Wer in Mühlbach schon Hunger verspürt, sollte im Gasthof Huber absteigen, der mit einfacher, aber guter Tiroler Kost überzeugt. Über ❸ **Tesselberg** führt die Route nun weiter nach ❹ **Amaten**. Im Gasthof Oberraut ist nicht nur die verfeinerte Hausmannskost eine Sensation - vom Balkon aus weitet sich der Blick über den 300 m tiefer liegenden Brunecker Talkessel, der vom Kronplatz und den Bergzacken der Pragser Dolomiten überragt wird. Am idyllischsten ist es, zum Sonnenuntergang auf der Terrasse vor dem Haus zu sitzen, wenn die letzten Sonnenstrahlen

Bruneck
Hübsche Gassen laden zum Einkaufsbummel.

die Gipfel vergolden und im Tal bei aufziehender Dämmerung die ersten Lichter angehen. Von Amaten geht es über **Percha** und das schöne ❺ ✶ **Bruneck** wieder zurück nach Uttenheim.

Tour 7 Südtiroler Weinstraße

Start: E 9

Länge: 78 km **Fahrtzeit:** 3 Stunden

Den schönsten Eindruck vom Bozner Becken, Überetsch und Unterland hat man bei einer Fahrt über die Südtiroler Weinstraße. Die Strecke verbindet Bozen mit einem Dutzend schöner historischer Dörfer, die in eine malerische, vom Weinbau geprägte Kulturlandschaft eingebettet sind. Die Tour bietet sich gleichfalls als Grundlage für eine mehrtägige Rundreise an.

Die Südtiroler Weinstraße nimmt ihren Anfang in ❶ ✶✶ **Bozen**. Die Stadt ist nach Eppan und Kaltern die drittgrößte Weinbaugemeinde Südtirols. Auf den sie umgebenden Weinbergen wächst der rote St. Magdalener und in den Talböden der dunkle, kräftige Lagrein. Die Weinstraße führt weiter nach ❷ **Terlan**. Der Ort ist sowohl für seinen Weißwein als auch als hervorragendes Spargelgebiet berühmt. Die Route quert die Etsch, führt ins gegenüberliegende Dorf **Andrian** und verläuft nach Süden weiter, unterhalb der Ruine von Hocheppan vorbei bis unter die mächtige Schlossanlage Sigmundskron bei Frangart. Die Straße zweigt hier in die Weißweinlagen von **Girlan** ab und mündet in die burgenreiche Gemeinde ❸ ✶ **Eppan**. Etwa 7 km süd-

Eppan
Ein guter Wein braucht, wie hier bei der Kellereigenossenschaft, viel Aufmerksamkeit.

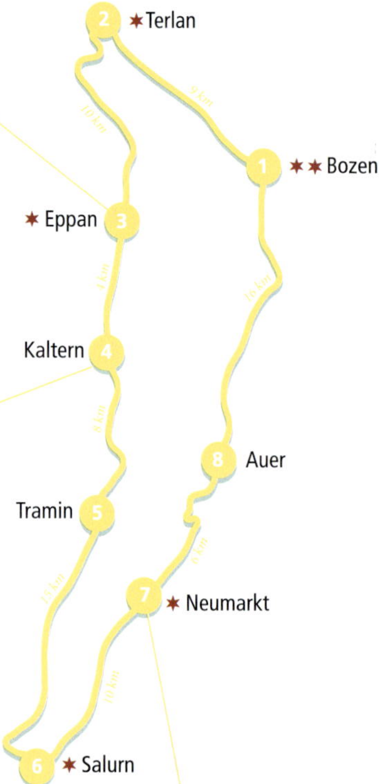

Kaltern
Der nahe See ist bei Sommerurlaubern besonders beliebt.

Neumarkt
Idyllische Hauptstraße

Der Kalterer See ist der wärmste natürliche Badesee der Alpen.

östlich von Eppan liegen mitten im Wald die beiden Montiggler Seen, zwei beliebte Naturbäder. Die Weinstraße führt von Eppan geradewegs nach 4 **Kaltern** in die Heimat des Vernatsch-Rotweins »Kalterer«. Sie senkt sich zum Kalterer See ab, umläuft diesen in sanften Windungen auf seiner westlichen Seite und verlässt das Überetsch bei St. Josef am See. Sie berührt noch die schönen Dörfer 5 **Tramin**, Kurtatsch, Margreid und Kurtinig, um schlussendlich in 6 * **Salurn** auf der östlichen Etschtalseite die Grenze zur italienischen Nachbarprovinz zu erreichen. Von Salurn geht es wieder nach Norden in die Weinstraßen-Orte 7 * **Neumarkt**, mit den historischen Laubengängen, und 8 **Auer**. Oberhalb dieser beiden Orte schmiegt sich das Dörfchen **Montan** an den Berg, das für seinen Blauburgunder bekannt ist. Über Leifers geht es dann wieder nach Bozen zurück.

Reiseziele von A bis Z

OB BADEN IM HEU, SCHLAFEN AUF DER BURG ODER IN DEN BERG FAHREN: SÜDTIROL HAT ALS REISEZIEL, NEBEN DEN KLASSIKERN SKIFAHREN UND WANDERN, VIELE NEUE ATTRAKTIONEN HINZUGEWONNEN.

★ Aldein / Radein

E 9

Einwohner: ca. 2000

Auf einer wald- und wiesenreichen Bergterrasse liegen am Fuße der letzten Dolomitenausläufer das sonnige Dörfchen Aldein und etwas südöstlich davon die Streusiedlung Radein. Letztere ist auf 1556 Metern eine der höchstgelegenen Ortschaften Südtirols.

Drei Museen

In Aldein / Radein gibt es gleich drei Museen. Im **Dorfmuseum** Aldein sind sakrale Kunstwerke ausgestellt (geöffnet: Mai – Juni, Sept. bis Okt. Fr. 19.00 – 21.00, Sa. 10.00 – 12.00; Juli bis Aug. Mo., Mi. 16.00 – 18.00, Fr. 19.00 – 21.00 Uhr). Die restaurierten alten **Mühlen in Maria Schnee im Thal**, die Teil des Dorfmuseums sind, können von der Aldeiner Kirche aus auf dem Weg »T« erreicht werden (geöffnet nach Vereinbarung: Tel. 04 71 88 68 24). Das **Geologische Museum** im »Peter-Rosegger-Haus« in Radein erläutert nicht nur die Entstehung der nahen Bletterbachschlucht sehr anschaulich; die wechselnden Öffnungszeiten erfährt man unter Tel. 04 71 88 71 75.

In der Bletterbachschlucht offenbart sich Schicht für Schicht die Erdgeschichte.

Nahe beim Talrand gelangt man über einen Wanderweg von Aldein zum **Göller See**; der romantische Badesee liegt mitten im Wald. Unweit davon bietet sich von einem Aussichtspunkt ein prachtvoller Blick über das Etschtal und auf das Gebirge im Westen.

Auf zum Wandern

ALDEIN / RADEIN ERLEBEN

AUSKUNFT

Tourismusverein Aldein / Radein
Dorf 34, 39040 Aldein
Tel. 04 71 88 68 00, Fax 04 71 88 66 66
www.aldein-radein.com

Tourismusverein Naturpark Trudner Horn
Am Kofl 2, 39040 Truden
Tel. 04 71 86 90 78, Fax 04 71 86 92 78
www.trudnerhorn.com

Besucherzentrum Geoparc Bletterbach
Lerch 40, 39040 Aldein
Tel. und Fax 04 71 88 6946
www.bletterbach.info

WELLNESS

Gasthof Jochgrimm
Jochgrimm 3, Aldein
Tel. 04 71 88 72 32, Fax 04 71 86 92 18
Seit 1860 werden hier Heubäder zur Kur angeboten.

Naturoase Stegerhof
Pintergasse 8b, Truden
Tel. 04 71 86 92 11, Fax 04 71 86 97 00
www.naturoase-stegerhof.com
Ob Heu- oder Algenbad, Bauernsauna, Meditation oder Kneippkur – die Naturoase ist ein wahrer Wohlfühltempel. Unbedingt reservieren.

ESSEN

► Erschwinglich

Krone
Dorfplatz 3, Aldein
Tel. 04 71 88 68 25
Die Gaststätte ist seit 1720 in Familienbesitz. In den holzgetäfelten Stuben wird verfeinerte Südtiroler und mediterrane Küche serviert. Die Bar ist in einem schönen Kreuzgewölbe untergebracht. Außerdem 15 Zimmer und Suiten zum Übernachten. Ruhetag: Mo.

Ploner
Dachselweg 1, Aldein
Tel. 04 71 88 65 56
Das Restaurant ist berühmt für seine Bäckerei- und Konditorei-Künste. Großes Augenmerk wird auf die Saisonalität der Produkte gelegt. Dienstags sowie die zweite Junihälfte und im Januar geschlossen.

ÜBERNACHTEN

► Luxus

Berghotel Zirmerhof
Oberradein 59
Tel. 04 71 88 72 15, Fax 04 71 88 72 25
www.zirmerhof.com
Hotel mit wunderschönem Panoramablick, 32 Zimmern und Suiten sowie eigenem Reitstall. In alten Zirbelholzstuben werden die Gäste nach Großmutter Hannas Rezepten verwöhnt. Im Winter geschlossen.

► Günstig

Waldheim
Gottschalkstr. 5, Altrei
Tel. 04 71 88 20 24, Fax 04 71 88 21 15
www.hotel-waldheim.com
Das Hotel mit 30 Zimmern befindet sich mitten im Naturpark Trudner Horn und bietet einen herrlichen Ausblick ins Cembratal.

★★ Bletterbachschlucht ► Eine lohnende Wanderung führt durch die geologisch interessante, enge **Bletterbachschlucht**. Von Aldein führt der Weg Nr. 3 vom Parkplatz beim Besucherzentrum Geoparc Bletterbach nahe der Lahneralm in 30 Minuten hinunter in die Schlucht; von Radein gelangt man vom Parkplatz vor dem Schulhaus auf einem beschilderten Weg in einer knappen Stunde dahin. Über Leitern und auf schmalem Steig (mit Geländern und Stufen versehen) führt dann der »Geoweg« in rund 4 Stunden Gehzeit durch die Schlucht. Wunderschön sind die vielfarbigen Erd- und Gesteinsschichten. Immer wieder entdeckt man Versteinerungen von Muscheln oder Schnecken, verkohlte Pflanzenreste und Mineralien. Sichtbar wurde all dies, weil sich der Bach hier auf 12 km Länge 400 m tief in die Erde gegraben hat. Durch die Schlucht werden auch geführte Wanderungen angeboten.

Eine schöne Bergtour führt von Radein über den Zirmersteig auf das 2317 m hohe **Weißhorn**, ein leichtes und lohnendes Gipfelziel.

Umgebung von Aldein / Radein

Truden Südlich von Aldein / Radein liegt steil am Hang das ruhige Bergdorf Truden. Die Kirche St. Blasius (15./16. Jh.) birgt eine gotische Pietà.

In der Köcknschmiedgasse 1 ist in einer restaurierten Mühle das **Naturparkhaus** untergebracht. Es informiert über die geologische Entstehung sowie die Tier- und Pflanzenwelt des Naturparks Trudner Horn (geöffnet: Mitte April bis Mitte Nov.: Di. – Sa. 9.00 bis 12.00, 15.00 – 18.30 Uhr; Juli bis Sept. auch So.).

Naturpark Trudner Horn ► Der 6660 ha große, waldreiche Mittelgebirgsnaturpark Trudner Horn erstreckt sich zwischen dem Etschtal und der weiter östlich verlaufenden Grenze zwischen den Provinzen Bozen und Trient. Er zeichnet sich durch besonders artenreiche Flora und Fauna aus und ist von einem Netz schöner Wanderwege durchzogen.

★ Antholz · Antholzer Tal (Val di Anterselva)

B 14 – C 13

Das Antholzer Tal ist ein Seitental des ► Pustertals. Bei Olang dringt es nach Norden in die Alpenhauptkette bis zur österreichischen Grenze vor. Im Winter finden hier Langläufer und Biathleten dank des dichten Loipennetzes ideale Bedingungen.

Rasen Der ruhige Urlaubsort Rasen mit den Ortsteilen Oberrasen und Niederrasen liegt nahe bei der Mündung des Antholzer Tals auf über 1000 m Höhe; in Niederrasen ist der Sitz der Gemeindeverwaltung. In Oberrasen steht das herrschaftliche Anwesen Heufler (16. Jh.), das heute ein Nobel-Hotel mit Restaurant beherbergt.

Kleine Kirche, große Berge: Diesem Motiv begegnet man, wie hier bei der Kirche St. Walburg, in Südtirol immer wieder. →

DAS ANTHOLZER TAL ERLEBEN

AUSKUNFT

Tourismusverein Antholzer Tal
39030 Antholz-Mittertal
Tel. 04 74 49 21 16, Fax 04 74 49 23 70
www.antholzertal.com

Tourismusverein Rasen
39030 Rasen
Tel. 04 74 49 62 69, Fax 04 74 49 80 99
www.rasen.it

ÜBERNACHTEN

► Luxus

Schlosshotel Ansitz Heufler
Oberrasen 37, Rasen
Tel. 04 74 49 85 82
Fax 04 74 49 80 46
www.ansitzheufler.com
8 Zimmer und Suiten in einem historischen Gebäude. Berühmt ist die holzgetäfelte Herrenstube, die als eine

der schönsten Südtirols gilt. Im angeschlossenen Restaurant beeindruckt die Weinkarte. Ruhetag: Di.

► Komfortabel

Hotel Seehaus
Antholz-Obertal 16, Rasen
Tel. 04 74 49 23 42
www.hotel-seehaus.com
Mit der herrlichen Seelage macht das Haus (15 Zi.) seinem Namen alle Ehre.

Rasner Möser Das Wort »Rasen« ist keltischen Ursprungs und bedeutet soviel wie Sumpf. Früher erstreckte sich auf dem Gebiet der Rasner Möser ein See, der allmählich verlandete. Das Moorgebiet mit seiner seltenen Flora und Fauna wurde unter Naturschutz gestellt und ein Naturlehrpfad durch das Biotop angelegt. Vom Parkplatz beim Kulturhaus in Oberrasen führt ein 20-minütiger Fußweg zum Biotop.

Weiter das Tal hinauf Auf Rasen folgt **Bad Salomonsbrunn**, das eigentlich nur aus einem Hotel besteht. Hier wird eine radioaktive Quelle für therapeutische Zwecke genutzt.

Von **Antholz-Niedertal** bietet sich ein prächtiger Blick auf die Berggipfel der sich im Norden erhebenden Rieserfernergruppe. Die Außenwand der Kirche St. Walburg trägt ein Christophorus-Fresko aus dem 15. Jahrhundert.

Über die Orte **Antholz-Mittertal** und **Antholz-Obertal** führt die Straße zu dem am Fuße der Rieserfernergruppe gelegenen, wunderschönen **Antholzer See** (1640 m ü.d.M.) und dem dortigen Feriendorf. Nahe beim Ostende des Sees steht die Enzianhütte, von der eine Straße über den **Staller Sattel** (2052 m ü.d.M.) ins österreichische Defereggental verläuft. Achtung, die wenig befahrene Straße ist im Winter und häufig auch nachts geschlossen!

Auer (Ora)

E 8

Höhe: 242 m ü. d. M. **Einwohnerzahl:** 3000

Auer liegt im Südtiroler Unterland am östlichen Rand des Etschtales. Der Ort im überaus fruchtbaren Schwemmland bettet sich in eine gegen Osten geschützte Bucht des angrenzenden Berglandes.

Pfarrkirche

Die gotische St.-Peter-Kirche, südlich des Ortskerns, stammt aus der Zeit um 1500, die Fassade zeigt bereits Elemente der Renaissance. An der Westfassade ist ein großes, weithin sichtbares Fresko von St. Christophorus, dem Schutzpatron der Wanderer, zu sehen. Im Inneren befinden sich ein wuchtiger frühbarocker Altar sowie eine wertvolle, vom Füssener Meister Hans Schwarzpeckh gebaute Orgel. Der Ort war in der Vergangenheit öfters vom aus den Bergen kommenden Schwarzenbach überschwemmt worden. Bei der um einiges unter dem heutigen Niveau dews Bachs liegenden Kirche kann man erkennen, wie viel Geröll bei diesen Überschwemmungen abgelagert wurde.

! Baedeker TIPP

Guter Roter

Im Ort ist die kleine, aber feine Weinkellerei Clemens Waldthaler zu finden, die beachtliche Rotweine erzeugt: Bachgasse 4, Tel. 04 71 81 01 82.

Umgebung von Auer

Montan

Rund 4 km südlich von Auer liegt erhöht der kleine Ort Montan, beherrscht von der im 19. Jh. im historisierenden Stil restaurierten

AUER ERLEBEN

AUSKUNFT

Tourismusverein Auer
Hauptplatz 5
39040 Auer
Tel. 04 71 81 02 31, Fax 04 71 81 11 38
www.castelfeder.info

ESSEN

► **Preiswert**

Goldener Löwe
Kirchplatz 11, Montan
Tel. 04 71 81 98 44
www.goldenerloewe.it
Im historischen Gasthof mit schönem Gastgarten kann man gut einkehren. Außerdem 12 gemütliche und komfortable Zimmer. Ruhetag: Do.

ÜBERNACHTEN

► **Günstig**

Hotel Amadeus
Bildstöckelweg 23, Auer
Tel. 04 71 81 00 53, Fax 04 71 81 00 00
www.hotel-amadeus.it
Traditionsreiches Haus mit 34 Zimmern im Dorfzentrum, aber trotzdem ruhig; schöner Garten.

Burg Enn mit ihren Türmchen und Zinnen. Sie ist in Privatbesitz und kann nicht besichtigt werden. Die **Pfarrkirche St. Bartholomäus** stammt ursprünglich aus dem 14. Jh.; von dem damaligen Bau ist noch der vierkantige romanische Glockenturm mit seinen rundbogigen Klangarkaden erhalten. Der Rest wurde im 19. Jh. in historisierendem Stil erneuert; im Inneren gibt es eine Sandsteinkanzel mit gotischem Maßwerk.

Pinzon Etwas weiter südlich liegt das kleine Dörfchen Pinzon. Sehenswert ist in der gotischen Kirche der von Hans Klocker geschnitzte Flügelaltar – einer der schönsten Südtirols. Den Schlüssel gibt es beim Messner: Tel. 04 71 81 28 71.

✶✶ Castelfeder Gleichfalls südlich von Auer liegt auf einer Anhöhe das Ruinenfeld Castelfeder (von lat. castellum vetus = alte Burg oder von ladinisch federa = Weide). Es handelt sich um die ausgedehnteste alte Burganlage in Südtirol. Bereits ein vorgeschichtlicher Ringwall sowie Wohnhöhlen sind nachgewiesen. Im Gelände verstreut sind Turm- und Mauerreste aus römischer oder frühmittelalterlicher Zeit sowie die Fundamente der im 10. Jh. erbauten Barbarakapelle. Der Altar der Kapelle, ein schönes gotisches Schnitzwerk von Hans Klocker, kann heute im Schloss Tirol (► Tirol) besichtigt werden. Von der Höhe des mit Flaumeichen bestandenen Hügels genießt man einen prachtvollen Blick nach Süden in das Etschtal und zur Salurner Klause.

Vorbei an den Ruinen schweift der Blick zur Talenge der Salurner Klause.

Nördlich von Auer liegen Branzoll, mit einem hübschen historischen Ortskern, und die Siedlung Pfatten. Bei letztere befand sich der ehemalige Flusshafen von Bozen. Bis hierher war die Etsch einst schiffbar und viel befahren. **Branzoll**

Wenig südlich von Pfatten, an der westlichen Etsch-Seite, stehen auf dem Buckel des Mitterbergs die Ruine Leuchtenburg und die Reste der Laimburg. Im Talboden liegt die weitläufige Anlage des Land- und Forstwirtschaftlichen Versuchszentrums Laimburg. Die Weine der Landeskellerei Laimburg stammen aus Weingütern der verschiedensten Anbauzonen Südtirols. Für die Weine sowie Kräuter und Gewürze aus Bioanbau gibt es einen Publikumsverkauf vor Ort. **★ Laimburg**

★★ Bozen (Bolzano)

D–E 8–9

Höhe: 262 m ü.d.M. **Einwohnerzahl:** 93 100

Die Stadt ist geprägt vom lebendigen Miteinander zwischen italienischer und deutschsprachiger Bevölkerung. Das Sprachgemisch in den Straßen und Gassen und die Verbindung aus italienischer und deutscher Lebensart geben Bozen das Flair einer europäischen Stadt mit südlichem Einschlag.

Ein Zeichen dafür sind die vielen Bars und Caféhäuser, beliebte Treffpunkte, die sich schon im Frühsommer in Straßencafés verwandeln und die Plätze mit ihren Schirmen schmücken.

Highlights Bozen

Burg Runkelstein
Die Besichtigung der »Bilderbuchburg« ist wie eine Zeitreise ins höfische Leben des Mittelalters.
► Seite 128

Archäologiemuseum
Bei einem Besuch der Gletschermumie Ötzi erfährt man auch viel über die Siedlungsgeschichte Südtirols.
► Seite 127

Kaffeepause am Waltherplatz
In einem der vielen Straßencafés am zentralen Waltherplatz taucht man ein ins Stadtleben
► Seite 122

Promenadenspaziergänge
An den Promenadenwegen der Stadt lassen sich die verschiedenartige Flora entdecken und herrliche Ausblicke auf die Weinberge und das umliegende Gebirge genießen.
► Seite 128

Lauben und Obstmarkt
Zu einem Altstadt-Bummel gehört die zentrale Laubengasse mit ihren vielen Geschäften und spätgotischen Häusern, die direkt zu den farbenprächtigen Ständen des Obstmarkts führt.
► Seite 123

BOZEN ERLEBEN

AUSKUNFT

Verkehrsamt der Stadt Bozen
Waltherplatz 8
39100 Bozen
Tel. 04 71 30 70 00
Fax 04 71 98 01 28
www.bolzano-bozen.it

EINKAUFEN

In Bozen findet man hervorragende kulinarische Mitbringsel. So ist geräucherter Speck eine Spezialität der Stadt, die man in vielen Metzgereien kaufen kann, darunter die Metzgerei Egger (Obstplatz 7) oder die Metzgerei Grünberger (Rathausplatz 3). Für Qualität bürgt Südtiroler Markenspeck, den man am Zeichen mit dem grünen Hosenträgersteg erkennt. Gute Südtiroler Weine gibt es u. a. in den stilvoll renovierten Gewölben der Vinothek »Enovit« (Dr.-Streiter-Gasse 30) oder bei der Kellerei Bozen (Grieser Platz 2), die auch Kellereiführungen anbietet. Für italienische Delikatessen empfiehlt sich das »Seibstock« (Lauben Nr. 50), ein wahrer Gourmetpalast.

AUSGEHEN

Carambolage
Silbergasse 19
Tel. 04 71 98 17 90
Das Kellertheater bietet Cabaret, Musik, Theater und Lesungen. Beliebter Treffpunkt für junge Leute. Im Hochsommer geschlossen.

Filmclub / Capitol-Kino
Dr.-Streiter-Gasse 8d
www.filmclub.it
In den drei Sälen werden auch deutschsprachige Filme gezeigt. Aktuelles, Anspuchsvolles und Retrospektiven.

Neues Bozner Stadttheater
Dantestr. 15 (Verdiplatz)
Tel. 04 71 32 79 30
www.theater-bozen.it
Neben italienischen Produktionen kommen auch deutschsprachige der Vereinigten Bühnen Bozen zur Aufführung.

Hopfen & Co.
Obstplatz 17
In Bozens einziger Gasthofbrauerei gibt es regelmäßig Live-Musik und gute Stimmung. Bis spät abends gibt es hier außerdem Tellergerichte oder kleine Schmankerln.

Nadamas
Obstplatz 44
Ob zu einem Glas Wein oder einem einfachen, aber guten Abendessen (auch vegetarisch) – hier trifft sich die Jugend gern.

ESSEN

► Erschwinglich

① ***Laurin***
Laurinstr. 4
Tel. 04 71 31 10 00
Im Restaurant des First-Class-Hotels Laurin (96 Zi.) kann man exzellent zu durchaus erschwinglichen Preisen speisen, im Sommer beispielsweise unter den alten Bäumen im Park. Auf der Speisekarte stehen internationale, heimische und italienische Gerichte.

► Preiswert

② ***Batzenhäusl***
Andreas-Hofer-Str. 30
Tel. 04 71 05 09 50
Das traditionsreiche Wirtshaus wurde ansprechend modernisiert und hat sich an die Bedürfnisse seiner hauptsächlich jungen Gäste angepasst. Mit kleinem Garten. Ruhetag: Mo.

③ ***Fink***
Mustergasse 9
Tel. 04 71 97 50 47
Einheimische und italienische Speisen werden in gemütlichem Gasthaus-Ambiente serviert. Es gibt auch Tagesteller und Salate. Ruhetage: Mi. abends u. Do.

④ ***Weißes Rössl***
Bindergasse 6
Tel. 04 71 97 32 67
Beliebtes Traditionslokal mit bodenständiger Tiroler Küche bis 24.00 Uhr. Ruhetage: Sa. abends und So.

ÜBERNACHTEN

► Luxus

③ ***Mondschein***
Piavestr. 15
Tel. 04 71 97 56 42
Fax 04 71 97 55 77
www.hotel-luna.it
Das weitläufige historische Haus wurde stilvoll renoviert. 79 Zimmer, hervorragende Küche, Gastgarten und Parkgarage.

► Komfortabel

② ***Figl***
Kornplatz 9
Tel. 04 71 97 84 12
Fax 04 71 97 84 13
www.figl.net
Stilvoll renoviertes Haus, mitten in der Altstadt gelegen. 22 komfortable Zimmer und Suiten.

④ ***Hanny***
St. Peter 4
Tel. 04 71 97 34 98
Fax 04 71 30 04 74
www.hotelhanny.it
Im Norden der Stadt an einem Hang inmitten von Weingärten gelegen. 18 Zimmer mit Balkonen. Zum Hotel gehört außerdem ein Panorama-Restaurant.

⑤ ***Hotel Adria***
Perathonerstr. 17
Tel. 04 71 97 57 35
Fax 04 71 97 15 54
www.sudtirol.com/adria
Moderner Hotelbau mit 32 Zimmern. Zentrale Lage in der Nähe von Waltherplatz und Bahnhof.

► Günstig

⑥ ***Hotel Feichter***
Weintraubengasse 15
Tel. 04 71 97 87 68
Fax 04 71 97 48 03
Die 26 Zimmer des mitten in der Fußgängerzone gelegenen Hotels sind teilweise mit Balkon ausgestattet. Das preiswerte Restaurant bietet gepflegte Hausmannskost.

⑦ ***Hotel zur Pfleg***
Weißensteiner Str. 94, Leifers
Tel. 04 71 95 41 29
www.pfleg.it
Günstige Alternative im nur 10 Min. entfernten Ort Leifers. Das schöne Haus mit 15 Zimmern und 16 Ferienwohnungen liegt mitten in den Obstwiesen sehr ruhig am Ortsrand. Vom 500 Jahre alten historischen Gutshof sind im Keller noch Reste erhalten.

Baedeker-Empfehlung

► Luxus

① ***Greif***
Waltherplatz 7
Tel. 04 71 31 80 00, Fax 04 71 31 81 48
www.greif.it
Die Geschichte des modernen Hauses hinter historischer Fassade geht bis ins 15. Jh. zurück. Jedes der 33 Zimmer und Suiten ist von einem anderen Künstler individuell zum Thema »Augenlust« gestaltet worden. Im Internet kann man sie sich alle betrachten und je nach Geschmack wählen.

Bozen *Orientierung*

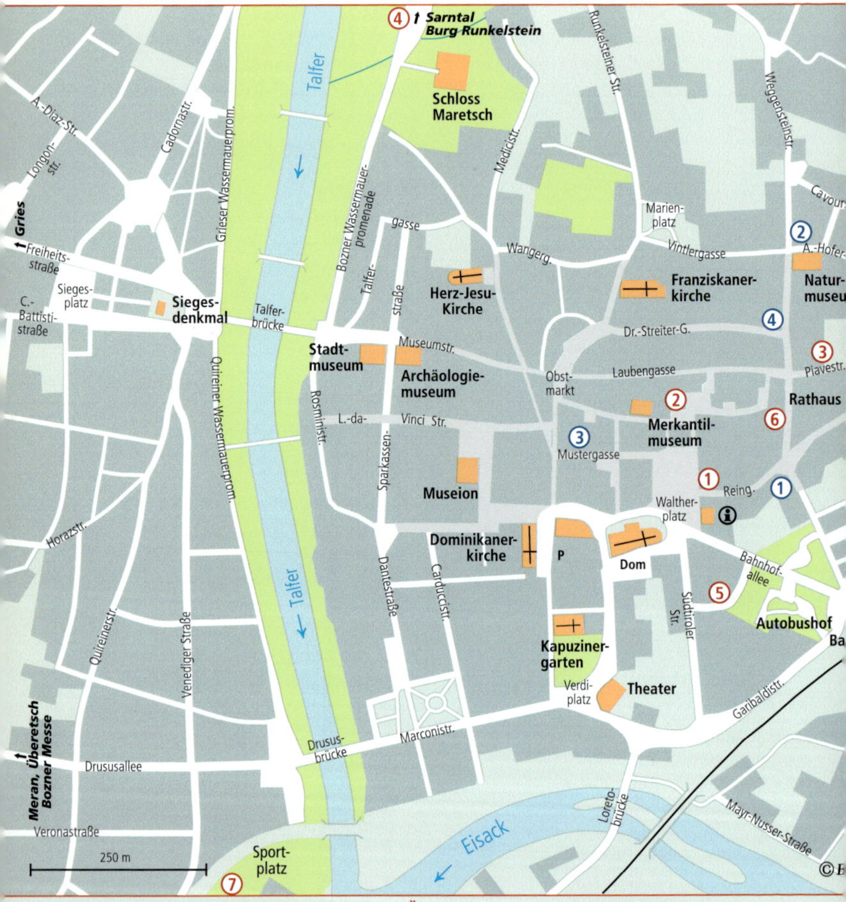

Essen
① Laurin
② Batzenhäusl
③ Fink
④ Weißes Rössl

Übernachten
① Greif
② Figl
③ Mondschein
④ Hanny
⑤ Hotel Adria
⑥ Hotel Feichter
⑦ Hotel zur Pfle

Von Tälern, Bergen und Flüssen

Bozen ist die Landeshauptstadt der gleichnamigen Autonomen Provinz. Sie liegt in einem schönen Talkessel, umgeben von Weingärten sowie den nahen Ausflugsbergen Ritten, Kohlerer Berg und Tschögglberg. Nach Süden hin, wo die Flüsse Eisack und Etsch zusammenfließen, öffnet sich der Talkessel, im Norden markiert Schloss Runkelstein das Tor ins enge Sarntal. Der Gebirgsrücken des

Der Waltherplatz ist Mittelpunkt der Stadt. Mit seinen Cafés und dem städtischen Trubel fühlt man sich wie auf einer italienischen Piazza.

Schlern sowie die markante Silhouette des Rosengarten krönen das Stadtbild im Osten, im Westen erstreckt sich der lange Höhenrücken der Mendel nach Süden.

Architektonische Kontraste

Zwischen den Flüssen Talfer und Eisack liegt die Altstadt mit ihren stattlichen Bürgerhäusern aus Gotik, Renaissance und Barock. Malerische Erker, enge Gassen, Lichthöfe und Laubengänge prägen das Bild. Im Zentrum der Altstadt liegt der Waltherplatz, an dessen südlichem Ende die gotische Pfarrkirche, das Wahrzeichen der Stadt, steht. Die Stadt wird von der Talfer geteilt, deren Ufer Promenaden und Radwege säumen. Westlich des Flusses liegt die nüchterne italienische Neustadt mit ihren Wohn- und Geschäftsvierteln, die Anfang und Mitte des 20. Jh.s entstanden.

Geschichte

Bozen, das römische Bauzanum, kam 680 unter langobardische, 740 unter fränkische Herrschaft und war später Sitz der bayerischen Grenzgrafen. Eine Zeit lang gehörte es zum Bistum Trient, das die Stadt im 13. Jh. den Grafen von Tirol überlassen musste, bevor es 1363 habsburgisch wurde. Eine besondere Rolle kam Bozen in der Vergangenheit als Handelsstadt zu, denn hier fand ein reger Warenaustausch zwischen Kaufleuten aus dem Norden und Italien statt. Bis 1919 teilte Bozen die Geschicke Tirols und wurde im Frieden von Saint-Germain dem italienischen Staat zugesprochen; die politisch motivierte Zuwanderung von Arbeitskräften aus den südlichen Teilen des Landes begann und führte zu einem erheblichen Anwachsen der italienischsprachigen Bevölkerung – heute sind es 69 % der Bevölkerung. 1948 wurde aus den Provinzen Bozen und Trient das autonome Gebiet Trentino/Tiroler Etschland gebildet und Deutsch in der Provinz Bozen als zweite Amtssprache zugelassen. Seit 1964 ist Bozen Sitz des Bistums Bozen-Brixen; 1997 wurde die Freie Universität gegründet. Heute ist die Stadt ein politisches, kulturelles und wirtschaftliches Zentrum Südtirols.

Altstadt

Waltherplatz

Mittelpunkt der alten Stadt ist der große, weiträumige Waltherplatz. Benannt ist er nach dem Minnesänger Walther von der Vogelweide, dem bedeutendsten Dichter des deutschen Hochmittelalters, von dem lange Zeit vermutet wurde, dass er aus Südtirol stammte; jüngste Forschungsergebnisse lassen aber eher auf eine Herkunft aus Niederösterreich schließen. Sein Denkmal (1889) aus Laaser Marmor ist ein Werk von Heinrich Natter. Unter dem Platz ist eine große Tiefgarage angelegt.

✶ Pfarrkirche

An der Südseite des Waltherplatzes erhebt sich die im 14. und 15. Jh. erbaute gotische Pfarrkirche mit ihrem 62 m hohen, filigranen Turm (1501–1519). Die Seitenschiffe der dreischiffigen Halle setzen sich in einem Chorumgang fort; vor dem barocken Hauptaltar zeigt der Fußboden ornamentale Einlegearbeit in verschiedenfarbigem Marmor. Im Chorumgang hinter dem Altar befindet sich die Grabplatte Erzherzog Rainers von Österreich (1783–1853), gegenüber die im Barock angefügte überkuppelte Gnadenkapelle. In den Wänden des Chorumgangs gibt es einige Renaissancegrabsteine, an der rechten Langhauswand Reste gotischer Bilderzyklen aus dem 14. Jahrhundert. An der Nordseite des Chorraumes ist in einer Vitrine eine Pietà aus Gussstein ausgestellt, die von Hans v. Judenburg im 15. Jh. geschaffen wurde. An der Südseite sieht man das Herz-Jesu-Bild des Malers Carl Henrici. Die kunstvolle Sandsteinkanzel stammt aus der Werkstatt des oberdeutschen Stein-

Vom Schöpfer des Turms gibt es im Inneren auch eine Kanzel zu sehen.

metzmeisters Hans Lutz von Schussenried, der auch den Kirchturm gestaltet hat. Die Vorhalle (1499) an der Westfassade ruht auf zwei von Löwenplastiken getragenen Säulen und verrät oberitalienischen Einfluss.

Dominikanerkirche

Westlich vom Waltherplatz kommt man zur Dominikanerkirche, welche um 1300 erbaut und 1498 in eine dreischiffige Hallenkirche umgewandelt wurde. Sie liegt etwas unter dem Straßenniveau; an der rechten Langhauswand finden sich umfangreiche Freskenreste aus dem mittleren 14. und frühen 15. Jahrhundert. Der durch einen Lettner vom Langhaus getrennte, lang gestreckte Chor wurde um 1740 mit barocker Stukkatur versehen.

✶✶ ◄ Johanneskapelle

Aus dem Chor tritt man hinüber in die unmittelbar anstoßende Johanneskapelle, einen schmalen und hohen gotischen Bau. Wände und Decke sind lückenlos bedeckt mit Fresken aus der Schule Giottos (um 1340). Sie zeigen Szenen aus dem Marienleben, aus den Legenden der Heiligen Johannes d. T., Johannes Evangelista und Nikolaus sowie den Triumph des Todes. Insgesamt gehören diese Bilder zu den bedeutendsten Zeugnissen oberitalienischer Wandmalerei im Südtiroler Raum. Der Kreuzgang des einstigen Dominikanerklosters birgt einige Fresken von Friedrich Pacher (um 1490).

Vom Dominikanerplatz führt die Goethestraße zum malerisch von alten Häusern eingerahmten **Obstmarkt**, dessen Stände von Montag bis Samstag vom Angebot an Früchten und Gemüse überquellen. Die Mündung der Laubengasse in den Obstmarkt ziert ein Brunnen mit einer 1746 gegossenen Statue des Neptun mit Dreizack, der von den Boznern »Gabelwirt« genannt wird.

! *Baedeker* TIPP

Süße Verführung

Warum nicht eine süße Rast einlegen? Bei der Konditorei Lintner (Leonardo-da-Vinci-Str. 8) ist der österreichische Einfluss unübersehbar: Hier reihen sich Strudel, Cremeschnitten und Sachertorten verlockend aneinander. Die Konditorei Menz (Freiheitsstr. 101) bietet neben den obligatorischen Kuchen auch vollwertige Mehlspeisen und im Sommer von den Tischen im Freien einen herrlichen Blick auf das Kloster Muri-Gries.

Lauben

Vom Obstmarkt ziehen die »Lauben« nach Osten, eine mit teils noch aus der späten Gotik stammenden Häusern flankierte schmale Gasse. In dieser exklusiven Einkaufsstraße Bozens mit überdachten Laubengängen locken u. a. Parfümerien und Mode-Boutiquen zum Bummeln und Shoppen. Beachtung verdient die Apotheke zur Madonna (Haus Nr. 17) mit ihrer gediegenen altertümlichen Einrichtung.
An den Lauben öffnet sich südlich der **Kornplatz**. In dem freskengeschmückten, gotischen Waaghaus befand sich von 1342 bis 1633 die öffentliche Waage. Das östliche Ende der Lauben bildet der **Rathausplatz** mit seinen zum Teil schmuckreichen Häuserfassaden und dem im 19. Jh. in historisierenden Barockformen erbauten Rathaus.

DER MANN AUS DEM EIS

Angefangen hat es im Jahr 1991 und geradezu wie jeder bessere Kriminalroman mit einem Leichenfund. In 3210 m Höhe entdeckt ein Nürnberger Ehepaar beim Wandern in den Ötztaler Alpen einen noch halb im Eis liegenden Toten. Das vermeintliche Verbrechen untersucht erst ein Pathologe und dann – ein Archäologe.

Wer ist Ötzi?

Schon bald ist die Sensation perfekt: Die Todesursache des ca. 46-jährigen Mannes liegt über 5300 Jahre zurück. Ein Wiener Journalist gibt dem wenig glamourösen Leichnam für seine Story in Anlehnung an ihren Fundort einen Namen: **»Ötzi«** wird bald weltbekannt sein. Denn weil der Tod Ötzi mitten aus seinem Alltag riss, hat das Gletschereis nicht nur seinen Körper mumifiziert, sondern auch seine vollständige Ausrüstung erhalten. Die Funde wurden mit modernster Technik analysiert, so dass das Leben des Mannes aus der Kupferzeit erstaunlich genau rekonstruiert werden konnte.

Der Vergleich von Isotopen aus seinem Zahnschmelz mit Boden- und Wasserproben führte zu dem Schluss, dass er seine Kindheit im Eisacktal und seine letzten Lebensjahre im Vinschgau verbrachte – ein waschechter Südtiroler also. Die Zähne sind übrigens kariesfrei, jedoch etwas abgenutzt, da er sie zweckentfremdet auch als »Werkzeug« benutzte. Für seine Zeit ist Ötzi erstaunlich alt geworden. Einen Rippen- und einen Nasenbeinbruch aus früheren Tagen hatte er gut überstanden. Doch plagten ihn altersbedingte **arthritische Schmerzen** am ganzen Körper. Diese behandelte er mit über 50 »Tätowierungen«, kleinen Schnitten in die Haut, die durch das Durchtrennen feiner Nervenstränge Linderung schafften.

Perfekt ausgestattet

Auch die Bekleidung des Gletschermannes gibt dank ihres ausgezeichneten Erhaltungszustandes Auskunft über die Lebensweise von Ötzi und

r Fundort im Similaungebiet war Ziel hrerer archäologischer Grabungen.

Ötzi war ca. 1,60 m groß, hatte Schuhgröße 38 und wog 50 kg, für die damalige Zeit Durchschnittsmaße. Seinen Grasmantel hat man mittlerweile wieder entfernt – wahrscheinlich schützte lediglich eine Grasmatte bei Regen seinen Kopf.

Konsorten. Die Schuhe sind die ältesten erhaltenen weltweit. Sie bestehen aus einer Bärenledersohle, einem Oberteil von Hirschleder und einem wärmenden Innenfutter aus Heu – im Prinzip ein Vorläufer des **Thermoschuhs**. Ein Lendenschurz aus Ziegenleder bildete die Unterkleidung; er wurde von einem Gürtel gehalten, der als Tasche gearbeitet war und allerlei kleines Werkzeug barg. Die Beinkleider aus Ziegenfell bedeckten die Ober- und Unterschenkel. Darüber trug der Gletschermann einen knielangen Fellmantel, den Kopf bedeckte eine Mütze aus Bärenfell.

Ötzis Ausrüstung war sehr zweckmäßig und gestattete es ihm, sich längere Zeit fern seiner Siedlung im unwirtschaftlichen Hochgebirge aufzuhalten. Der wichtigste Gegenstand war das vollständig erhaltene Kupferbeil, das sorgfältig in Eibenholz geschäftet ist. Der in einer am Gürtel getragenen Lederscheide steckende Dolch besteht aus einer kleinen Feuersteinklinge mit einem Griff aus Eschenholz. Dass Ötzi ein **bergerfahrener Mann** war, geht auch daraus hervor, dass er einen Rucksack trug, dessen Gestell erhalten ist. In einem Gefäß aus Birkenrinde trug er zuletzt einen kleinen Glutrest vom Lagerfeuer mit sich.

Sein letzter Tag

Es muss ein Junitag gewesen sein, denn dies ist die Zeit der Hopfenbuchenblüte, deren Pollen sich in Ötzis Darm fanden. Man weiß, dass Ötzi einen halben Tag vor seinem Tod noch einmal gegessen hat. Es gab Rotwild- und Steinbockfleisch, dazu Einkorn als Brot oder Brei zubereitet. Anscheinend befand er sich auf der **Flucht in die Berge**. Überhastet nahm er nur einige unfertige Waffen mit. Seinem Bogen, mit dem er einen Hirsch auf 30 m Entfernung hätte durchschießen können, fehlten noch

In einer perfekt gekühlten Kammer hat der Mann aus dem Eis seine nicht ganz ruhige letzte Ruhestätte gefunden.

der Griff und die Haltekerben für die Sehne. Von den 14 Pfeilen, die er bei sich trug, waren erst zwei schussfertig. Vielleicht wurde ihm dies zum Verhängnis. Denn 2001 fand man durch Röntgenaufnahmen in Ötzis rechter Schulter eine Pfeilspitze, die eine Wunde riss. Über Stunden muss Ötzi mit dem **Blutverlust** und den Schmerzen gekämpft haben, bevor er den Verletzungen erlag. Er war also nicht – wie bisher angenommen – erfroren, sondern **ermordet** worden. Dafür spricht auch die Schnittwunde in Ötzis rechter Hand. Ihr Verlauf ist typisch für die Abwehr eines Messerangriffs, der ebenfalls kurz vor seinem Tod stattgefunden haben muss. Warum er ermordet wurde, wird jedoch Spekulation bleiben. Nur ein Raubüberfall kann ausgeschlossen werden, da man ihm all seine wertvollen Dinge ließ.

Was dann geschah

In einer Felsrinne blieb der Leichnam liegen. Die **Mumifizierung** setzte ein, Schnee und Kälte ließen den Körper tiefgefrieren. Da die Rinne quer zur Flussrichtung des Gletschers lag, wurde sie vom darüber hinwegziehenden Eis nicht beschädigt, bis sie 1991 entdeckt wurde.

Seitdem haben sich internationale Forscher intensiv mit dem Mann aus dem Eis auseinandergesetzt. Aktuell wirkt Ötzis DNA an einer **gentechnischen Untersuchung** der Vinschgauer Bevölkerung mit, bei der die Parkinsonsche Krankheit besonders häufig ist. Man versucht herauszufinden, ob sich schon bei ihm Anlagen zu dieser Krankheit finden lassen.

Seine letzte »Ruhestatt« hat Ötzi nun im Südtiroler Archäologiemuseum von Bozen gefunden. Seit 1998 ruht er in einer Klimakammer, in der Gletscherbedingungen herrschen: eine Temperatur von -6 °C und eine relative Luftfeuchtigkeit von 98 %. Ein kleines Panzerglasfenster gewährt einen Blick auf den Mann, der aus der Kälte kam. Um den Gletschermann hat sich allerdings auch ziemlich viel Rummel entwickelt. Mittlerweile gibt es Ötzi-Eis, Ötzi-Wein und Ötzi-Pizza. Und im Schnalstal, in Sichtweite vom Fundort, ist ein **archäologischer Erlebnispark** zum Thema Ötzi eingerichtet worden.

Franziskanerkirche

Nahe dem nördlichen Rand des alten Stadtkerns steht hinter einer Mauer und gegenüber dem Straßenniveau abgesenkt die aus dem 13. bis 15. Jh. stammende gotische Franziskanerkirche. Das Innere wird von Rippengewölben überspannt; an der linken Langhauswand sind Reste spätgotischer Wandmalereien von Konrad Waider zu sehen, die Päpste und Ordensleute darstellen. Die bunten Glasfenster im Chor sind Arbeiten aus dem 20. Jahrhundert. Im Chor befindet sich auch der schöne »Krippenaltar« genannte gotische Schnitzaltar (um 1500) des Brixner Meisters Hans Klocker. Links neben der Kirche liegt der stimmungsvolle, zum Teil noch romanische Kreuzgang.

! *Baedeker* TIPP

Kunsthandwerk vom Feinsten

Eine gute Auswahl an Südtiroler Kunsthandwerk aus Holz, Textil oder Ton zeigen die Südtiroler Werkstätten, die in den schönen ebenerdigen Räumen des Merkantilgebäudes unter den Lauben Nr. 39 untergebracht sind und ihre Produkte dort auch verkaufen. Die charakteristischen »Bozner Engel« und andere Keramik gibt es im Shop der Firma Thun in der Museumstr. 37.

Schloss Maretsch

Am nördlichen Altstadtrand liegt inmitten von Weinreben Schloss Maretsch. Die mächtige Anlage mit runden Ecktürmen, vierkantigem Bergfried und schönem Freskenschmuck war ehemals ein Wasserschloss mit Graben, das im 13. Jh. erbaut und im 16. Jh. erweitert wurde. Heute ist hier ein Tagungszentrum untergebracht.

Museen in der Altstadt

Merkantilmuseum

Die Silbergasse Nr. 6 prägt die barocke Hauptfassade des Merkantilgebäudes, welches 1708 nach Entwürfen des Veroneser Architekten Francesco Pedrotti errichtet wurde und das bis in die Lauben reicht. Hier zeigt das Merkantilmuseum Exponate zur Handelsgeschichte, historisches Mobiliar und eine reiche Gemäldesammlung (geöffnet: Mo. – Sa. 10.00 – 12.30 Uhr).

Museion

Das »Museion« zeigt zeitgenössische Kunst. Das Haus an der Sernesistraße 1 ist nur ein Provisorium; der Umzug in einen Neubau steht kurz bevor (geöffnet: Di. – So. 10.00 – 18.00, Do. bis 20.00 Uhr).

Stadtmuseum

An der Ecke Sparkassestraße / Museumstraße ist das Stadtmuseum Bozen zu finden. Es zeigt Sammlungen zur Vorgeschichte, Kunstwerke aus Romanik, Gotik, Renaissance, Barock und Biedermeier, aber auch Volkskundliches wie Trachten und Masken. Derzeit wird es umgebaut; Ende 2005 soll es wieder eröffnet werden.

★★ Südtiroler Archäologiemuseum

Die Hauptattraktion des 1998 eröffneten Landesmuseums für Archäologie in der Museumstraße 43 ist der »Ötzi«, die 1991 in der Similaungruppe aufgefundene Gletscherleiche (► Baedeker-Special S. 124). Die in einer Klimakammer aufbewahrte kupferzeitliche Mumie und ihre Beifunde geben einen einmaligen Einblick in die Kultur der Jungsteinzeit. Weitere Exponate dokumentieren die Geschichte Südtirols vom Ende der letzten Eiszeit bis zur Ära Karls des Großen (geöffnet: Di. – So. 10.00 – 18.00, Do. bis 20.00 Uhr).

Naturmuseum Im einstigen Amtshaus Kaiser Maximilians, in der Bindergasse 1, zeigt das Naturmuseum Südtiroler Landschafts- und Naturgeschichte. Modelle und multimediale Präsentationen geben u. a. Einblicke in die Erdgeschichte (geöffnet: Di. – So. 10.00 – 18.00 Uhr).

Sehenswertes außerhalb des Zentrums

* **Promenaden** Unweit vom Stadtmuseum beginnt die am östlichen Ufer der Talfer entlangführende Bozner **Wassermauerpromenade**, eine schöne, mit Blumen und Bäumen bewachsene Promenade, die einen herrlichen Ausblick auf die Stadt, Schloss Maretsch und die Dolomiten bietet. Sie erstreckt sich von der Talferbrücke nordwärts bis vor das im 17. Jh. errichtete Schloss Klebenstein bei der St.-Anton-Brücke. Rechts davon schlängelt sich die **St.-Oswald-Promenade** bei herrlichem Ausblick auf Bozen in Serpentinen die Weinhänge hinauf. Über sie gelangt man bis in den malerischen Weinort St. Magdalena und weiter in den Bozner Vorort Rentsch.

** **Burg Runkelstein** Am Eingang zum Sarntal erhebt sich über der Talfer die Burg Runkelstein (13./14. Jh.), auch »Bilderburg« genannt. Die um 1400 gemalten Fresken gehören zu den bedeutendsten weltlichen Schöpfungen ihrer Art. Im 16. Jh. wurden sie im Auftrag Kaiser Maximilians aufgefrischt. Sie zeigen Szenen aus dem höfischen Leben sowie aus Ritterromanen und dem Alten Testament. Durch eine Explosion des Pulvermagazins im Jahre 1520 erlitt die Burg schwere Schäden und verfiel in den späteren Jahrhunderten immer mehr, ehe sie um 1880 im Auftrag Kaiser Franz Josefs gründlich wieder hergestellt und dann der Stadt Bozen übergeben wurde. In der Burg sind weiterhin wechselnde Ausstellungen zu sehen (geöffnet: Di. – So. 10.00 – 18.00 Uhr).

Italienische Neustadt Über die Talferbrücke erreicht man die vom Stararchitekten des Mussolini-Regimes, Marcello Piacentini, entworfenen westlichen Stadtteile. Auf dem Weg fällt sofort das Siegesdenkmal ins Auge, ein klotziger Bau von 1928, der einem antiken Triumphbogen nachempfunden ist. Die von hier nach Westen weiterreichenden Stadtviertel bilden mit ihren breiten Prachtboulevards, Repräsentationsbauten und Häuserblocks mit Flachdächern und marmorverkleideten Fassaden einen deutlichen und interessanten Kontrast zur Altstadt.

Gries Vom Siegesplatz führt die breite Freiheitsstraße in den Bozner Stadtteil Gries, eine ehemals selbstständige Gemeinde mit eigener Pfarrkirche und Dorfplatz.

* Benediktinerkloster ► Am Grieser Platz steht das große Benediktinerkloster Muri-Gries. Der Bau aus dem Mittelalter wurde von Kaiser Ferdinand 1845 den

Die Fresken von Burg Runkelstein spiegeln das höfische Leben.

aus Muri im schweizerischen Kanton Aargau gekommenen Benediktinern zur Verfügung gestellt. Die Stiftskirche St. Augustinus (1769 – 1771) ist ein Werk des lombardischen Baumeisters Sartori und wurde von dem aus Steinach am Brenner stammenden Martin Knoller (1725 – 1804) mit ausgezeichneten Wand-, Decken- und Altarbildern ausgestattet. Im romanischen Turm der Benediktinerabtei ist eine große Krippensammlung zu sehen (geöffnet: Feb. bis Nov. 1. Sa. im Monat 15.00 – 17.00; Dez. bis Feb. jeden Sa. 15.00 bis 17.00 Uhr; Juli, Aug. nur nach Vereinbarung).

★ Pfarrkirche

Wenig weiter nördlich, am Fuße des Guntschnabergs, erreicht man die Alte Grieser Pfarrkirche. Die Hauptsehenswürdigkeit der Pfarrkirche – und zugleich eines der bedeutendsten gotischen Kunstwerke Südtirols – ist der 1475 von Michael Pacher gefertigte, in der Erasmuskapelle aufgestellte Schnitzaltar mit der Marienkrönung. Außerdem interessant ist das romanische Kruzifix aus dem 13. Jh. (geöff-
geöffnet: April bis Okt. Mo. – Fr 10.30 12.00, 14.30 – 16.00 Uhr).
In unmittelbarer Nähe der Grieser Pfarrkirche beginnt die schöne **Heinrichspromenade**, benannt nach dem Habsburger Erzherzog Heinrich. Bei herrlichem Ausblick auf die Dolomiten führt die von mediterranen Pflanzen gesäumte Promenade in Serpentinen mit wenig Steigung zu den Rebanlagen von Guntschna.

Umgebung von Bozen

Mit der Seilbahn in die Sommerfrische

Von Bozen aus führen drei Seilbahnen auf die umliegenden Ausflugsberge und in die beliebten Sommerfrische-Orte.

Über die St.-Anton-Brücke im Nordosten der Stadt gelangt man zur Talstation der nach **Jenesien** führenden Seilbahn (Rafensteinstraße 15). Das 10 km nordwestlich von Bozen gelegene Dorf liegt am Hochplateau des von lichten Lärchengehölzen und Weideflächen bedeckten Salten. Das ausgedehnte Erholungs- und Wandergebiet bietet einen prachtvollen Blick auf die Dolomiten.

Die **Rittner Seilbahn** fährt von der Talstation an der Rittner Straße 12 nach Oberbozen auf das sonnige Hochplateau des ► Ritten, das ca. 1000 m über der Bozner Talsohle liegt. Im Süden fällt der Bergrücken in steilen Abstürzen ins Bozner Talbecken ab, während er im Norden sanft und wellig gegen das Rittner Horn ausläuft. Die größeren Orte des Ritten sind Klobenstein, Oberbozen, Unterinn und Wangen. Das angenehme Klima, das wunderbare Panorama und die sonnige Lage machten den Ritten seit jeher zur beliebten Sommerfrische der Bozner.

Zwischen dem Weiler Maria Himmelfahrt und dem Ort Klobenstein fährt noch eine alte Schmalspurbahn. Von Klobenstein aus führt ein Spazierweg in 30 Minuten zu den **Erdpyramiden** ins Finsterbachtal

bei Lengmoos. Die bis zu 20 m hohen, von der Witterung geformten Pyramiden aus Moränenschutt gibt es am Ritten an verschiedenen Stellen zu sehen. Jene bei Lengmoos sind auf einem ebenen, aussichtsreichen Weg (mit Stegen und Brücken) besonders gut aus der Nähe zu betrachten.

Von der Rittner Straße bietet sich ein wunderbarer Blick auf die Provinzhauptstadt.

Im Südosten Bozens erreicht die **Kohlerer Seilbahn** (Talstation: Kampillerweg 7) in nur zehn Minuten die Bergstation des waldreichen, von vielen schönen Wanderwegen durchzogenen Kohlerer Bergs. Der Buckelberg ist eher dünn mit Sommerfrischehäusern und Gastbetrieben besiedelt. Gleich bei der Bergstation steht ein 37 m hoher Aussichtsturm, aus mächtigen Holzstämmen gezimmert. Er steigert die ohnehin schon schöne Aussicht zu einem fantastischen Rundblick.

Sigmundskron

Rund 3 km südlich von Bozen, nahe dem Zusammenfluss von Etsch und Eisack, bildet die hoch gelegene Burgruine Sigmundskron einen markanten Akzent. Eine Stichstraße führt zur Ruine der mächtigsten Burganlage Tirols hinauf, die von Herzog Sigmund dem Münzreichen in der zweiten Hälfte des 15. Jh.s zum befestigten Adelssitz umgebaut und erweitert wurde. Zurzeit ist die Burgruine im Umbau, in Kürze wird der Extrembergsteiger Reinhold Messner hier ein Gebirgsmuseum einrichten.

Steinegg Steinegg liegt 12 km östlich von Bozen auf einem Hochplateau zwischen dem Eggental (Große ►Dolomitenstraße) und dem Tierser Tal mit prächtigem Dolomitenblick. Man erreicht es über Blumau auf einer kurvigen Bergstraße. In der Kirche befindet sich das Heimatmuseum mit zahlreichen Zeugnissen bäuerlicher Kultur, das allerdings nur mit Führung zu besichtigen ist.

Sternwarte ► In Obergummer befindet sich Südtirols erste und einzige Volkssternwarte »Max Valier« auf 1350 m. Jeden Donnerstagabend gibt es bei klarem Himmel öffentliche Führungen (Anmeldung am vorhergehenden Mittwoch von 20.00 bis 22.00 Uhr unter Tel. 04 71 37 70 24). Donnerstags um 16.00 Uhr stellt eine weitere Führung die Arbeit auf der Sternwarte vor (Anmeldung bis zum vorhergehenden Dienstag im Tourismusbüro Steinegg, Tel. 04 71 37 65 74).

★★ Brixen (Bressanone)

C 10–11

Höhe: 559 m ü.d.M. **Einwohnerzahl:** 18 030

Brixen ist die drittgrößte Stadt Südtirols. Am Zusammenfluss von Eisack und Rienz weitet sich das ►Eisacktal zu einem breiten, sonnigen Kessel, der von Rebhügeln gesäumt ist. Nach der Enge des vom Brenner kommenden Tals strahlt die Landschaft hier schon südliches Flair aus.

Stadt der Bischöfe Die Siedlungsgeschichte reicht bis in vorrömische Zeit zurück. 901 wurde die Stadt erstmals schriftlich erwähnt. Um 970 verlegte Bischof Albuin den Sitz des Bistums vom Burghügel Säben bei ►Klausen hierher. Gegen 990 entstand der ottonische erste Dom. Im Jahr 1027 übertrug der deutsche Kaiser Konrad II. dem Brixener Bischof die Grafschaften an Inn und Eisack und die Zeit der mächtigen Fürstbischöfe begann. 1091 wurde die Stadt Zentrum des mächtigen Hochstiftes Brixen. Dessen Einfluss reichte vom Bodensee über Innsbruck und das Unterinntal im Norden und im Süden bis nach Klausen. Im 12. Jahrhundert errichtete man die Stadtbefestigung und gründete etwas weiter nördlich das Kloster Neustift. Zu den berühmten Brixener Bischöfen zählt auch der Humanist und Theologe Nikolaus von Kues, latinisiert **Cusanus** (► Berühmte Persönlichkeiten), der hier von 1450 bis 1461 wirkte. Die Macht der Bischöfe zerfiel erst durch die Säkularisation. Damit büßte auch die Stadt ihre wichtige Rolle ein. 1806 fiel Brixen an Bayern, 1814 kam es erneut zu Tirol.

Ein neuer Aufschwung setzte erst nach dem Zweiten Weltkrieg wieder ein. 1964 erfolgte die Neugründung der Diözese Bozen-Brixen, allerdings mit Sitz in ►Bozen. Durch die Universität, eine Theologische Hochschule und eine Zweigstelle der Universität Padua ist Brixen heute ein wichtiges geistiges und religiöses Zentrum des Landes.

BRIXEN ERLEBEN

Hotel Elephant

AUSKUNFT

Tourismusverein Brixen
Bahnhofstr. 9
39042 Brixen
Tel. 04 72 83 64 01, Fax 04 72 83 60 67
www.brixen.org

ESSEN

► Fein & teuer

① ***Fink***
Kleine Lauben 4
Tel. 04 72 83 48 83
Traditionsreiches Restaurant mitten in der Altstadt. Serviert wird verfeinerte bodenständige Kost, darunter die Eisacktaler Weinsuppe. Ruhetag: Di. abends u. Mi.

► Erschwinglich

② ***Traubenwirt***
Kleine Lauben 9
Tel. 04 72 83 65 52
Im historischen Wirtshaus unter den Lauben kommt mediterrane Küche auf den Tisch. Ruhetag: So.

► Preiswert

③ ***Hotel Grauer Bär***
Altenmarktgasse 27
Tel. 04 72 83 64 72
www.grauerbaer.tk
Zentral in der Fußgängerzone gelegen. Die Gaststätte bietet gutbürgerliche Küche und ein schattiges Gartenrestaurant, wo auch die Brixner gern einkehren. Außerdem 17 Zimmer. Ruhetag: Di.

ÜBERNACHTEN

► Luxus

① ***Hotel Elephant***
Weißlahnstr. 4
Tel. 04 72 83 27 50, Fax 04 72 83 65 79
www.hotelelephant.com
Das Haus erhielt seinen Namen nach dem Russeltier, das 1550 im Auftrag Maximilians II. durch Brixen kam. In dem traditionsreichen Hotel mit 44 Zimmern erwarten die Gäste schöne holzgetäfelte Stuben und Säle mit antikem Mobiliar.

► Komfortabel

② ***Tallero***
Altenmarktgasse 35
Tel. 04 72 83 05 77, Fax 04 72 20 12 04
www.tallero.it
Vor kurzem renoviert. 19 charakteristische Zimmer in einer schönen Mischung aus mittelalterlichem Flair und modernem Design.

► Günstig

③ ***Pension Kranebitt***
Elvaserstr. 78
Tel. und Fax 04 72 83 64 11
www.pension-kranebitt.com
Die herrliche Hanglage im ländlichen Villenvorort Kranebitt bietet den Gästen der 13 Zimmer eine schöne Aussicht und viel Grün. 15 Fußminuten in die Altstadt.

Brixen Orientierung

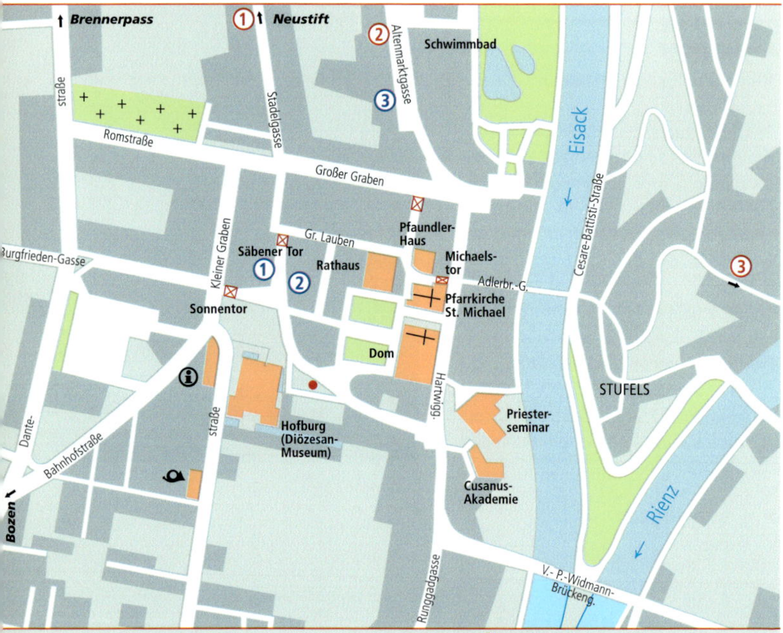

Essen
1 Fink
2 Traubenwirt
3 Hotel Grauer Bär

Übernachten
1 Elephant
2 Tallero
3 Pension Kranebitt

Sehenswertes in Brixen

★ **Dom**

Beherrschend steht am östlichen Rand der Altstadt der Dom Mariä Himmelfahrt, der zwischen 1745 und 1754 barockisiert wurde. Seine klare, flächige Fassade verrät lombardischen Einfluss; die von Pfeilern und Säulen getragene klassizistische Vorhalle wurde erst 1785 angefügt. Die beiden Westtürme hingegen stammen im unteren Teil noch von dem romanischen Vorgängerbau. Das einschiffige, von einem Tonnengewölbe überspannte Innere ist beiderseits von Altarkapellen flankiert, die durch marmorverkleidete Pfeiler voneinander getrennt sind. Die Langhausdecke trägt ein riesiges Fresko (1750) von Paul Troger, der auch die Deckengemälde im Chor schuf (geöffnet: tägl. 9.00 – 12.00 und 15.00 – 18.00 Uhr).

★★ Kreuzgang ►

In der Vorhalle des Doms öffnet sich rechts ein Durchgang, welcher zum Kreuzgang führt. Dessen ursprüngliche Bausubstanz stammt aus der Romanik (um 1200); die Kreuzrippengewölbe wurden in der Gotik angebracht. Die prachtvollen, mit großem Sachverstand restaurierten Gewölbefresken stammen aus verschiedenen Entwick-

Dom zu Brixen *Orientierung*

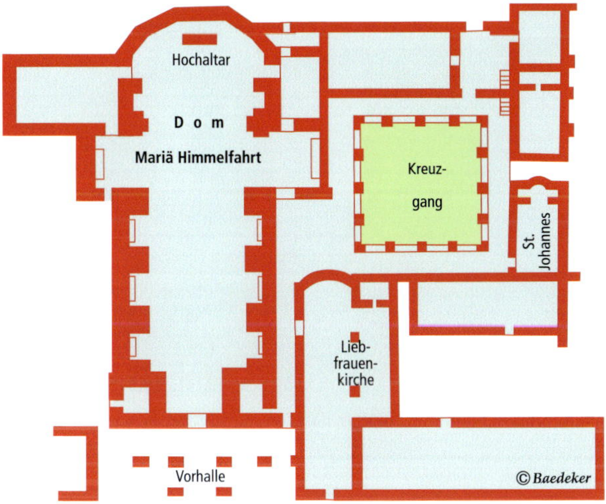

lungsstufen der Gotik in der Zeit von 1390 bis 1510. Vom Anblick der teilweise kuriosen Darstellungen kann man sich nur schwer losreißen. Zumeist sind Szenen aus der Bibel abgebildet – da nur ein Bruchteil der Bevölkerung des 14. und 15. Jahrhunderts lesen konnte, war diese Bilderbuchbibel eine ideale Vermittlerin.
Vom Kreuzgang aus betritt man die **Johanneskirche**, ein aus der Zeit kurz nach 1200 stammender romanischer Bau mit gotischem Gewölbe und Freskenschmuck (13. – 15. Jh.).

★ Pfarrkirche

Nördlich neben dem Dom bemerkt man die ursprüngliche Pfarrkirche St. Michael (um 1500), die 1757/1758 im Inneren barockisiert und von dem Troger-Schüler Josef Hauzinger mit Deckengemälden ausgestattet wurde. Im Kirchhof an der Dommauer befindet sich ein Gedenkstein für Oswald von Wolkenstein.

Rathaus

Die Nordseite des Domplatzes wird begrenzt vom Rathaus mit Fassadenturm, Treppen und Zinnengiebeln. In der Rathausgalerie finden wechselnde Kunstausstellungen statt. Im nahen Altstadtkern bieten vor allem die Großen und Kleinen Lauben mit ihren malerischen Erkerhäusern ein schönes Bild.

★★ Hofburg

Südwestlich vom Dom steht die exzellent restaurierte ehemalige fürstbischöfliche Hofburg, die heute das Diözesanmuseum beherbergt. An dieser Stelle befand sich seit 1260 eine befestigte Burg, die ab 1595 dem Renaissanceschloss weichen musste. Die Anlage wurde erst 1710 vollendet, weshalb die letzten Baustufen ein barockes Gepräge zeigen. Im repräsentativen Innenhof mit seinen dreistöckigen

Die Kaiser nächtigten auf ihrem Weg nach Rom gern bei den Brixener Reichsfürsten. Diesen 1
extra für diesen Zweck eingerichteten Trakt zieren venezianische Seidentapeten.

Loggien in den Seitenflügeln stehen die schwarzen Terrakottafiguren von Mitgliedern des Hauses Habsburg (1600), Werke des Schongauer Meisters Hans Reichle. Auf dem weiten Platz vor der Hofburg wurde im Jahre 1909 die Jahrtausendsäule zum Gedenken an das Stadtjubiläum von 1901 aufgestellt.

✶ Diözesanmuseum ▶ Das Diözesanmuseum Brixen, das seinen Sitz in der Hofburg hat, umfasst den Domschatz, Kunst des Mittelalters und der Neuzeit, Gemälde, Möbel, Porzellan, Sammlungen zur Diözesan- und Fürstentumsgeschichte sowie eine weltberühmte Krippensammlung (geöffnet: Mitte März bis Okt. Di. – So. 10.00 – 17.00; Dez. bis Jan. nur Krippensammlung tägl. 14.00 – 17.00 Uhr).

✶ **Pharmaziemuseum** In der Adlerbrückengasse 4 in Brixen wurde im Obergeschoss der Stadtapotheke ein Pharmaziemuseum eingerichtet. Die Ausstellung zeigt einen historischen Abriss der Arzneikunde (geöffnet: ganzjährig, Di. – Mi. 14.00 – 18.00, Sa. 11.00 – 16.00 Uhr).

Umgebung von Brixen

Franzensfeste Franzensfeste liegt im mittleren Abschnitt des Eisacktals; unweit südlich mündet das Pustertal ein. Das Bild des an einer Engstelle zwischen bewaldeten Bergflanken gelegenen Ortes wird von der mächtigen Festung am Flussufer geprägt, die von den Österreichern in den Jahren 1833 bis 1838 als vorgeschobene Schutzbastion zur Sicherung des Brennerpasses angelegt wurde und dem Ort den Namen gegeben hat. Gleichwohl hat sie in militärischen Konflikten nie eine Rolle gespielt. Der weitläufige Komplex ging vom Staat in den Besitz der Gemeinde über, die sich über eine Nutzung noch den Kopf zerbricht.

Die **»Sachsenklemme«** bei Mittewald ist eine Engstelle, deren Name auf die Gefangennahme von 500 unter den Franzosen kämpfenden Sachsen im Jahr 1809 zurückgeht. Hier stehen ein stattliches altes Gasthaus und eine kleine Kapelle; dahinter wurde ein Obelisk zur Erinnerung an die kriegerische Auseinandersetzung vom 4. und 5. August 1809 errichtet.

Lüsen

Eine kurvenreiche Straße führt von Brixen 12 km östlich in das abgelegene und ruhige Lüsener Tal. Im Ort Lüsen steht die spitztürmige Pfarrkirche St. Georg, spätgotisch und um 1775 barockisiert. Die Außenfresken sind um 1700 entstanden. An der Nordseite des Friedhofs bemerkt man eine interessante kleine Grabkapelle aus dem 15. Jh. mit Innenausstattung aus dem 15. und 17./18. Jahrhundert. Auf den umliegenden Höhen breiten sich Almen und Wiesen aus, herrliche Ziele für Wanderungen im Sommer und Skiausflüge im Winter.

★★ Neustift

Das Augustiner-Chorherrenstift Neustift, 3 km nördlich von Brixen, ist eine Gründung von 1142, wurde aber schon fünfzig Jahre später völlig erneuert. Die Klosteranlage besteht aus mehreren Gebäudeblocks, welche zwei große Innenhöfe umschließen. Berühmt ist auch die **Klosterkellerei**, in der hervorragende Weißweine gekeltert werden, die man hier auch verkosten und kaufen kann. Führungen: ganzjährig Mo. – Sa. 10.00, 11.00, 14.00, 15.00 und 16.00, Mitte Juli bis Mitte Sept. auch 12.00 u. 13.00 Uhr; Jan. bis März ist Mo. geschlossen.
Am Eingang in den Klosterbezirk steht die **Michaelskapelle**, gewöhnlich »Engelsburg« genannt, ein eigenartiger, zinnengekrönter Rundbau aus romanischer Zeit. Auf dem dahinterliegenden Hof gibt es Parkplätze; hier beginnen auch die Führungen. Durch einen Torbau gelangt man in den eigentlichen Klosterhof, wo ein hübscher achteckiger Renaissancebrunnen mit freskengeziertem Baldachin steht.
Die dreischiffige **Basilika** Unsere Liebe Frau stammt aus der Zeit der ersten Klostererneuerung im späten 12. Jh., wurde aber im Barock, vor allem 1734 bis 1737, weit gehend umgestaltet und gilt heute als reichstes Baudenkmal der deutschen Barockbaukunst südlich des Brenners. Die Deckenfresken wurden von Matthias Günther gemalt. In der Sakristei sind Fresken von Michael Pacher aus der Zeit um 1470 zu sehen.
Weiterhin verdient der spätbarocke **Bibliothekssaal** mit mehrfarbigem Parkettboden, Rocailleschmuck und umlaufender zierlicher Galerie besondere Beachtung, desgleichen der gotische Kreuzgang mit seinen Fresken sowie die Pinakothek mit Tafelbildern aus Neustifter Kirchenbesitz.

Plose

Von St. Andrä stellt eine Umlaufbahn die Verbindung zur 2504 m hohen Plose, dem auch zum Wintersport besuchten »Hausberg« der Stadt, her. Die Bergstation befindet sich nahe dem Berggasthof

Kreuztal; mehrere Aufstiegsanlagen führen von dort weiter bis zur Plosehütte. Die Plose ist wegen ihres prächtigen Gebirgspanoramas berühmt und im Sommer ein beliebter Ausflugsberg mit mehreren gemütlichen Berghütten.

✶ **Vahrn** Am Eingang in das Schalderer Tal, 3 km nordwestlich von Brixen, liegt Vahrn am gleichnamigen kleinen See. Zur Zeit der Habsburger-Monarchie war der Ort ein beliebtes Ferienziel des österreichischen Geld- und Blutadels. Der idyllische und beliebte See mit einer frei zugänglichen **Badestelle** am Nordufer liegt inmitten von Kastanienhainen und dunklen Nadelbäumen. Etwas für Leib und Seele ist auch die Wassertretanlage, die zu Fuß vom Parkplatz an der südlichen Dorfeinfahrt erreichbar ist. Die Anlage zur **Kneipp-Kur** mit dem eiskalten Wasser des Schalderer Bachs ist frei zugänglich, in der Nähe gibt es einen großen Spielplatz und Tische und Bänke für ein Picknick unter schattigen Bäumen.

✶ Bruneck (Brunico)

C 12

Höhe: 830 m ü.d.M. **Einwohnerzahl:** 13 500

Die quirlige Kleinstadt liegt in der Mitte des ►Pustertales am Eingang zum ►Tauferer Ahrntal. Der weite Talkessel wird im Norden von den hohen Bergen des Alpenhauptkamms und im Süden von den Ausläufern der Dolomiten begrenzt.

Bruneck ist nach Bischof Bruno von Brixen benannt, der um 1250 Stadt und Burg gegründet hat. Neben der Landwirtschaft und dem Tourismus, der mit dem Bau der Eisenbahn um 1870 einsetzte, haben sich hier auch einige wichtige Industrie- und Handelsbetriebe angesiedelt, die den westlichen Vorort prägen. Zur Gemeinde Bruneck gehören außerdem die Orte Reischach, St. Georgen, Aufhofen, Dietenheim und Stegen.

Sehenswertes in Bruneck

✶ **Stadtgasse** Die malerische Stadtgasse, die Hauptachse des alten Ortskerns, ist heute Fußgängerzone und verläuft in einem leichten Bogen durch die gesamte Altstadt. Sie verbindet das **Ursulinentor** beim gleichnamigen Kloster mit seiner schlichten kleinen gotischen Kirche mit dem Oberragen-Tor.

Außerhalb dessen setzt sich die Bebauung mit Bürgerhäusern aus der Gotik gegen Osten noch bis zur Pfarrkirche fort. Die meisten der an der Stadtgasse stehenden prächtigen Gebäude gehen auf das 15. und 16. Jh. zurück; im Haus Nr. 29 wurde um 1435 der Bildhauer Michael Pacher geboren.

Unter den vielen gotischen Bürgerhäusern in der Stadtgasse ist auch das Geburtshaus des Bildhauers Michael Pacher zu finden.

St. Katharina am Rain

Etwas oberhalb des Stadtkerns steht die Kirche St. Katharina am Rain, ursprünglich ein 1345 entstandener gotischer Bau, der im 17. Jh. im Stil des Frühbarock grundlegend erneuert wurde. Aus dieser Zeit stammen auch das Hochaltarblatt, eine Kopie nach Paolo Veronese, sowie das Deckenfresko im Chor. 1723 brannte die Kirche ab; bei der Wiederherstellung 1724 erhielten die Türme ihre Helme.

✶ Burg

Ein Fußweg führt von der Kirche St. Katharina aufwärts zur Burg Bruneck (13.–16. Jh.), die in parkähnlichem Gelände mit vielen Robinien, Buchen und Ahornbäumen steht und im Rahmen von Ausstellungen oder Veranstaltungen besichtigt werden kann. Von den Fürstbischöfen aus Brixen erbaut, ging das Gebäude erst kürzlich an die Gemeinde über, die es nun öffentlich zugänglich machen will.

✶ Pfarrkirche

Im Stadtteil Oberragen ist die Pfarrkirche zu finden, ein neuromanischer Bau aus dem Jahr 1855. Im Inneren gefallen das Deckengemälde von G. Mader (1860), eine Pietà (um 1400) sowie am rechten Seitenschiffaltar ein ausgezeichnetes lebensgroßes Kruzifixus von Michael Pacher.

Ragenhaus

Rechts neben der Pfarrkirche steht das Ragenhaus, ein stattlicher Ansitz, der vermutlich aus dem 13. Jh. stammt und in der Renaissance grundlegend verändert wurde. Heute sind hier die städtische Musikschule und eine Ferienakademie zu finden. Im Arkadenhof werden Sommerkonzerte veranstaltet.

BRUNECK ERLEBEN

AUSKUNFT

Tourismusverein Bruneck
Rathausplatz 7
39031 Bruneck
Tel. 04 74 55 57 22
Fax 04 74 55 55 44
www.bruneck.com

ESSEN

► Erschwinglich

① ***Oberraut***
Amaten bei Bruneck-Percha 1
Tel. und Fax: 04 74 55 99 77
Nicht nur wegen seiner traumhaften Lage über dem Brunecker Talkessel, sondern auch wegen der vorzüglichen wie preiswerten Küche lohnt es sich, hier Station zu machen. Außerdem fünf preiswerte Zimmer. Ruhetag: Do.

► Preiswert

② ***Weißes Lamm***
Stuckstr. 5
Tel. 04 74 41 13 50
Im historischen Gasthaus in der Altstadt Brunecks gibt es bodenständige Kost. Im 1. Stock ist die mit antiken Bildern dekorierte Künstlerstube ein beliebter Treffpunkt der Einheimischen. Ruhetag: So.

③ ***Hotel Restaurant Blitzburg***
Europastr. 10, Tel. 04 74 55 57 23
www.blitzburg.it
Das traditionsreiche und zentrumsnahe Haus wurde kürzlich vollständig renoviert und zum Hotel mit 28 Zimmern erweitert. Das Restaurant ist für gute, schnelle und preiswerte Küche bekannt und bei den Einheimischen sehr beliebt. Ruhetag: Mo.

ÜBERNACHTEN

► Komfortabel

① ***Hotel Post***
Graben 9
Tel. 04 74 55 51 27, Fax 04 74 55 16 03
www.hotelpost-bruneck.com
Auch nach dem Umbau besitzt das traditionelle Hotel mit seinen 39 Zimmern noch den Charme von einst, ergänzt mit modernem Komfort.

② ***Pension Hochgruber***
Seilbahnstr. 5, Reischach
Tel. 04 74 54 80 13
www.pension.hochgruber.com
Das Haus mit 17 Zimmern und 5 Ferienwohnungen liegt in Reischach in der Nähe der Aufstiegsanlagen zum Kronplatz.

Kapuzinerplatz

Beim Kapuzinerplatz, einem belebten Straßenknoten, steht in der Fluchtlinie der alten Stadtmauer die spätbarocke **Spitalkirche** zum Heiligen Geist aus der Zeit um 1760.
Bei der Spitalkirche steht die marmorne Büste des **»Alpini«**, des italienischen Gebirgsjägers auf einem Sockel. Er wird von den Einheimischen respektlos als »Kapuzinerwastl« bezeichnet. In der Faschistenzeit wurde das Denkmal auf dem Kapuzinerplatz zu Ehren der Opfer des Abessinienfeldzuges errichtet und galt bei den Pusterern immer als Symbol italienischen Souveränitätsanspruches. Die Statue war wiederholt Ziel von Sprengstoffanschlägen, wurde mehrfach repariert und 1979 so stark beschädigt, dass nur mehr die Büste auf dem Sockel ruht.

Bruneck *Orientierung*

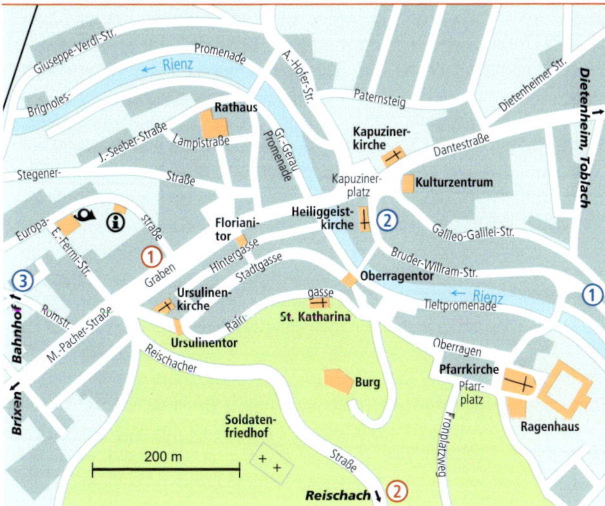

Essen
① Oberraut
② Weißes Lamm
③ Blitzburg

Übernachten
① Hotel Post
② Pension Hochgruber

★ **Stadtmuseum**

Wenige Schritte südlich steht in der Bruder-Willram-Straße das Stadtmuseum, das eine reiche Sammlung von Grafiken und Gemälden, darunter vieles von Michael Pacher und seinen Schülern, zeigt (geöffnet: ganzjährig Di. – Fr. 15.00 – 18.00, Sa. – So. 10.00 bis 12.00, Juli, Sept. Di. – So. 10.00 – 13.00, 15.00 – 18.00 Uhr, Aug. auch Mo.).

Umgebung von Bruneck

★★ **Volkskundemuseum Dietenheim**

Das 2 km nordöstlich gelegene Dietenheim, ein Gemeindeteil von Bruneck, ist ein malerisches Dorf mit einigen alten Edelsitzen.
Das herrschaftliche Anwesen Mayr am Hof oberhalb des Ortskerns wurde zu einem Volkskundemuseum umgestaltet. Die Ausstellungsräume befinden sich im ehemaligen Herrschaftshaus und der benachbarten großen Scheune (geöffnet: Ostermontag bis Okt. Di. – Sa. 9.30 – 17.30, So. u. Feiertage 14.00 – 18.00, Aug. Mo. – Sa. 9.30 bis 18.30 Uhr). Im Haupthaus sind viele Räume originalgetreu wieder hergestellt, u. a. Keller und Küche sowie die barocke Hauskapelle. Im **Erdgeschoss** ist besonders die gänzlich holzvertäfelte Gute Stube beachtenswert, die noch Stilelemente des Barock zeigt. Hier ist eine Sammlung von Votivgaben und -bildern, kunstvoll geflochtenen Wachsstöcken und Hinterglasmalereien ausgestellt. Im **Obergeschoss** befinden sich Wohnräume mit Mobiliar großbürgerlicher und adliger Kreise sowie eine Trachtensammlung.
In der großen **Scheune** sind Werkstätten von Schreiner, Schuster und Weber zu sehen. Weiterhin sind hier eine interessante Samm-

lung von Prunkgehängen für Kuhglocken – z. T. mit beachtenswerter Federkielstickerei – und Kutschen zu sehen. Ein Paradestück bäuerlicher Technik ist die große, rotierende Dreschmaschine, welche durch zwei Stockwerke reicht. In den oberen Geschossen sind Schlitten und Wagen aller Art sowie bäuerliches Gerät ausgestellt.
Das große **Freigelände** zieht sich vom Herrschaftshaus über mehrere Hektar hangabwärts. Hier wurden rund zwei Dutzend Bauernhäuser aus ganz Tirol originalgetreu aufgebaut, darunter eine Mühle und Sägemühle, Backhäuschen und Bienenhaus sowie eine der charakteristischen Pustertaler Heuharpfen.

✶ Erdpyramiden Bei Platten, unweit nordöstlich, steht eine Gruppe von Erdpyramiden. Wie diese säulenartigen Erosionsformen aus Moränenschutt entstehen, ist bei den Rittner Erdpyramiden (► S. 244) erklärt.

Kronplatz In Reischach führen mehrere Aufstiegsanlagen auf den 2272 m hohen Kronplatz – den Aussichtsberg mit hervorragendem Skigebiet. Ähnlich der Plose bei ►Brixen ist der Kronplatz ein eher sanft gerundeter Berg; die hochalpinen Gipfel der Dolomiten ragen weiter südlich auf. Die weiten, baumfreien Hänge sind ein beliebtes Wintersportgebiet, das man über Reischach, Olang und St. Vigil in Enneberg per Bahn oder Lifte erreicht.

Percha An der nach ► Toblach führenden Straße, ca. 5 km östlich von Dietenheim, liegt der kleine Straßenort Percha. In der spätgotischen Kirche St. Kassian gibt es bemerkenswerte Gewölbefresken.

Reischach Reischach, 2 km südlich von Bruneck, ist eine hübsche Streusiedlung, die sich auf einem sanft gewellten, weiten Plateau erstreckt und ganz vom Tourismus geprägt ist. Der Ort bietet einen herrlichen Blick nach Norden auf Bruneck und den Eingang des Tauferer Tals. Außerdem starten von hier Aufstiegsanlagen zum Kronplatz.

St. Lorenzen St. Lorenzen südwestlich von Bruneck wartet mit einigen reizvollen alten Häusern auf. An der Pustertaler Straße wurden außerdem Reste der römischen Siedlung Sebatum freigelegt, die man mit Hilfe der Hinweisschilder finden kann. Auch in einem kleinen Museum im Rathaus sind Fundstücke der Römerzeit zu sehen (geöffnet: ganzjährig Mo. – Fr. 9.00 – 12.00, 15.00 – 18.00, Sa. 9.00 – 12.00 Uhr). Und bei Sonnenburg steht an der Pustertaler Straße die Kopie eines alten römischen Meilensteines. Das Original (217/218 n. Chr.) steht im Innsbrucker Museum Ferdinandeum.

✶ Pfarrkirche ► Die malerische Pfarrkirche, ursprünglich aus dem 13. Jahrhundert, wurde mehrmals umgestaltet und birgt Fresken und schöne Passionsfiguren aus dem Jahr 1714. Bedeutendstes Stück ist die am Hochaltar befindliche »Pustertaler Muttergottes« von Michael Pacher, die so genannte »Traubenmadonna«, die ihrem Kind eine blaue Weintraube reicht.

Weithin sichtbar ist die Kloster- und Burganlage der **Sonnenburg**, in der heute das Hotel Schloss Sonnenburg untergebracht ist. Auf dem Hügel der Sonnenburg erhebt sich nahe der Pustertaler Staatsstraße der **Ansitz Hebenstreit** mit schön getäfelten gotischen Stuben und Fresken aus dem 15. Jh., die jüngst restauriert wurden (geöffnet: Mo. – Sa. 9.00 – 12.00 und 14.00 – 18.30 Uhr, Tel. 04 74 47 48 88).

! Baedeker TIPP

Klosterhotel

Nordwestlich von St. Lorenzen steht das einstige Nonnenkloster Sonnenburg. Heute beherbergt es das gleichnamige Hotel mit stilechtem Ambiente und hohem Komfort. Hier speist man in der Wohnstube der Äbtissin, schläft im Fürstenzimmer oder genießt den Wellnessbereich, der in das Gewölbe aus dem 13. Jh. integriert ist. Im historischen Gerichtsdienerhaus gibt es außerdem Ferienwohnungen.
Tel. 04 74 47 40 99, www.sonnenburg.com

Burgeis (Burgusio)

C 4

Höhe: 1215 m ü.d.M. **Einwohnerzahl:** 700

Das im weiten Tal der oberen Etsch und am Rand der Malser Haide (►Mals) gelegene Burgeis ist ein schönes altes Dorf. In den verwinkelten Gassen mit ineinander geschachtelten Häusern können hübsche Erker, Torbögen, Fresken und Freitreppen bewundert werden.

Burgstädtchen

Die aus dem 13. bis 16. Jahrhundert stammende **Fürstenburg** wurde von den Bischöfen von Chur erbaut, die während der religiösen Wirren des 16. Jahrhunderts hier residierten. Im Burghof und in der Burgkapelle sind zahlreiche eindrucksvolle Fresken aus dem 16. und 17. Jahrhundert zu finden. Heute ist hier die Landesfachschule fur Landwirtschaft untergebracht und die Burg daher nur bedingt öffentlich zugänglich.
Etwas oberhalb von Burgeis steht in einer Kehre der Staatsstraße ein gewaltiges Denkmal aus Stein, ein **Beinhaus**, in das die sterblichen Überreste von an weit entfernten Schlachtfeldern gefallenen italienischen Soldaten aus dem Ersten Weltkrieg gebracht wurden. Das runde Ossarium stammt aus der faschistischen Zwischenkriegszeit vom Mailänder Architekten Giannino Castiglioni und sollte Italiens Besitzanspruch auf die eroberten Gebiete verdeutlichen.

BURGEIS ERLEBEN

ESSEN

► Preiswert

Gasthof zum Gold'nen Adler
Schleis 46, Mals
Tel. 04 73 83 11 39
Fax 04 73 83 12 25
www.zum-goldnen-adler.com
In zwei schönen holzgetäfelten Stuben genießt man Südtiroler Küche aus Produkten vom eigenen Hof. In den 12 Zimmern lässt es sich komfortabel nächtigen (geschlossen Mitte Nov. bis Weihnachten). Ruhetag: Do.

ÜBERNACHTEN

► Günstig

Gasthof Zum Mohren
Burgeis 81, Mals
Tel. 04 73 83 12 23
Fax 04 73 83 04 06
www.mohren-plavina.com
Der Gasthof mit dreihundertjähriger Tradition und die angeschlossene Pension verfügen über geräumige Zimmer in gemütlichem Ambiente. Ruhetag: Di.

Abtei Marienberg

Hoch über dem Ort Burgeis steht weithin sichtbar der weiße Gebäudekomplex der Benediktinerabtei Marienberg (1336 m ü.d.M.) und bildet einen schönen Kontrast zur Burg Fürstenberg. Man erreicht ihn über die nach Schlinig führende Panoramastraße; in der zweiten Kehre zweigt eine Stichstraße zum Kloster ab.

Klosterhof

Vom Klostervorplatz bietet sich ein weiter Blick über das Tal und den Obervinschgau. Der **Klosterhof** ist recht stimmungsvoll. Das vertieft in der Vorhalle liegende Portal ist noch romanisch; im Bogenfeld sieht man eine gotische Madonnenskulptur, seitlich zwei um 1650 gemalte Fresken, welche den Klosterstifter Ulrich von Tarasp und den hl. Leopold darstellen.

★★ Krypta

Die Hauptsehenswürdigkeit von Marienberg ist die Krypta mit ihren ausgezeichnet erhaltenen romanischen **Fresken** aus der Zeit um 1160. Diese wurden erst 1887 wieder entdeckt und freigelegt, nachdem die zugemauerte Krypta seit dem 17. Jahrhundert als Begräbnisstätte gedient hatte. In der Hauptapsis ist Christus in der Mandorla dargestellt, flankiert von Petrus und Paulus sowie vier Erzengeln und umgeben von den Evangelistensymbolen. Berühmt sind die Fresken der geflügelten Engel. In der Krypta befindet sich außerdem in einer Vitrine ein über 800 Jahre altes Messgewand, welches auf die Gemahlin des Klosterstifters Ulrich zurückgeht. Die Krypta ist nur während einer Führung zu besichtigen: Mai bis Juni u. Okt. Mo. – Fr. 10.45 und 15.00, Sa. 10.45; Juli bis Sept. Mo. – Fr. 10.00, 11.00, 15.00, 16.00, Sa. 10.00 und 11.00 Uhr; Nov. bis April nur nach Voranmeldung.

Unübersehbar ist der weiße Gebäudekomplex der Benediktinerabtei Marienberg.

★★ Dolomiten

D 15 – E 9

Höchste Erhebung: Marmolata (3342 m ü.d.M.)

Einwohnerzahl: 700

Eine Ferienlandschaft ohnegleichen: Wo sich bleiche, bizarre Felszacken über grüne saftige Wiesen und Almen erheben und endlose Wälder von einem Netz an idyllischen Wanderwegen durchzogen sind, wo so mancher Bergsee funkelt oder Almen von einem Blütenmeer überzogen sind, ist man im Herz der Dolomiten. Wie weit die Faszination dieser Bergregion im Südosten Südtirols reicht, zeigt sich im ► Grödner Tal und im ► Gadertal sowie dem sagenumwobenen ► Rosengarten und ► Latemar, die zu einem Fremdenverkehrsgebiet ersten Ranges aufgestiegen sind. Auf den Hochflächen zu Füßen des ► Schlernmassivs liegt eine liebliche Mittelgebirgslandschaft mit den schmucken Dörfern von Völs, Seis und Kastelruth. Die Silhouette des Schlern mit dem breiten, runden Buckel und den Felstürmen der Santner- und der Euringerspitze ist zu einem Symbol für Südtirol und die Dolomiten geworden. Das gesamte Dolomitengebiet ist von einer guten touristischen Infrastruktur geprägt und von Bergbahnen, Liften, Wanderwegen und Klettersteigen erschlossen, die schier unbegrenzte Freizeitmöglichkeiten von ► Sexten bis ► Villnöß und vom Sassóngher bis zu den Drei Zinnen eröffnen.

Ein einsamer Prinz hat Sehnsucht nach dem Mond.

IM REICH DES ZWERGENKÖNIGS

Um die Dolomiten rankt sich ein Kranz von Sagen, die zum überwiegenden Teil dem ladinischen Sprachraum entstammen und in denen Riesen und Zwerge, Hexen und Geister, Prinzen und Helden eine bedeutende Rolle spielen.

Die bleichen Berge

Eine dieser Sagen erzählt, dass die Dolomiten einst aus düster-schwärzlichem Gestein bestanden haben sollen. Dort herrschte ein König, dessen Sohn von unstillbarer Sehnsucht nach dem Mond erfüllt war. Eines Tages verirrte er sich auf der Jagd und musste die Nacht in einem von Alpenrosen bewachsenen Hochtal verbringen. Dort erschien ihm im Traum ein schönes Mädchen – die **Tochter des Mondkönigs**.

Als der Prinz erwachte, war die Nacht von Mondlicht durchflutet. Der Prinz pflückte einen Strauß Alpenrosen und wanderte zu den Felstürmen hinauf, wo er auf zwei uralte Männer traf. Er erfuhr, dass sie Mondbewohner seien, die sich hierher verirrt hätten, und erzählte ihnen von seinem großen Wunsch, zum Mond zu gelangen. Sie lachten und prompt machten sie sich mit ihm auf die Reise. In der Hauptstadt der Mondbewohner angekommen, sprach ihn ein Mann an und fragte nach der Herkunft der Alpenrosen, welche der Prinz bei sich trug. Er sagte ihm, dass die Mondprinzessin schöne und seltene Blumen sehr liebe. Also machte der Königssohn sich auf und fand in der Mondprinzessin wirklich das Mädchen aus seinem Traum. Die beiden verliebten sich ineinander. Doch bald merkte der Königssohn, dass er durch das gleißende Mondlicht zu erblinden drohte. So gewährte ihm der Mondkönig die Bitte, zusammen mit der Prinzessin zur Erde zurückzukehren. Der Mondtochter gefiel es anfänglich in der Heimat des Prinzen sehr. Doch bald erfasste sie ein übermächtiges Heimweh nach dem hellen Mondland, das so anders war als die finsteren Dolomitenberge. Eine große Schwermut befiel sie. Der Mondkönig fürchtete um ihr Leben und holte sie und den

Beim Anblick der schönen Blüte von Rhododendron ferrugineum wurde die Mondprinzessin schwach.

Prinzen zu sich zurück. Dieser litt jedoch mit jedem Tag mehr unter dem hellen Licht und musste den Mond ein zweites Mal verlassen. Von großer Sehnsucht getrieben, streifte er ziellos durch die Berge. Eines Tages begegnete ihm dort der **Zwergenkönig** der Salwáns, ein Volk, das zaubern konnte. Diesem erzählte er seinen Kummer und der Zwerg versprach Abhilfe. Sieben seiner Zwerge fingen das Mondlicht ein, spannen es und knüpften daraus ein Netz, das sie über die Felszinnen warfen. Am nächsten Morgen war das einst finstere Gestein mit silbern-bleichem Glanz überzogen. Froh holte der Prinz seine Prinzessin zurück. Als sie die hellen Berge sah, waren ihr Trübsal und ihr Heimweh für immer verflogen. Die Dolomiten aber werden seit jener Zeit auch die »bleichen Berge« (ladin. »Lis montes pàlyes«) genannt.

Die Enrosadüra

Auch über das Alpenglühen, ladinisch »Enrosadüra« genannt, gibt es eine uralte Sage. In dieser Berggruppe herrschte einst der Zwergenkönig **Laurin** inmitten eines prächtigen Gartens voller Rosen. Dieser Garten war von einem goldenen Faden umzogen, den niemand zu zerreißen wagte. Eines Tages brach Dietrich von Bern in diese friedliche Gegend ein, verwüstete den Rosengarten und nahm Laurin gefangen. Doch diesem gelang es zu flüchten. Auf einer abenteuerlichen Fahrt kehrte er in seine Heimat zurück. Als er die über und über blühenden Rosen erblickte, sprach der Zwergenkönig zu sich: »Die Rosen mit ihrem Glanz haben Unglück über mein Reich gebracht. Hätten die fremden Kriegsmänner sie nicht gesehen, so wären sie nie in meine Berge gekommen.« Er verzeuberte die Rosen, damit sie weder bei Tag noch bei Nacht jemals wieder sichtbar sein sollten. Doch dabei vergaß er die Dämmerung. So werden noch heute im Zwielicht zwischen Tag und Nacht die Rosen wieder sichtbar und die Berge erstrahlen in rotem Glanz.

Wer mehr über die Sagenwelt der Dolomiten erfahren möchte, dem sei die hervorragende Sammlung »Dolomitensagen« von Karl Felix Wolff empfohlen, aus der auch die Vorlagen zu diesen Geschichten stammen.

Eisacktal (Valle d'Isarco)

B 9–E 8

Das Tal zieht sich entlang des Eisack vom Brenner bis zur Landeshauptstadt ► Bozen. Oft ist es so eng, dass Straßen und Bahnstrecke in Tunneln verschwinden müssen.

Stille Dörfer, sonnige Hügel

Doch wer sich nicht gleich vom Sog des Reiseverkehrs nach Süden erfassen lässt, entdeckt entlang der Transitroute die Reize des Eisacktals. Täler führen in die hochalpine Bergwelt der umliegenden Dolomiten, Ötztaler, Stubaier und Zillertaler Alpen hinein. Stille Dörfer schmiegen sich an die sonnigen Hügelkuppen.

Die **Städte im Eisacktal** sind mit der Handelsroute und dem Bergbau in der Region gewachsen. Unweit vom Grenzpass Brenner befindet sich ► Sterzing. Die Altstadt mit ihren prächtigen Bürgerhäusern zeugt von ihrer früheren Bedeutung als Bergwerksstadt. Südlich davon liegt, von Weinbergen umgeben, die frühere Bischofsstadt ► Brixen, einst geistiges und kulturelles Zentrum und Sitz der Fürstbischöfe mit vielen repräsentativen Bauten.

Noch weiter südlich wird das Städtchen ► Klausen von der markanten Felsenburg Säben überragt, ein Anblick, der bereits Albrecht Dürer auf seiner Italienreise faszinierte und Inspiration für einige seiner Stiche war.

Eppan (Appiano)

E 8

Höhe: 416 m ü.d.M. **Einwohnerzahl:** 12 643 (Gemeinde)

Mit über hundert Burgen, Schlössern und Edelsitzen ist Eppan das burgenreichste Gebiet Südtirols. Die Gemeinde ist zugleich Mittelpunkt des größten Weinbaugebiets des Landes und wird von der Südtiroler Weinstraße (►Touren) durchzogen.

Burgenreich

Eppan liegt wenige Kilometer südwestlich von Bozen auf einer hügeligen grünen Terrasse etwas erhöht über dem Etschtal. Im Westen thronen die schroffen Wände des Mendelkamms und des Gantkofels über dem Hochplateau. Zum Gemeindegebiet Eppan gehören die Orte Missian, St. Pauls, Girlan, St. Michael, Frangart, Gaid, Perdonig, Unterrain und Montiggl; das Gebiet zwischen Eppan und der Nachbargemeinde Kaltern nennt man auch »Überetsch«.

St. Pauls

✶ Pfarrkirche ►

Von Bozen und aus dem Etschtal kommend, erreicht man zunächst den rechts etwas abseits der Weinstraße gelegenen Ort St. Pauls. Hier steht die gotische Pfarrkirche, die größte Dorfkirche Südtirols. Sie wird wegen ihrer Dimensionen auch »der Dom auf dem Lande« genannt und besitzt eine der größten Glocken der Gegend (4984 kg).

EPPAN ERLEBEN

AUSKUNFT

Tourismusverein Eppan
Rathausplatz 1
39057 Eppan
Tel. 04 71 66 22 06
Fax 04 71 66 35 46
www.eppan.net

(W)EINKAUFEN

Kellereigenossenschaft St. Pauls
Schloss-Warth-Str. 21
Tel. 04 71 66 21 83
www.kellereistpauls.com
Vinothek, Kellerführungen und jeden Freitag um 15.30 Uhr kostenlose Weinseminare.

Kellereigenossenschaft Girlan
St.-Martin-Str. 24
Tel. 04 71 66 24 03
www.girlan.it
Diverse Sorten in drei Qualitätslinien. Legendär ist »Fass Nr. 9«, ein Vernatsch, der nur in qualitativ guten Jahren gekeltert wird.

Kellereigenossenschaft Schreckbichl
Weinstr. 8, Girlan
Tel. 04 71 66 42 46
www.colterenzio.it
Spitzenweine, die man in der hauseigenen Vinothek verkosten kann.

Kellereigenossenschaft St. Michael
Umfahrungsstr. 17/19
Tel. 04 71 66 44 66
www.stmichael.it
1907 gegründet, ist sie heute eine der Renommier-Kellereien Südtirols.

ESSEN

► Fein & teuer

① ***Zur Rose***
Josef-Innerhofer-Str. 2
St. Michael
Tel. 04 71 66 22 49
Fax 04 71 66 24 85
www.zur-rose.com
Die raffinierte Küche nach französischer Art hat sich einen Michelin-Stern erkocht. Ruhetage: Sonntag und Montag

► Erschwinglich

② ***Landgasthof Bad Turmbach***
Turmbachweg 4
Eppan
Tel. 04 71 66 23 39
Fax 04 71 66 47 54
www.turmbach.com
Das Lokal liegt inmitten der herrlichen Überetscher Landschaft und bietet neben gastlicher Atmosphäre und eigenen Weißweinen auch 30 Zimmer für Nächtigungen.

ÜBERNACHTEN

► Komfortabel

① ***Hotel Schloss Englar***
Pigenoer Weg 42
St. Michael
Tel. 04 71 66 26 28
Fax 04 71 66 04 04
www.schloss-englar.it
In den 11 Zimmern des gotischen Schlosses mit Gewölben und einem alten Rittersaal lässt es sich fürstlich nächtigen. Geschlossen: 7. November bis zwei Wochen vor Ostern.

► Günstig

② ***Garni Unterhabsbergerhof***
Montiggl 74
Montiggl
Tel. 04 71 66 45 29
Fax 04 71 66 33 95
www.unterhabsbergerhof.com
In dem 300 Jahre alten Gutshof, nahe den Montiggler Seen, gibt es 9 komfortable Gästezimmer. Geschlossen: Nov. – Ostern.

Eppan Orientierung

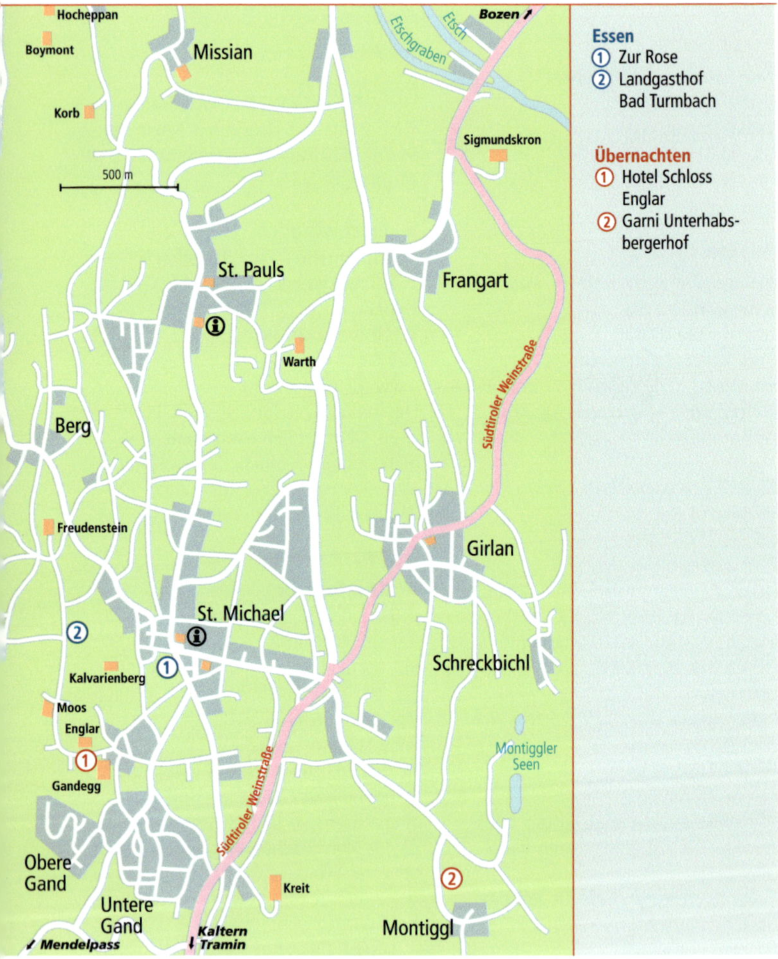

Die Kirche ist in den Jahren von 1461 bis 1560 erbaut worden; die Zwiebelhaube des in die Fassade eingefügten Turms entstand erst 1647. Die Hauptfassade wurde vom Augsburger Baumeister Jakob Zwiesel entworfen und zeigt die Formensprache der süddeutschen Spätgotik. Dagegen sind in dem von Kreuzrippenkonstruktionen (um 1550) überwölbten Inneren deutliche oberitalienische Einflüsse zu bemerken. Oberitalienisch-lombardische Einflüsse erkennt man auch an den stattlichen alten Bürgerhäuser von St. Pauls aus dem 16. und 17. Jahrhundert.

Missian

Von St. Pauls führt eine kleine Nebenstraße nordwestlich zu dem kleinen, in einen einzigen Rebengarten eingebetteten Dörfchen Missian in aussichtsreicher Lage.
Hier verbindet der **Burgenweg** auf einer kurzweiligen Wanderung, bei der es einige Höhenmeter zu überwinden gilt, die drei aussichtsreichen Burgen des Überetsch. Das nahebei auf einer Anhöhe stehende Schloss Korb, ursprünglich im 13. Jh. errichtet, dient heute als Hotel. Auf 601 m Höhe liegt die Ruine von Schloss Boymont. Als letzte Station des Burgenweges überragt die Burgruine Hocheppan den Ort Missian.

** **Hocheppan**

In ihren Anfängen auf das 12. Jh. zurückgehend, ist die ab Missian auf einem promenadeartigen Fußweg erreichbare Burg der Stammsitz der Grafen von Eppan, einer Seitenlinie der Welfen. Hauptsehenswürdigkeit von Hocheppan ist die in einfachen romanischen Formen errichtete Burgkapelle mit ihrem berühmten Freskenzyklus. Von Hocheppan bietet sich ein wundervoller Panoramablick auf das Etschtal und die nördlichen Teile des Überetsch.

Girlan

Der am weitesten östlich gelegene Ort im Überetsch ist Girlan. Er ist berühmt für seine Spitzenweine; von hier kommt u. a. die bekannte Weinlage »Schreckbichl«.

St. Michael

St. Michael ist der zentral gelegene, größte Ort und zugleich Verwaltungssitz. Den historischen Ortskern mit seinen gepflasterten Gassen zieren schöne Bürgerhäuser aus der Renaissance mit Erkern, Laubengängen und lauschigen Innenhöfen. Hier kann man gemütlich flanieren, shoppen und einkehren.
Zum Muss eines Eppan-Urlaubs gehört der Spaziergang vom alten Dorfkern zur zweitürmigen Kapelle zur Schmerzhaften Muttergottes, auch **Gleifkapelle** genannt. Der hübsche Renaissancebau von 1717 steht auf dem 550 m hohen, rebenumkränzten Kalvarienberg.

*
◄ Schloss Moos-Schulthaus
🕑

Unweit nordwestlich vom Dorf St. Michael erreicht man das Schloss Moos-Schulthaus aus dem 13. Jahrhundert. Das Schloss ist heute Museum. Zu sehen sind die historischen Räumlichkeiten und eine Gemäldesammlung Tiroler Künstler des 20. Jh.s (nur mit Führung: Ostern bis Oktober Di. – Sa. 10.00, 11.00, 16.00 und 17.00 Uhr).

Eppaner Höhenweg

Der Eppaner Höhenweg, zu dem man von St. Michael aufsteigt, zieht sich ohne allzu große Steigungen in rund 1000 m Höhe durch einen Bergwald an der Ostflanke des Mendelkamms, im Süden schließt er an den Kalterer Höhenweg an. In die beliebte Wanderroute kann man an vielen Stellen einsteigen und davon auch nur Teilstrecken erwandern. Vom Eppaner Höhenweg zweigt bei Buchwald eine Bergroute (ca. 5 Std. für den Auf- und Abstieg, 600 Höhenmeter) zum 1868 m hohen **Gantkofel** ab. Von hier bietet sich eine herrliche Aussicht.

HOCHEPPAN

★★ Hocheppan (633 m ü.d.M.) ist ab Missian auf einem promenadeartigen Fußweg erreichbar. Die Anfänge der Burg gehen auf das 12. Jh. zurück. Sie war einst Stammsitz der Grafen von Eppan, einer Seitenlinie der Welfen. Im 13. und 16. Jh. erfolgten Um- und Ausbauten der Wehranlage. Berühmteste Sehenswürdigkeit ist die Burgkapelle.

Öffnungszeiten:
Kunsthistorische Führungen durch die Burgkapelle werden täglich außer mittwochs von 10.30 Uhr bis 17.00 Uhr angeboten.

1 Kreideturm
Talwärts steht der so genannte Kreideturm aus dem 12. Jh. „Kreiden" bedeutete soviel wie »Rufen« oder »Schreien», was auf seine einstige Bedeutung als Wachturm hinweist.

2 Zugbrücke
Von der ehemaligen Zugbrücke sind nur noch die so genannten Auflager erhalten.

3 Rondell
Das vorgelagerte, offene Rondell ist eine Erweiterung aus dem 16. Jh.

4 Vorburg
Zur gleichen Zeit wie das Rondell wurde auch die Vorburg mit Torzwinger und Batterietürmen als zusätzlicher Schutz angebaut.

5 Bergfried
Der 30 m hohe Bergfried hat einen fünfeckigen Grundriss. Bei einer Belagerung sollten dadurch die Geschosse besser abprallen. Angeblich konnte man von hier aus 36 andere Burgen sehen.

6 Palas
Das einstige Wohnhaus ist dreistöckig.

7 Burgkapelle
Die Entstehungszeit der Burgkapelle ist ungesichert und schwankt zwischen 1130 und 1300. Der einschiffige Raum hat drei Apsiden, was für seine Größe sehr ungewöhnlich ist. 1926 wurden hier die berühmten Fresken freigelegt.

Ein dreistündiger Rundwanderweg verbindet Schloss Korb, Hocheppan und die Burgruine Boymont.

»Ketschn« sind die nördlich der Alpen als Maroni bekannten **Esskastanien** gemeint. Einst wie heute sind die Kastanien, deren Bäume nicht wild wachsen, sondern veredelt und gepflanzt werden, ein interessanter Zuerwerb für die Bauern. Geröstet sind sie bei herbstlichen Wanderungen ein beliebter Begleiter des neuen Weines und sollten bei keinem »Törggelen« als Nachspeise fehlen. Einer der schönsten Abschnitte des mit dem Symbol von Kastanien und Kastanienigel gekennzeichneten Weges verläuft bei Feldthurns vorbei an alten Bauernhöfen, Edelsitzen, Wegkreuzen, Kirchlein und – natürlich – Kastanienbäumen. Infos über den Wegverlauf gibt es beim Tourismusbüro.

FELDTHURNS

AUSKUNFT

Tourismusverein Feldthurns
Gemeindeplatz 9
39040 Feldthurns
Tel. 04 72 85 52 90
Fax 04 72 85 50 31
www.feldthurns.com

ESSEN

► **Erschwinglich**
Unterwirt
Dorf 8
Tel. 04 72 85 52 25
In diesem Berghotel gibt es gepflegte traditionelle Südtiroler Küche. Ruhetag: Mittwoch

Gadertal · Abtei (Val Badia)

C–D 12

Das Gader- oder Abteital ist ein südliches Seitental des ►Pustertals und verläuft entlang des Gaderbachs. In seinem unteren Teil ist das Gadertal sehr eng und wird von steilen, waldreichen Bergflanken gesäumt. Oberhalb von La Villa weitet es sich dann und gibt herrliche Ausblicke zu den Dolomiten frei.

Eigene Sprache

Am Talschluss bei Corvara gelangt man über das Grödner- und das Sella-Joch in die benachbarten ladinischen Täler von Gröden und Fassa, über den Campolongo-Pass erreicht man Arabba im Buchensteinischen und im Osten ermöglicht der Falzarego-Pass den Zugang zu Cortina d'Ampezzo. Bei Zwischenwasser zweigt südostwärts die Straße nach St. Vigil in Enneberg ab. Im Gadertal und im benachbarten Gröden wird noch **Ladinisch** gesprochen, eine rätoromanische Sprache, die sich aus Vulgärlatein und Resten der Regionalsprache entwickelte. Die Ortstafeln sind in der Gegend dreisprachig. Im folgenden werden die im Umgang gebräuchlichsten deutschen, ladinischen oder italienischen Ortsnamen verwendet.

St. Vigil in Enneberg

St. Vigil ist ganzjährig ein beliebter Fremdenverkehrsort mit großem Hotelangebot. Moderne Bergbahnen erschließen die Berge; über den Kronplatz und die Skischaukel wird die Verbindung zum benachbarten Olang und Bruneck im Pustertal hergestellt.

Das **Naturparkhaus** (Katharina-Lanz-Str. 96) vermittelt anschaulich und spannend Informationen über die Dolomiten, Fossilien, das Almwesen und über Höhlenbären. 1987 wurde in der 2800 m hoch gelegenen Conturines-Höhle ein »Bärenfriedhof« mit den Überresten von etwa 30 Höhlenbären entdeckt. Im Naturparkhaus ist das Skelett eines dieser Bären ausgestellt. Kinder dürften außerdem die Spielecke und das Terrarium mit lebendigen Tiere begeistern. Der Eintritt ist frei (geöffnet: Weihnachten bis Ende März und Anfang Mai bis Ende Oktober: Di. – Sa. 9.30 – 12.30, 16.00 – 19.00 Uhr, Juli u. Aug. auch So).

Fanesalm

Nach Südosten führt das überwiegend von Ladinern bewohnte **Rautal** in den Naturpark Fanes-Sennes-Prags (►Welsberg). Über das Fanesjoch erreicht man die Fanesalm. Die von hohen Gipfeln umkränzte Hochfläche mit ihrer weiten baumlosen Landschaft hat einen ganz eigenen Reiz. In fast 1000 m hohen senkrechten Felsstürzen bricht sie zum Abteital hin ab. Der weiße Dolomitkalk ist verkarstet, Wind und Wasser haben scharfkantige Furchen und Rippen ausgewaschen, in denen sich karge Vegetation festkrallt. Im Hochsommer ist die Fanes ein einziges Blütenmeer, aus dem eine Reihe von kleinen türkisfarbenen Seen (darunter der Grünsee) hervorblitzen.

! *Baedeker* TIPP

Ausgangsbasis und Wanderziel

Die Faneshütte ist ein beliebtes Ausflugsziel im Sommer und Stützpunkt für Skitouren auf die umliegenden Berge im Winter. Hüttenwirt Max Mutschlechner organisiert auch den Transport zur Hütte mit Jeep oder Pistenraupe (Tel. 04 74 50 10 97). Anfahrt ab St. Vigil in Enneberg bis zum Talschluss von Pederü (Parkplatz). Die für den Verkehr gesperrte, ca. 7 km lange Schotterstraße kann man ohne Weiteres zu Fuß in 1,5 Stunden zurücklegen.

St. Martin in Thurn ist etwa in der Mitte des Gadertals zu finden. Im Ort (Zënter 13) ist das Institut Ladin »Micurà de Rü« angesiedelt, das sich die Förderung und Bewahrung der ladinischen Sprache und der Sitten und Bräuche der Ladiner zur Aufgabe gemacht hat.
Auf einem Geländevorsprung oberhalb des Dorfes liegt Schloss Thurn, in dem das **Museum Ladin Ciastel de Tor** (Ladinisches Landesmuseum Schloss Thurn) untergebracht ist. Es informiert umfassend und unterhaltsam über die ladinische Kultur, Sprache und Geschichte (geöffnet: Palmsonntag bis Oktober Di. – Sa. 10.00 – 18.00, So. 14.00 – 18.00, Dezember bis Palmsonntag Mi. – Fr. 14.00 – 18.00 Uhr).

Untermoi

Westlich von St. Martin liegt am Ostabhang des 2874 m hohen Peitlerkofels (►Klausen) das hübsche Bergdörfchen Untermoi. Von hier führt die Brixner Dolomitenstraße hinauf zum 2006 m hohen **Würzjoch** (im Winter gesperrt). Dieses ist Ausgangspunkt für eine lohnen-

← *Stolz und einsam liegt St. Vigil im Schatten der Berge.*

de Wanderung, die in ca. 1½ Stunden zur Peitlerscharte (2361 m) führt. Wer trittsicher und schwindelfrei ist, kann von hier auf anspruchsvollem, nur teilweise gesichertem Weg in weiteren 1½ Stunden auf den Peitlerkofel steigen. Die sanften Kuppen im Nordwesten bieten sich wiederum für leichte Wanderungen an.

Wengen

✶ Pfarrkirche ►

Oberhalb des ruhigen Ferienortes Wengen steht bei einer Häusergruppe ein schlanker, gotischer Kirchturm ohne Kirchenschiff, von dem nur wenige Mauerreste übrig sind. Er gehörte zu der alten Pfarrkirche von Wengen, die in den 1930-er Jahren des letzten Jahrhunderts abgerissen werden sollte. Zwei Bauern, denen der angrenzende Wiesengrund gehörte, verhinderten jedoch den Abriss des Turms. Nicht aus Kunstverständnis, sondern um den Schuttberg auf ihrem Land zu vermeiden.

Campill

✶ Mühlenweg ►

Bei St. Martin in Thurn zweigt südwestlich das Campiller Tal ab. Im Talschluss schart sich der kleine Ort Campill malerisch um seine Kirche. Am Seres-Bach bei Miscì führt der Mühlenweg zu einer Reihe von restaurierten Wassermühlen. Hin gelangt man in etwa 40 Min. über den Wanderweg 4 vom Parkplatz oberhalb der Kirche von Campill oder aber mit dem Auto zum Parkplatz bei Seres, direkt bei der ersten Mühle. Die erste Mühle ist für Besucher offen, die restlichen sieben Mühlenhäuschen sind nicht zugänglich, aber alle vermitteln klappernd und rauschend das Tagwerk des vergangenen Alltags. Bei Miscì, unweit der Mühlen, ist auch ein restaurierter Kalkbrennofen zu sehen. Die Kalksteine des nahen Baches wurden früher in einem tagelangen Brennvorgang bei hoher Hitze zu Mörtelkalk gebrannt. Der Brennvorgang dauerte etwa drei Tage und 120 Festmeter Brennholz wurden dafür benötigt.

? WUSSTEN SIE SCHON ...?

- In ladinischen Seitentälern wie Campill, Enneberg und Wengen blieb eine einmalige Siedlungsstruktur erhalten. Die Weiler, auf Ladinisch »les Viles«, sind dicht aneinander gebaute Gruppen von Häusern, Stadeln und Ställen. Das enge Zusammengehörigkeitsgefühl vermitteln auch die Innenhöfe, in denen Backofen und Brunnen meist gemeinsam genutzt wurden. Zu den Viles gehörte oft auch eine Mühle zum Getreidemahlen, Wollestampfen für die Lodenherstellung oder – in moderneren Zeiten – zum Antrieb kleiner E-Werke für die Materialseilbahn.

Corvara

Corvara ist eine der Tourismushochburgen, die sommers wie winters von betuchten Gästen gern besucht wird. Alljährlich ist Corvara zudem Austragungsort prestigeträchtiger Ski-Weltcuprennen.

Im Nordwesten beherrscht die imposante Felsmasse des Sassóngher das Ortsbild, während im Südwesten die mächtige Gruppe des Sella-Stockes den Blick auf sich zieht. In der Mitte des von zahlreichen Hotels geprägten Orts steht die neue Kirche (1959) und weit am bergwärtigen Ortsende die sehr viel kleinere, schlichte alte Kirche von 1452, in deren Innerem sich ein kleiner gotischer Schnitzaltar von 1520 und Reste von Wandgemälden befinden.

GADERTAL ERLEBEN

AUSKUNFT

Tourismusverein Abtei
Colz-Str. 75, 39036 Abtei
Tel. 04 71 84 70 37, Fax 04 71 84 72 77
www.altabadia.org

Tourismusverein Corvara-Kolfuschg
Col-Alt-Str. 36, 39033 Corvara
Tel. 04 71 83 61 76, Fax 04 71 83 65 40

Tourismusverein St. Martin in Thurn
Dorfmitte 10,
39030 St. Martin in Thurn
Tel. 04 74 52 31 75, Fax 04 74 52 34 74
www.sanmartin.it

Tourismusverein Wengen
Dorf 215, 39030 Wengen
Tel. 04 71 84 30 72, Fax 04 71 84 32 77
www.dolomitisuperski.com

ESSEN

► Erschwinglich

Dasser
Dorf 11, St. Martin in Thurn
Tel. 04 74 52 31 29
Traditionsreicher Gasthof mit unverfälschter Küche und zuvorkommendem Service. Ruhetag: Mo.

Runch-Hof
Runch 18, Pedraces
Tel. 04 71 83 97 96
Alter, umfunktionierter Bauernhof mit zwei gemütlichen Gaststuben. Kräftige ladinisch-bäuerliche Kost. Unbedingt vorbestellen!

ÜBERNACHTEN

► Luxus

Hotel Armentarola
39030 St. Kassian
Tel. 04 71 84 95 22, Fax 04 71 84 93 89
www.armentarola.com
Das Hotel mit 47 Zimmern und Suiten verfügt über eine eigene Tennisanlage und einen großen Wellnessbereich. Ausritte mit hauseigenen Haflinger-Pferden sind ebenfalls möglich. Geschlossen: 3. Okt. bis 1. Woche nach Ostern.

Ciastel Colz
Marinstr. 80, La Villa
Tel. 04 71 84 75 11, Fax 04 71 84 41 20
www.siriolagroup.it
Der Renaissancebau von 1541 birgt heute ein Hotel (4 Zimmer und Suiten) und ein Gourmetrestaurant mit großem Weinkeller. Ruhetag: Di.; Ende Sept. bis Anfang Dez. und Mitte April bis Mai geschlossen.

Rosa Alpina (St. Hubertus)
Micurà-Del-Rü-Str. 20, St. Kassian
Tel. 04 71 84 95 00, Fax 04 71 84 93 77
www.rosalpina.it
Der sehr persönliche Familienbetrieb bietet 50 Zimmer und Suiten, Beauty Spa und einfache Küche. Ruhetag: Di.; Okt. und Nov. sowie Ostern bis Mitte Juni geschlossen.

► Komfortabel

Hotel Dolasilla
Rottonara-Str. 30, Stern
Tel. 04 71 84 70 06, Fax 04 71 84 73 49
www.dolasilla.it
Neu erbautes Hotel mit 25 Zimmern neben der Kirche im Dorf, familiär geführt, schöne Wellnessabteilung.

► Günstig

Montanara
Str. Plaön, 24, La Villa
Tel. 04 71 84 77 35, Fax 04 71 84 49 20
www.montanara.it
Sonnige und ruhige kleine Frühstückspension mit 7 Zimmern. Schöner Ausblick zum Piz La Villa und auf das Dorf von St. Kassian.

Im Gadertal werden Wanderer immer wieder mit schönen Blicken auf die Dolomiten verwöh

Nahe Gipfel ▶ Eine Umlaufbahn verbindet den Ort mit der Sellagruppe (Sass Boé), von wo ein Doppelsessellift zum 2540 m hohen Vallon mit seiner Schutzhütte weiterführt. Von hier gibt es lohnende alpine Wanderwege, u. a. in 4 Std. auf den 3151 m hohen **Piz Boé**.

Ein Sessellift führt auf den **Col Alt** (1982 m ü.d.M.). Von hier verlaufen schöne Wanderwege durch weitaus weniger hochalpines Gelände, u.a. in ca. 2 Std. über ausgedehnte, von Heustadeln übersäte Wiesenhochflächen zur aussichtsreichen 2028 m hohen Pralongia (ladinisch für »weite Wiese«).

Kolfuschg Das malerische Dolomitendorf Kolfuschg liegt 3 km westlich von Corvara an der Straße zum Grödnerjoch. Hier geht es wesentlich ruhiger zu als im benachbarten Corvara. Überragt wird es vom 2667 m hohen Ciampac und dem 2665 m hohen Sassóngher, zwischen denen das vor allem zum Skilauf besuchte Edelweißtal liegt. Nördlich führt eine Kleinkabinenbahn zum Col Pradat (2038 m) mit seiner Berghütte, Ausgangspunkt für die Ersteigung des Sassóngher.

Pedraces Pedraces ist Hauptort und Verwaltungssitz der Gemeinde Abtei. Hier beginnt der als Hochabteital (ital. Alta Badia) bekannte, touristisch erschlossene oberste Talabschnitt. Ein Sessellift führt östlich nach **Heiligkreuz** (ital. Santa Croce) auf 1840 m Höhe. Von hier gibt es einen Stationenweg zur gleichnamigen Wallfahrtskapelle und dem bekannten und viel besuchten Berggasthaus im ehemaligen Pilgerhospiz (im Winter und im Sommer geöffnet) am Fuße des 2908 m hohen Heiligkreuzkofels in der Kreuzkofelgruppe.

St. Kassian

St. Kassian liegt im gleichnamigen östlichen Seitental, das bei La Villa vom Gadertal abzweigt. Der Ort ist vorwiegend bei Wintersportlern beliebt. Im Pic' Museo Ladin sind einheimisches Hausgerät und regionale Fossilien zu sehen. Darunter ist auch das Skelett eines pflanzenfressenden Höhlenbären aus der Conturines-Höhle. Der Conturinesbär (Ursus ladinicus) war hier zwischen 60 000 und 30 000 v. Chr. heimisch (geöffnet: Anf. Juli bis Mitte Sept. und Weihnachten bis Ostern Do. – Sa. 16.00 – 19.00, So. 16.30 – 19.30 Uhr).

◄ Pic' Museo Ladin

Der 2003 m hohe **Piz Sorega** ist von St. Kassian mit einem Sessellift erreichbar. Über Armentarola und den Valparola-Pass führt die Straße weiter zum Falzarego-Pass und zur Großen Dolomitenstraße.

La Villa ★

Am Fuße der Gardenazza-Gipfel und des Hochplateaus von Piz la Villa gelegen, wird der Ort vom Wohnschloss Ciastel Colz überragt. Das fast 500 Jahre alte Schloss liegt märchenhaft auf 1483 m Höhe und blickt über das weite Tal. Ein schweres, eisenbeschlagenes Tor führt in die Schlosswelt und zu den stilvoll restaurierten historischen und geschmackvoll eingerichteten Räumen der Anlage, die als Hotel und Restaurant genutzt wird.

◄ Ciastel Colz

Von La Villa führt eine Kabinenumlaufbahn auf den 2077 m hohen Bergrücken des **Piz La Villa** mit seinen Wäldern und Almen, der einen schönen Blick nach Norden sowie in die sich östlich erstreckende Dolomitenlandschaft bietet.

★★ Glurns (Glorenza)

C–D 4

Höhe: 907 m ü.d.M. **Einwohnerzahl:** 884

Glurns, die kleinste Stadt südlich der Alpen, liegt direkt an der Etsch im Obervinschgau. Das malerische Ortsbild ist vor allem durch die im 16. Jh. erbaute, einzige vollständig erhaltene, turmbewehrte Stadtmauer Südtirols geprägt, die bequem in etwa 30 Min. umwandert werden kann.

Geschichte

Der Ortsname, rätischen Ursprungs, wird schon 1163 / 1164 urkundlich genannt. Um 1223 nahm hier das landesfürstlich-tirolische Gericht seinen Sitz und bildete ein Gegengewicht zum nahen bischöflich-churerischen Gerichtsort Mals. Spätestens 1304 besaß Glurns Stadtrechte. In der Folgezeit wuchs die Bedeutung des Städtchens als Markt und Umschlagplatz für den Salzhandel zwischen dem süddeutschen Raum und der Lombardei, wovon noch heute die alten Laubengassen zeugen. Im Schweizer Krieg wurde Glurns 1499 von

Weil Glurns so klein ist, passt die ganze Stadt perfekt aufs Bild.

den Schweizern geplündert, niedergebrannt und die Stadtmauer zerstört, allerdings wenig später erneuert. Still wurde es in den alten Mauern, als um 1900 die Eisenbahn an Glurns vorbei nach Mals führte und das Landgericht nach Schlanders verlegt wurde.
Das Städtchen ist Geburtsort des Karikaturisten Paul Flora (► Berühmte Persönlichkeiten).

Sehenswertes in Glurns

Stadt und Mauer

Durch die Stadtmauer führen drei wehrhafte Tore in den Ort: das nördliche Malser Tor, in dessen Nähe an der Stadtmauer die Hochwassermarken vom 16. Juni 1855 zu sehen sind, das östliche Schludernser Tor und das westliche Tauferer Tor. Teile des hölzernen Wehrgangs der Stadtmauer sind erneuert und begehbar – ein Abenteuer für Kinder mit Hang zu Ritterspielen.
Im Ort verdient vor allem die Laubengasse mit ihren kühlschattigen Bogengängen und den fast durchweg im 16. Jh. erbauten Bürgerhäusern Beachtung. Im Zentrum stehen die neuromanische Frauenkirche und wenige Schritte weiter westlich am Stadtplatz das jetzt als Rathaus dienende Fuggerhaus mit seiner Zinnenmauer und das Frölichhaus. Direkt beim Malser Tor befindet sich das seit 1527 beurkundete Stadtpalais mit einer bemerkenswerten Verbindung von Gotik mit Netzrippengewölbe in Flur und Stiegenhaus und Renaissance mit Fassade und Arkadenhof.

GLURNS ERLEBEN

AUSKUNFT

Tourismusverein Glurns
Rathausplatz 1
39020 Glurns
Tel. 04 73 73 70 73
Fax 04 73 83 52 24
www.ferienregion-obervinschgau.it

ÜBERNACHTEN

► **Komfortabel**

Gasthof Zur Post
Flora-Str. 15
Tel. 04 73 83 12 08
Fax 04 73 83 04 32
www.hotel-post-glurns.com
Das Haus mit 26 Zimmern ist bekannt für seine gotische Halle und die Zeichnungen von Paul Flora (geb. 1922 in Glurns). Neben traditionellen Gerichten kommen hier auch italienische Speisen auf den Tisch. Geschlossen: Januar bis Ostern.

Grüner Baum
Stadtplatz 7
Tel. 04 73 83 12 06
Fax 04 73 83 59 27
www.gasthofgruenerbaum.it
Das schöne Haus aus dem 17. Jh. wurde gerade frisch renoviert. Moderne im historischen Gewand genießt man am besten im »Designer-Zimmer«.

Hotel Lamm
St.-Johann-Str. 37
Taufers im Münstertal
Tel. 04 73 83 21 68
Fax 04 73 83 23 53
www.hotel-lamm.com
Das komplett renovierte Traditionshaus verfügt über einen eigenen Bauernhof, der das Restaurant mit Südtiroler und italienischer Küche versorgt. Ruhetag: Mi.

Pfarrkirche

Die Pfarrkirche St. Pankraz (15. Jh.) wurde aus Platzmangel außerhalb der Stadtmauern und jenseits der Etsch erbaut; ihre Ursprünge sind älter als die der Stadt. An ihrem Turm ist ein Fresko von 1490 mit der Darstellung des Jüngsten Gerichts zu sehen, im Inneren ein Wandgemälde mit der Heiligen Sippe (um 1500).

Umgebung von Glurns

Laatsch

Im Gemeindeteil Laatsch, südwestlich vom Hauptort direkt an der Etsch, steht die freskengeschmückte gotische Kirche **St. Leonhard** mit ihrem gleichfalls gotischen Flügelaltar. Den Schlüssel erhält man im Haus Nr. 21 neben der Pfarrkirche. Die Dorfstraße führt direkt unter dem Chor der Kirche durch einen Tunnel durch.

★ Söles

Südlich von Glurns, an der westlichen Talseite, liegt ein kleines Kirchlein – die Jakobskirche von Söles. Die älteste Jakobskirche Tirols wurde bereits 1220 urkundlich erwähnt. Bei der Restaurierung wurden aus Bruchstücken romanische Freskenreste wieder hergestellt. Info über Öffnungszeiten und Führungen im Informationsbüro Glurns (Tel. 04 73 73 70 73).

Taufers im Münstertal Taufers im Münstertal liegt nahe an der italienisch-schweizerischen Grenze, unweit südwestlich von Glurns. Der anheimelnd-altertümliche Ort an der Sprachgrenze zum romanisch sprechenden Graubünden wird von zwei mächtigen Burgruinen überragt, in denen einst die Bischöfe von Chur residiert haben: Rotund (12. und 16. Jh.) und Reichenberg (12. Jh.).

★ St. Johann ► Am östlichen Ortsrand von Taufers steht direkt neben der Straße die romanische Kirche St. Johann, ein Juwel der Vinschgauer Kunstlandschaft. Der Kirche ist ein ehemaliges vom Johanniterorden gegründetes Pilgerhospiz angeschlossen. Sie wurde um 1220 erbaut und um 1250 nach Westen erweitert. Im Rundbogenfeld über dem romanischen Portal wird eine schwarze Muttergottes von Wappenschilden flankiert. Das Innere der Kirche ist durch eine Quermauer zweigeteilt; in der Apsis finden sich hervorragende romanische Wandgemälde. An der linken Außenwand der Kirche ist ein romanisch-byzantinisches Christophorus-Fresko angebracht. Hier führt eine Treppe in den Oberstock der Vorhalle, wo hervorragende gotische Fresken die Wände schmücken (geöffnet: Mitte Juni bis Mitte Okt. Mo. – Sa. 9.30 – 12.00, 14.30 – 17.00 Mi. 9.30 – 12.00 Uhr; Führungen für Gruppen unter Tel. 04 73 83 20 48).

★ Gossensaß (Colle Isarco)

B 9

Höhe: 1098 m ü.d.M. **Einwohnerzahl:** 1000

Gossensaß liegt im Eisacktal, ungefähr auf halber Strecke zwischen Brennerpass und ►Sterzing. Im Zentrum zeugen stattliche Bürgerhäuser aus dem 16. Jh. vom Wohlstand, den der Bergbau der Stadt einst einbrachte.

GOSSENSASS ERLEBEN

AUSKUNFT

Tourismusverein Gossensaß
Ibsenplatz 2
39040 Gossensaß
Tel. 04 72 63 23 72
Fax 04 72 63 25 80
www.gossensass.org

ÜBERNACHTEN

► **Komfortabel**
Grand Family Hotel
Färberstr. 1
Gossensaß
Tel. 04 72 63 40 01
Fax 04 72 63 40 02
www.grandfamilyhotel.com
Traditionreiches Haus mit 13 Zimmern, das sich mit Kinderbetreuung und Spielplätzen ganz auf Familien spezialisiert hat. Zum Hotel gehört neben einem Restaurant auch ein 700 m² großen Wellnessbereich mit Beautyabteilung.

Mit der Brennerbahn kam im ausgehenden 19. Jh. auch der Nobeltourismus nach Gossensaß. So erinnern der Ibsen-Platz und ein kleines Museum (Information: Tel. 04 72 63 23 72) an die Aufenthalte des norwegischen Dichters und Dramatikers Henrik Ibsen, der hier mehrere Sommerurlaube verbrachte. Der Glanz dieser großen Zeiten ist etwas verblasst, ein feines, kleines Familienskigebiet in Ladurns mit Rodelbahn und Loipen lockt Wintergäste an.

Sehenswertes in Gossensaß

Pfarrkirche

Die hoch gelegene spätbarocke Pfarrkirche Mariä Empfängnis (1745) besitzt Deckenfresken von Matthäus Günther. Dargestellt sind die Marienkrönung und die Vertreibung der Händler aus dem Tempel. Die Orgel ist ein Werk des Rokoko.

Die Pfarrkirche ist innen wie außen barock

Nahebei steht die **Barbarakapelle** von 1510; am gotischen Portal rechts und links zeigen Wappenschilde die Werkzeuge der Bergleute, welche die Kapelle gestiftet haben. Im Inneren befinden sich das sog. Dürerkreuz, ein Kruzifixus, der nach dem berühmten Werk Dürers um 1500 geschnitzt worden ist, sowie Fresken und ein gotischer Flügelaltar (im Sommer sonntägliche Führungen).

Umgebung von Gossensaß

Der **Brenner**, auch Brennerpass (ital. Passo del Brennero) ist ein wichtiger Grenzübergang zwischen dem österreichischen Nordtirol und dem zu Italien gehörenden Südtirol. Mit 1374 m ü.d.M. ist er der niedrigste Übergang im gesamten Alpenbogen. Seine Bedeutung als Staatsgrenze ist seit dem Schengen-Abkommen verloren gegangen, verwaist oder abgebaut sind Zollhäuschen und -schranken, die Kasernen der Finanzpolizei verfallen zusehends. Man sucht nach neuen Verwendungsmöglichkeiten, um den düsteren Grenzort etwas zu beleben. Ein Weg könnte die künstlerische Auseinandersetzung mit diesem Ort der Trennung, Begegnung und Flüchtigkeit sein.

Scalini 84 Stufen Am Parkplatz an der Brennerstaatsstraße, 800 m südlich vom Dorf, führt ein kurzer Gehweg den Besucher in wenigen Minuten über eine Wiese in den Wald, an einem Wasserfall vorbei und über 84 Stufen zu einem befestigten, ehemaligen militärischen Beobachtungsposten. Der Künstler Peter Kaser hat mit dem Kulturverein »LURX« Weg, Treppen, Felsen, Wasserfall und Bunker kurzerhand zum Gesamtkunstwerk erklärt und mit Sprüchen und Schildern versehen.

Pflersch Von Gossensaß führt eine Straße westlich in das romantische Pflerschtal. In Außerpflersch erschließen Liftanlagen das kleine Skigebiet der Ladurnsalm (1710 m ü.d.M.). Innerpflersch ist der Ausgangspunkt für sehr lohnende Bergtouren zur Magdeburger- und Tribulaunhütte und zu den 3000ern um Tribulaun und Schneespitze. Der Aufstieg zu den Hütten dauert ca. 3 Stunden.

Gröden · Grödner Tal (Val Gardena, Gherdëina)

D 10–11

Das knapp 30 Kilometer lange Grödner Tal zweigt unweit südlich des Ortes ►Klausen vom ►Eisacktal nach Osten hin ab und dringt in die großartige Hochgebirgslandschaft der Dolomiten vor. Die wichtigsten Talorte sind St. Ulrich, St. Christina und Wolkenstein.

In der Grödner Schnitzkunst paaren sich Tradition und Perfektion.

Über das Grödner Joch steht das Grödner Tal mit dem Gadertal und über das Sellajoch mit dem Fassatal in Verbindung. Im Süden wird es von der Seiser Alm begrenzt. Die noch heute östlich von Pontives vorwiegend ladinische Bevölkerung lebt in erster Linie von der Holzschnitzerei und vom Tourismus.

✶ Holzschnitzerei

Die Grödner Holzschnitzerei blickt auf eine gut 350 Jahre alte Tradition zurück. Sie entstand aus dem Zwang zum Nebenerwerb der Bergbauern. Im Winter wurde geschnitzt, im Sommer trugen Wanderhändler die meist religiösen Werke – Krippenfiguren und Kruzifixe – in alle Welt. Aus der Not entwickelte sich langsam ein ganzer Handwerkszweig, der Gröden weithin bekannt machte. Mit dem Anwachsen des Tourismus wandte man sich dann stärker profanen

GRÖDEN ERLEBEN

AUSKUNFT

Tourismusverein St. Ulrich
Reziastr. 1, 39046 St. Ulrich
Tel. 04 71 79 63 28, Fax 04 71 79 67 49
www.valgardena.it

Tourismusverein St. Christina
Chemunstr. 9, 39047 St. Christina
Tel. 04 71 79 34 73, Fax 04 71 79 31 98
www.valgardena.it

Tourismusverein Wolkenstein
Meisulesstr. 213, 39048 Wolkenstein
Tel. 04 71 79 51 22, Fax 04 71 79 42 45
www.valgardena.it

ESSEN

► Fein & teuer

Restaurant Anna Stuben
Vidalong-Str. 3, St. Ulrich
Tel. 04 71 79 63 15
Das Hotel-Restaurant vom Grödnerhof bemüht sich erfolgreich um feine und exklusive Küche für höchste Ansprüche.

► Preiswert

Restaurant Pizzeria Bar l'Fudlè
Dursan-Str. 86, St. Christina
Tel. 04 71 79 02 55
Nettes kleines Restaurant in der zentralen Dorfstraße von St. Christina; fantasievolle Gerichte, aber auch Pizza.

ÜBERNACHTEN

► Luxus

Charmehotel Uhrerhof
Pufels 26, St. Ulrich
Tel. 04 71 79 73 35
Fax 04 71 79 74 57
www.uhrerhof.com
Im Neubau, der sich sehr gut in die Landschaft einfügt, sind 16 Zimmer und Appartements untergebracht. Der Hausherr kocht selbst. Nichtraucherhotel; schließt Anfang Nov. für sechs Wochen.

Baedeker-Empfehlung

► Komfortabel

Hotel Pozzamanigoni
La-Selva-Str. 51, Wolkenstein
Tel. 04 71 79 41 38
Fax 04 71 77 08 98
www.pozzamanigoni.com
Natur, so weit das Auge reicht: Reitzentrum und schöner Teich vor dem Haus. Im Winter beginnen die Skipisten fast am Haus. 11 Zimmer

Themen und rein dekorativen Werken zu, und in jüngster Zeit ist auch ein Trend zu hohen Stückzahlen und maschineller Vorfertigung zu erkennen. Der handwerklichen Ausbildung widmen sich heute die 1872 in St. Ulrich und 1907 in Wolkenstein gegründeten Schnitzerfachschulen. Die vollständig handgearbeiteten Stücke sind durch ein Gütesiegel gekennzeichnet; ein Zertifikat bestätigt die Handfertigung. Im Kongresshaus in St. Ulrich informiert außerdem eine Ausstellung über Geschichte und Entwicklung dieses für Gröden wichtigen Wirtschaftszweiges.

Wintersport-Zentrum

Das Grödner Tal hat sich mit über 80 Bergbahnen und Liften zu einem der Top-Wintersportgebiete des Alpenraums auch für höchste Ansprüche entwickelt. Es gehört zum Großraum **Dolomiti Superski**. Die Gründer dieses Skikarussells und Verrechnungssytems sitzen in Gröden.

Gardena Ronda Express ►

Die moderne U-Bahn Gardena Ronda Express verbindet die Skiorte St. Ulrich und St. Christina, sodass es möglich ist, zwischen den Skigebieten zu pendeln, ohne das Auto zu benutzen.

✶ Sella Ronda

Die Sella Ronda ist eine berühmte Ski-Tagestour. Auf ihr kann man die Dolomitentäler rund um den Sellastock passieren, ohne die Ski abschnallen zu müssen. Im Sommer folgt ein Wanderweg ungefähr der gleichen Route.

✶ Grödner Bahn

Im Ersten Weltkrieg wurde von Klausen nach Plan de Gralba eine Schmalspurbahn gebaut, die noch bis 1960 in Betrieb war. Die alte Bahntrasse bildet heute zwischen St. Ulrich und Wolkenstein einen angenehmen, nur wenig ansteigenden Wanderweg. Von der Autobahnausfahrt Klausen bis St. Ulrich/Pontives verläuft auf der alten Trasse eine zur Talstraße alternative Autostraße. Der Abschnitt bei St. Christina (s. unten) ist als **Planetenweg** mit maßstabgetreuer Darstellung des Sonnensystems gestaltet.

St. Ulrich

Der stattliche, malerisch gelegene Markt St. Ulrich ist der Hauptort des Tals und Geburtsort des Architekten, Autors, Regisseurs und Filmschauspielers Luis Trenker (►Berühmte Persönlichkeiten).

Die **Pfarrkirche** St. Ulrich wurde 1746 bis 1749 in spätbarocken Formen errichtet und 1907 erweitert; im Inneren findet man zahlreiche bedeutende Holzschnitzereien.

✶ Museum de Gherdëina ►

Im Kongresshaus ist eine ständige Ausstellung von Schnitzkunst zu sehen, desgleichen im Grödner Heimatmuseum Museum de Gherdëina in der Reziastraße 83, das zusammen mit der Ladinischen Bibliothek in der Cësa di Ladins untergebracht ist (geöffnet: Februar und März Di., Fr. 14.00 – 17.00, Do. 10.00 – 12.00, Juni und September bis Mitte Oktober Di. – Fr. 14.00 – 18.00, Do. auch 10.00 bis 12.00, Juli, August Mo. – Fr. 10.00 – 12.00, 14.00 – 18.00, So. 14.00 – 18.00 Uhr). Eine eigene Abteilung des Museums ist Luis Trenker gewidmet.

Der 3181 m hohe steinerne Riese des Langkofels wacht über das Grödner Tal.

Bei St. Ulrich besteht die Möglichkeit, auf landschaftlich reizvoller Strecke über den **Planidersattel** nach Kastelruth sowie in das Gebiet um Schlern und Seiser Alm zu fahren.
Lohnend ist eine eineinhalbstündige Wanderung von St. Ulrich in östlicher Richtung zu der gotischen Kirche **St. Jakob**, wo sich eine herrliche Aussicht – besonders auf den Langkofel – bietet. Die Kirche besitzt Außenfresken aus dem 15. Jh. sowie einen reich geschnitzten Hochaltar mit vergoldeten Figuren von Kirchenfürsten, Aposteln und Engeln aus der Barockzeit. Es sind Kopien, die Originale werden im Museum in St. Ulrich verwahrt.

Raschötz

Ein gemütlicher, etwas altmodischer Sessellift führt zur Anhöhe der Raschötz (2107 m ü.d.M.). Von hier verläuft ein bequemer Fußweg in einer Stunde zum westlich gelegenen Außerraschötz (2283 m ü.d.M.) mit dem beeindruckenden riesigen Holzkruzifix. Wenig unterhalb liegt das 1775 erbaute »Tschan-Kirchlein«, von wo sich eine überwältigende Aussicht bietet. Zurück kann man alternativ auf einem Spazierweg auch direkt nach St. Ulrich laufen.
Vom Raschötz erreicht man nach 1½ Std. in östlicher Richtung die **Broglesalm** (2045 m ü.d.M.) mit der Brogleshütte, die einen schönen Blick auf die nahen Geislerspitzen bietet.

St. Christina

Das am Hang gelegene St. Christina in Gröden ist als Ferienort, Tourenzentrum und Wintersportplatz sehr beliebt. Südlich über dem Ort erhebt sich die gezackte Formation der Langkofelgruppe.

Die Kirche von St. Christina geht auf romanische Ursprünge zurück, wurde aber bis ins 19. Jh. derart stark verändert, dass von der alten Bausubstanz nur noch der untere Teil des Turmes übrig geblieben ist. Im Kircheninneren, dessen Ausstattung überwiegend aus dem 19. und frühen 20. Jh. stammt, befindet sich ein barocker Hochaltaraufsatz; in den Seitenschiffen stehen Altäre, in denen die Reliquien der hl. Christina und des hl. Valentin aufbewahrt werden.

✶ Naturpark Puez-Geisler ►

Vom östlichen Ortsende führt eine Gondelbahn auf den 2106 m hohen **Col Raiser** mit seiner Schutzhütte. Von hier kommt man zu Fuß in 20 Min. zur Regensburger Hütte, auch Geislerhütte genannt (2039 m ü.d.M.), Ausgangspunkt für viele Wanderungen, aber auch Klettertouren in die **Geisler-Gruppe**. Das gesamte Massiv vom Peitlerkofel im Norden bis zu den Flanken des Grödner- und Gadertals bildet den Naturpark Puez-Geisler (► Villnöß).

✶ **Fischburg**

Südlich jenseits des Grödnerbachs steht bei St. Christina auf einer Anhöhe die Fischburg, die im 17. Jh. von Engelhardt Dietrich von Wolkenstein-Trostburg als Sommersitz erbaut wurde. Ihren Namen hat sie von den Fischteichen, die damals ringsum angelegt wurden, um die Tafel des Grafen zu versorgen. Das stattliche Renaissanceschloss ist in Privatbesitz und nicht zugänglich.

Wolkenstein

Wolkenstein, der letzte und mit 1563 m ü.d.M. am höchsten gelegene große Talort, ist ein hervorragender Tourenstützpunkt und einer der bedeutendsten Wintersportplätze in den Dolomiten, deren wilden, hochalpinen Teil man hier erreicht. Ein dichtes Netz von Bahnen und Liften erschließt im Winter wie im Sommer die umliegenden Höhen. Die Ortsteile Plan und Plan de Gralba liegen prachtvoll zwischen Sella und Langkofel.

Im Sommer erholt sich Wolkenstein vom Ski-Zirkus im Winter.

Im südöstlichen Ortsteil **Plan de Gralba** befindet sich die Talstation einer Schwebebahn auf den 2248 m hohen **Piz de Sella** (Sella). Ein eindrucksvoller Blick – noch besser allerdings von der Sellajoch-Straße – bietet sich auf das Massiv der Sella und auf den Langkofel. Nahe der Bergstation liegt ein beliebtes Bergrestaurant, die Emilio-Comici-Hütte (Ende Nov. bis Ostern und Mitte Juni bis Mitte Okt. geöffnet, kein Ruhetag, Tel. 04 71 79 41 21).

In nordöstlicher Richtung erstreckt sich das wildromantische **Langen-**

tal in den Naturpark Puez-Geisler, wohl eines der schönsten Dolomitentäler. Im Winter verläuft hier eine schöne Langlaufloipe mit geringer Steigung und im Sommer ein beliebter Familienspazierweg.
Am Eingang in das Langental klebt wie ein Adlerhorst, überragt von der Steilwand der Stevia, die Ruine der **Burg Wolkenstein**, einst Stammschloss des gleichnamigen Adelsgeschlechts, dessen bekanntester Spross der Dichter Oswald von Wolkenstein war. Etwas weiter steht die über 300 Jahre alte **Sylvesterkapelle** mit interessanten Fresken. Der hl. Sylvester ist der Patron der Bauern, seinem Schutz wurde das Vieh auf den Almen anvertraut.

★ Gsies · Gsieser Tal (Valle di Casíes)

C 14

Das freundliche Gsieser Tal ist ein breites Seitental des ► Pustertals, von dem es bei ► Welsberg nach Norden abzweigt. Es hat sich dem sanften Tourismus verschrieben, keine großen Hotelsiedlungen oder Wintersportanlagen trüben die Ruhe oder stören das Landschaftsbild, das Wiesen und stattliche Bauernhöfe prägen.

An den Talrändern liegen ruhige, im Sommer und Winter bewirtschaftete Almen. Die meisten sind auf leichten Wanderwegen zu erreichen. Viele Wege sind auch im Winter für Wanderer geräumt.

★ **Taisten**

Die Straße folgt dem Bett des Pidigbachs aufwärts. Etwas abseits im Westen liegt Taisten, in dessen barockisierter Kirche Fresken von Franz Anton Zeiller zu finden sind.
Ein kunsthistorisches Kleinod ist die **St. Georgskirche**. Ursprünglich romanisch, wurde sie 1498 mit einem gotischen Netzrippengewölbe eingedeckt. Die Fresken von Simon von Taisten sind eine offene Bibel, in der das des Lesens unkundige Volk im Mittelalter in die Welt der Heiligen und Kirchenväter eingewiesen wurde. In der **Erasmuskapelle**, der Begräbnisstätte des Grafen vom nahe gelegenen Schloss Welsperg, stehen mannshohe Grabsteine und prächtige Totenschilde.

An Pichl, dem Hauptort der Gemeinde, vorbei kommt man nach **St. Martin** in Gsies, einem kleinen Erholungsdorf.

Im obersten Gsieser Tal endet die Straße bei der ausgedehnten Streusiedlung **St. Magdalena**, einem ruhigen Sommerziel.
Ein kleiner Skilift befördert die heimische Jugend im Winter auf den Wiesenhang.

! *Baedeker* TIPP

Radroute

Durch das Gsieser Tal führt eine wunderbare, naturnahe Radroute. Sie verläuft größtenteils auf nicht asphaltierten Wald- und Feldwegen über sanftes, welliges und ständig wechselndes Gelände. Start für die 31 km lange Strecke ist Welsberg. Die Fahrzeit beträgt ca. 4 Stunden. Für Hin- und Rückweg gibt es getrennte Wege.

GSIES ERLEBEN

AUSKUNFT

Tourismusverein Gsieser Tal
St. Martin 17
39030 St. Martin in Gsies
Tel. 04 74 97 84 36
Fax 04 74 97 82 26
www.kronplatz.com

ESSEN

► Erschwinglich
Durnwald
Gsies
Tel. 04 74 74 69 20
Im Gasthaus wird lokale Küche serviert und hervorragender Strudel. Ruhetag: Mo.

► Preiswert
Binta Pub
Außerpichl 29, Gsies
Tel. 04 74 74 60 24; Ruhetag: Mo.
Zur Restaurant-Pizzeria, die sich in der Nähe des Radweges befindet, gehören ein Kinderspielplatz und ein kleiner Teich, der im Winter als Eislaufplatz genutzt werden kann.

★★ Innichen (San Cándido)

C 14

Höhe: 1175 m ü.d.M. **Einwohnerzahl:** 3099

Der als Ferien- und Wintersportziel beliebte Hauptort des breiten Hochpustertals wird im Süden überragt von der zackigen Kette der Sextner Dolomiten.

Innichen liegt nahe den Quellen der Drau, die unweit östlich auf österreichisches Gebiet übertritt. Das Toblacher Feld ist hier zugleich Wasserscheide, die Wasser der Drau fließen ins Schwarze Meer, jene der Rienz ins Mittelmeer.

Sehenswertes in Innichen

★ **Stiftskirche**

Im Zentrum des Ortes, am Pflegplatz, steht die mächtige romanische Stiftskirche St. Candidus und Korbinian, auch »Dom« genannt. Der bedeutendste romanische Sakralbau in Südtirol wurde im 13. und 14. Jh. unter Mitwirkung lombardischer Baumeister errichtet. Sehr bemerkenswert ist das romanische Portal im südlichen Seitenschiff; im Tympanon sieht man Christus als Weltenherrscher mit den Evangelistensymbolen sowie gotischen Fresken von Friedrich Pacher, die den Kirchengründer Otto I. und die Heiligen Korbinian und Candidus zeigen. Das ziemlich dunkle dreischiffige Innere ist von Rundbogen überwölbt. Hinter der Vierung mit dem erhöhten Altarbereich befindet sich eine große romanische Kreuzigungsgruppe (um 1200); das um 1280 entstandene Kuppelfresko wurde 1969 freigelegt. Unter dem Altarraum ist die schöne dreischiffige Krypta frei zugänglich.

Die Stiftskirche ist der bedeutendste romanische Sakralbau Südtirols.

Stiftsmuseum

Neben der Stiftskirche ist in einem der ältesten Häuser des Orts das Stiftsmuseum zu finden. Es zeigt neben dem Domschatz Malerei und Plastik, frühe Erzeugnisse der Buchdruckerkunst sowie Dokumente zur Geschichte des Stifts Innichen (geöffnet: Juni bis Mitte Okt. Do. – Sa. 17.00 – 19.00, So. 10.00 bis 11.00; Mitte Juli bis Aug. Di. bis Sa. 10.00 – 12.00, Di. 20 – 22, Do. – Sa. 17.00 – 19.00, So. 10.00 bis 12.00 Uhr).

? WUSSTEN SIE SCHON ...?

- Zur Baugeschichte der Stiftskirche gehört auch die Sage vom Riesen Haunold, den die Innichener Bürger zur Mithilfe überredeten. Als Lohn erhielt er tgl. ein Kalb und drei Scheffel Bohnen. Weil er dies auch nach Vollendung des Baus verlangte, entledigten sich die Bürger seiner durch eine Fallgrube, in der er zu Tode stürzte. Eine seiner Rippen ist heute in der Vorhalle der Kirche zu sehen – jedoch handelt es sich um eine Walrippe.

Unmittelbar westlich der Stiftskirche wurde 1760 die **Pfarrkirche St. Michael** auf den Resten eines romanischen Vorgängerbaus errichtet. Sie wurde von Rudolf Schraffl in spätbarocken Formen entworfen. Die Fresken im Innern stammen von Christoph Anton Mayr.

Außerkirchl

Am westlichen Rand des Stadtkerns, beim Bahnübergang, steht die eigenwillige **Heiliggrabkapelle**. Sie ist im 17. Jh. von einem frommen Jerusalem-Pilger erbaut worden und besteht aus einer Nachbildung des Heiligen Grabes von Jerusalem und der Altöttinger Gnadenkapelle (geöffnet: Juni bis Sept. Di. – Do., Sa. u. So. 10.00 – 12.00 und 16.00 – 18.00 Uhr).

INNICHEN ERLEBEN

AUSKUNFT

Tourismusverein Innichen
Pflegplatz 1
39038 Innichen
Tel. 04 74 91 31 49, Fax 04 74 91 36 77
www.innichen.it

ESSEN

► Fein & teuer

① ***Grauer Bär***
Via-Rainer-Str. 2
Tel. 04 74 91 31 15, Fax 04 74 91 41 82
www.orsohotel.it
Traditionsreiches Haus im Zentrum, das sich vom Landgasthof zum exklusiven 4-Sterne-Haus gewandelt hat. Die Bärenstube zählt zu den Genusstempeln des Landes; unbedingt reservieren. Betuchte finden hier auch eine exklusive Unterkunft. Ruhetag: Do.

► Preiswert

② ***Gasthof Wiesthaler***
Herzog-Tasilo-Str. 3
Tel. 04 74 91 31 03
Gemütliches Dorfgasthaus mit gutbürgerlicher Küche in der Fußgängerzone. In der schönen Jahreszeit stellen die Wirtsleute Tische ins Freie.

ÜBERNACHTEN

► Komfortabel

① ***Parkhotel Sole Paradiso***
Sextner Str. 13
Tel. 04 74 91 31 20, Fax 04 74 91 31 93
www.sole-paradiso.com
Das 1914 errichtete Haus mit 43 Zimmern und Suiten liegt im Talgrund jenseits des Sextner Baches. Die Küche serviert abends 5-gängige Menüs. Geschlossen: Okt. – Dez. und April – Mai.

Dolomythos In der Villa Wachtler in der P.-P.-Rainer-Straße 11 vermittelt das Privatmuseum Dolomythos einen anschaulichen Eindruck von den ersten Lebewesen in den Dolomiten (geöffnet: Mo. – Sa. 10.00 – 12.00, 15.00 – 18.00, 22. Juli bis 1. Sept. auch So. 10.00 – 12.00, 15.00 bis 18.00 Uhr).

Umgebung von Innichen

Haunold Der 2904 m hohe Haunold ist der »Hausberg« von Innichen. Ein Sessellift führt zur Haunoldhütte (1489 m ü.d.M.). Außerdem sorgt der Fun-Bob, eine Sommerrodelbahn mit 1800 m Länge, besonders bei Kindern für gute Laune.

St. Silvester Im nördlich zum Pustertal verlaufenden **Silvestertal** lohnt eine Wanderung vom Gasthof Jaufen zum Silvesterkirchl mit seinen schönen gotischen Fresken von 1455.

✶ Drei Zinnen Die schroff aufragenden, markanten Drei Zinnen sind die wohl schönste und bekannteste Berggruppe in den Dolomiten. Sie liegen 20 km südlich von Innichen. Der Weg führt über den Misurina-See und von dort weiter auf einer streckenweise mautpflichtigen Nebenstraße bis zum Parkplatz bei der Auronzo-Hütte.

Innichen Orientierung

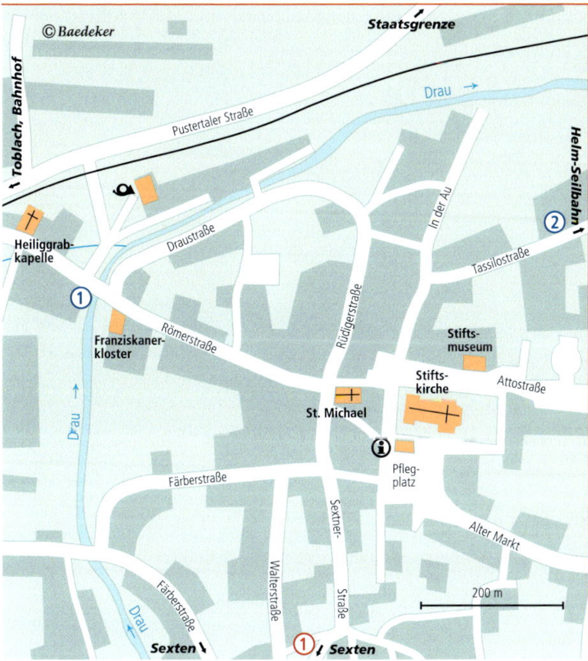

Die fünf Hauptgipfel sind: Westliche Zinne (2973 m), Große Zinne (2998 m), Kleine Zinne (2857 m), Punta di Frida (2792 m) und Kleinste Zinne (2700 m), auch Preußturm genannt. Hinzu kommen etliche Nebengipfel. Die Große Zinne wurde 1869 erstmals bestiegen; die Erstbegehungen über schwierigere Routen hat die Bergsteiger noch bis in die Sechzigerjahre des 20. Jahrhunderts beschäftigt.
Vom Misurina-See bringen Shuttle-Busse die Wanderer auf den **Monte Piana** (2324 m), ein im Ersten Weltkrieg stark umkämpftes Gipfelplateau mit restaurierten Kriegsstellungen (► Baedeker Special, S. 34). Vom Gipfel genießt man eine hervorragende Aussicht.

Schöne Radtouren

In Innichen beginnt der **Drauradweg**, der den Fluss bis zur Grenze zu Slowenien begleitet. Den beliebten ersten Teil mit 44 km Länge und 500 Höhenmetern Gefälle schaffen selbst Ungeübte in 3 bis 4 Stunden. Zurück geht es mit dem Zug, der problemlos auch Räder transportiert. Weitere Informationen gibt es beim Tourismusverein.
Eine weitere leichte und lohnende Tour ist der **Pustertaler Radweg** von Innichen nach Bruneck, der 33 km lang durch wunderschöne Landschaft stets bergab führt. Von Bruneck kann man nach Mühlbach weiterradeln oder kehrt mit Bus oder Bahn zurück.

Herrliche Bergwelten: Die Drei Zinnen sind ein gutes und beliebtes Fotomotiv.

★★ Kaltern (Caldaro)

E 8

Höhe: 425 m ü.d.M. **Einwohnerzahl:** 6859

Kaltern liegt an der Südtiroler Weinstraße und ist Hauptort des fruchtbaren Überetsch, eines Plateaus über dem rechten Ufer der Etsch. Ringsum breiten sich berühmte Weinlagen aus. Im Sommer ist der Kalterer See ein perfektes Badeziel.

Der Ort hat sich zu einem beliebten Urlaubsziel entwickelt. Eingebettet in eine Senke, wird Kaltern westlich von den Steilhängen des Penegal und der Mendel, östlich vom Kalvarienberg und den bewaldeten Höhen um Montiggl geschützt. Gegen Süden senkt sich das Gebiet zum Kalterer See und zum Talboden des Etschtals ab.
Wie in den Nachbargemeinden zieren den Ortskern von Kaltern viele Häuser aus dem 16. und 17. Jh., die den auch von Norditalien beeinflussten **Überetscher Stil** mit dem charakteristischen, durch eine Säule getrennten Doppelbogenfenster zeigen.

Sehenswertes in Kaltern

Pfarrkirche Die Pfarrkirche Mariä Himmelfahrt ist in der Zeit um 1790 entstanden und weist klassizistische Bauformen auf. Aus der Entstehungszeit stammen auch die spätbarocken Deckenfresken von Josef Schöpf, die übrige Ausstattung ist frühklassizistisch. Der frei stehende gotische hohe Glockenturm ist rund 300 Jahre älter als die Kirche.

KALTERN ERLEBEN

AUSKUNFT

Tourismusverein Kaltern
Marktplatz 8
39052 Kaltern an der Weinstraße
Tel. 04 71 96 31 69
Fax 04 71 96 34 69
www.kaltern.com

(W)EINKAUFEN

Erste & neue Kellerei
Kellereistr. 5-10
Tel. 04 71 96 31 22
Eine der Großen im Weinsektor.

Weingut Niklas
Brunnenweg 31
Tel. 04 71 96 34 32
Kleine, feine Privatkellerei, Herr Sölva, der Besitzer, ist begeisterter Weinbauer und Fachmann.

Weingut Manincor
St. Josef am See 4
Tel. 04 71 96 02 30
In herrlicher Lage nahe dem Kalterer See ist im historischen Adelsitz eine der modernsten Kellereien Südtirols untergebracht.

Weingut Castel Sallegg
Unterwinkel 15
Tel. 04 71 96 31 32
Die Kellerei der Grafen Kuenburg im Schloss Salleg ist im Dorfzentrum zu finden.

ESSEN

► Erschwinglich

Gretl am See
Kalterer See 18
Tel. 04 71 96 02 73
Das Lokal bietet eine breite Auswahl an Produkten aus Fluss, See und Meer, japanische Spezialitäten und hausgemachtes Eis.
Ruhetag: Mo.

Eine alte Weinpresse, eine so genannte Torggl im Weinmuseum.

Baedeker-Empfehlung

► Preiswert

Restaurant Vinotheque Windegg
Windegg 3
Tel. 04 71 96 51 13
Am südlichen Dorfende steht in exponierter Lage mit Seeblick das klassizistische Gebäude von Windegg mit mittelalterlichem Wohnturm und schönem Palmengarten. Jausenstation und kleines Restaurant mit vernünftigen Preisen und umfangreicher Weinkarte. Ruhetag: So.

ÜBERNACHTEN

► Komfortabel

Seehof
Klughammer 3
Tel. 04 71 96 00 98, Fax 04 71 96 00 99
www.seehotel-ambach.com
Das architektonisch interessante Haus mit 24 Zimmern, zwei Appartments und viel Grün liegt direkt am See.

► Günstig

Hotel Goldener Stern
A.-Hoferstr. 28, Kaltern
Tel. 04 71 96 31 53, Fax 04 71 96 42 32
www.goldener-stern.it
Zentral im historischen Dorfkern gelegen. Ruhiger Innenhof, 28 nette Zimmer, Restaurant.

Südtiroler Weinmuseum *Orientierung*

1 Eingang
2 Übersichtskarte
3 Dokumentensammlung
4 Fuhrwerk, Erntegerät
5 Weinbergswächter (Saltner)
6 Küferwerkstatt
7 Vitrinen:
Flaschen, Krüge, Weinschläuche
8 Korksetzer, Maßgefäße
9 Weinpressen
10 Große Torggel
11 Weinfuhrwerk
12 Gärkeller mit Gärstandern
13 Lagerkeller mit Fässern
14 Antiker Weinkeller
aus dem Mittelmeerraum

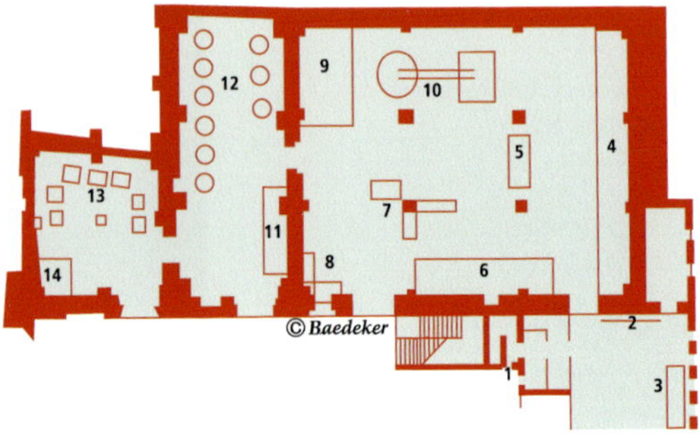

★ Südtiroler Weinmuseum

Sehr interessant ist der Besuch des Südtiroler Weinmuseums in der Ortsmitte. In einem aus dem 17. Jh. stammenden Gewölbe, das als einer der schönsten Keller Tirols gilt, sind Zeugnisse des Weinbaus in Südtirol von der Zeit der Römer bis in unsere Tage zu finden. So sind eine komplette Fassbinderwerkstatt, verschiedene »Torggeln« (von lat. torquere = drehen), so genannte Spindel-Weinpressen, Fuhrwerke, Fässer, die Ausrüstung eines Saltners (= Weinbergshüter), wertvolle Trinkgefäße und volkstümliche Tafelbilder zu sehen.

Wein aus Kaltern

Die Hügel um Kaltern sind vorwiegend mit der Vernatschrebe bepflanzt. Sie ist die älteste einheimische Rotweinsorte und Grundlage für den bekanntesten Südtiroler Rotwein, den **»Kalterersee«**. Der helle, frisch-fruchtige Rotwein ist der ideale Begleiter zu leichter, mediterraner Kost, aber auch zur typischen Tiroler Jause. Trocken, weich und samtig, mit angenehmen Mandelgeruch, ist er wegen der geringen Säure sehr bekömmlich. Am besten schmeckt der Kalterersee, wenn er noch jung ist und leicht gekühlt getrunken wird.
Um den Wein besser vermarkten zu können, wurde die Marke **»wein.kaltern«** kreiert. Der Schriftzug mit dem roten Punkt weist überall im Dorf auf Partnerbetriebe, Weinwege, Führungen oder Veranstaltungen hin, die Besuchern den Kalterer Wein näher bringen.

★★ Kalterer See

Der Kalterer See (216 m ü.d.M.) liegt rund 4 km südlich vom Ort in einer weiten, von Weingärten und Obstkulturen bedeckten Senke. Er ist der wärmste Alpensee und hat den Weinen der ihn umgebenden Lagen den Namen gegeben. Im Sommer wird hier vom Strandbad über den Tretboot- und Surfbrettverleih bis zum Strandrestaurant alles geboten, was man für einen Urlaub am Wasser braucht. Angler freuen sich außerdem über den Fischreichtum des Gewässers.

Kalvarienberg

Vor den Montiggler Höhen, jenseits der Weinstraße, liegt der Kalvarienberg mit der Heiligkreuzkirche. Der um 1720 errichtete Zentralbau birgt Fresken, die Paul Troger zugeschrieben werden.

Altenburg

Südwestlich von Kaltern liegt auf einem Hügel in toller Aussichtslage der Weiler Altenburg. Vom Sportplatz in Kaltern aus ist der schattige, fast ebene Steig durch den Buchenmischwald besonders an heißen Sommertagen ein empfehlenswerter Ausflug (1 Stunde Gehzeit). Der Kirche von Altenburg vorgelagert ist die Ruine der **Höhenkirche von St. Peter** aus der Urzeit des Christentums. Es ist wahrscheinlich der älteste Sakralbau Südtirols. Auf dem Geländevorsprung finden sich noch rätselhafte schalenartige Vertiefungen im Fels und in der Nähe sind Ruinenreste einer mittelalterlichen Wehrburg zu sehen. Von Altenburg führt ein mit Stiegen und Leitern versehener abenteuerlicher Steig in einer Stunde durch die **Rastenbachklamm** zum Kalterer See – wegen des Abenteuers ein schönes Erlebnis für Kinder. Für den Rückweg nimmt man den See-Pendelbus.

> ! *Baedeker* TIPP
>
> **Steil nach oben**
>
> Vom Ortsteil St. Anton bewältigt man die 850 Höhenmeter hinauf zur Mendel mit der 1903 errichteten, wohl steilsten Standseilbahn Europas. Auf den Hausberg der Kalterer fuhren einst prominente Gäste in die Sommerfrische, darunter Kaiserin Sisi, Nobelpreisträger Wilhelm Röntgen oder der Schriftsteller Karl May.

Kiens (Chienes)

C 12

Höhe: 784 m ü.d.M. **Einwohnerzahl:** 2644

Im grünen und malerischen Pustertal liegt in dessen Talgrund an der Rienz das Dorf Kiens, malerisch eingebettet zwischen saftigen Weiden und schneebedeckten Gipfeln.

KIENS ERLEBEN

AUSKUNFT

Tourismusverein Kiens
Kiener Dorfweg 4 b
39030 Kiens
Tel. 04 74 56 52 45, Fax 04 74 56 56 11
www.kiens.com

ESSEN

► Fein & teuer

Schöneck
Schloss-Schöneck-Str. 11, Pfalzen
Tel. 04 74 56 55 50, Ruhetag: Mo.
Herrlich speisen auf der Veranda oder im Saal mit Kamin und Sofas.

ÜBERNACHTEN

► Komfortabel

Tanzer
Dorfstr. 1
Issing
Tel. 04 74 56 53 66
Fax 04 74 56 56 46
www.tanzer.it
Das Hotel mit 20 Zimmern und Suiten ist ein guter Ausgangspunkt für sportliche Aktivitäten. In gemütlichen Stuben wird gepflegte Südtiroler Küche serviert. Ruhetag: Mi. Nov. u. April geschlossen.

Pfarrkirche Am nördlichen Dorfrand, etwas erhöht, steht die 1838 umgebaute Pfarrkirche. Sie ist eine der größten Kirchen Südtirols, die flächenmäßig sogar den Brixener Dom übertrifft. Interessant sind die Deckenfresken von J. Renzler mit der Darstellung der Erdteile. Die Altarbilder von A. Stadler zeigen bereits Einflüsse des aufkommenden Nazarenerstils.

Ehrenburg Jenseits der Rienz liegt erhöht der Gemeindeteil Ehrenburg. Die ursprünglich aus dem Jahre 1370 stammende, im 18. Jh. durchgreifend umgestaltete Pfarrkirche gehört zu den schönsten Barockkirchen Südtirols. Die im Inneren befindlichen Fresken von 1755 sind ein Werk von Josef Adam Mölk. Die an den Chor anstoßende Gruftkapelle entstand schon 1370. Bemerkenswert ist auch das als »Kornmuttergottes« bekannte Gnadenbild (15. Jh.).

✶ Schloss Ehrenburg ► Das Schloss Ehrenburg, ursprünglich aus dem 13. bis 16. Jahrhundert, wurde vom Brixner Fürstbischof Graf Künigl, der aus Ehrenburg stammte, barockisiert und besitzt einen schönen Arkadenhof sowie sehenswerte Innenräume mit Deckengemälden und Holzvertäfelung (Besichtigung nur mit Führung: April, Mai, Okt. Mi. 15.00; Juni bis Sept. Mo. – Sa. 11.00, 15.00, Juli, Aug. Mo. – Sa. auch 12.00 u. 16.00 Uhr).

Die Eiszeit schuf die bizarren Steinformationen der Erdpyramiden bei Terenten.

Beim westlichen Rand des Gemeindegebietes liegt abseits der Durchgangsstraße der Ort Terenten, in dessen Nähe Erdpyramiden zu finden sind. Diese Erosionsformen entstehen, indem lehmige, schutthaltige Moränenablagerungen der einstigen Gletscher zu säulenartigen Pyramiden verwittern. ✶ **Terenten**

Nordöstlich von Kiens, abseits der Durchgangsstraße, erreicht man den auf einer Bergterrasse gelegenen Ort Pfalzen. Die Kirche St. Valentin, südöstlich außerhalb, verdient wegen der Außenfresken aus dem 15. Jh., darunter eine schöne Golgatha-Gruppe, Beachtung. Beim nahen Issinger Weiher gibt es ein Strandbad mit Jausenstation. **Pfalzen**

✶ Klausen (Chiusa)

D 10

Höhe: 523 m ü.d.M. **Einwohnerzahl:** 4622

Das altertümliche Städtchen Klausen liegt im Eisacktal. Malerisch überragt die Burg- und Klosteranlage Säben den Ort. Die schöne Landschaft um Klausen hat einst Albrecht Dürer zu seinem Kupferstich »Das große Glück« animiert.

Um 1400 wurde Klausen vom Bischof von Brixen das Stadtrecht verliehen. Große Bedeutung erlangte es im Mittelalter durch den Bergbau; im nahen Pfunderer Berg, westlich der Stadt, wurde silberhaltiges Erz abgebaut.

Die enge Hauptstraße des Ortes besitzt malerische Bürgerhäuser aus Gotik und Barock; die sonst in Südtirol häufigen überwölbten Lauben sucht man hier vergebens.

Klausen ist auch eine Weinbaugegend. Hier ist der Brauch des Törggelens besonders lebendig. Im Herbst wird auf vielen Weinhöfen der neue Wein verkostet, dazu reicht man die typischen Gerichte der Gegend und der Saison: Schlachtplatten mit Sauerkraut oder mit Spinat gefüllte Teigtaschen, die so genannten Schlutzer, von denen die Eisacktaler Bäuerinnen behaupten, ihre seien die besten! Fehlen darf auch nicht der Speck und zum süßen Ende die gefüllten Krapfen, ein Schmalzgebäck, sowie die gerösteten Kastanien. **Törggelen**

Sehenswertes in Klausen

In der Ortsmitte steht nahe am Eisackufer die spätgotische Pfarrkirche St. Andreas, die 1482 bis 1498 an der Stelle eines älteren Gotteshauses errichtet worden ist. Der von Netzrippen überwölbte Innenraum birgt Reste von spätmittelalterlichen Altären, so z. B. die Marienkrönung und -verkündigung im Chor und eine Madonna mit Kind unter der Empore. Der Hochaltar ist neugotisch. **Pfarrkirche**

KLAUSEN ERLEBEN

AUSKUNFT

Tourismusverein Klausen
Thinne-Platz 6
39043 Klausen
Tel. 04 72 84 74 24, Fax 04 72 84 72 44
www.klausen.it, www.eisacktal.it

TÖRGGELEN

Hiang
Klausen, Laitach
Tel. 04 72 84 73 54
Prächtiger Blick zum Burgfelsen von Säben.

Huberhof
Pardell
Tel. 04 72 85 54 79
Großes, effizientes Berggasthaus.

Oberpartegger
St. Stefan 68
Tel. 04 72 84 78 69
Bauernhof, urig, gut und gemütlich.

Röck
St. Valentin 9
Tel. 04 72 84 71 30
Vorzüglichen Flaschenweine

ESSEN

► **Erschwinglich**

Turmwirt
Gufidaun 50
Tel. 04 72 84 40 01, Ruhetag: Do.
Gepflegte Küche im historischen Ambiente des alten Gerichtsschreiberhauses. Auch Übernachten ist möglich.

ÜBERNACHTEN

► **Komfortabel**

Hotel Goldener Adler
Auf der Frag 14
Tel. 04 72 84 61 11
www.goldeneradler.it, 21 Z.
Das schöne Haus liegt am Südrand der Stadt; umfangreiches Wellnessangebot, viel Komfort, gutes Restaurant mit wohl sortiertem Weinkeller.

► **Günstig**

Gasthof Ansitz Fonteklaus
Tel. 04 71 65 56 54, Fax 04 71 65 50 45
www.fonteklaus.it, 12 Z. und Apts.
Zum Gasthof am Hang östlich von Klausen gehört ein Badeteich mit biologisch gefiltertem Wasser. Ruhetag: Do.; Nov. – April geschlossen.

Stadtmuseum und Loretoschatz

Lange Zeit war die Loretokirche wegen des gleichnamigen Kunstschatzes berühmt. Mit diesem als Kernstück ist im alten Kapuzinerkloster das Stadtmuseum Klausen entstanden, das außerdem wechselnde Kunstausstellungen zeigt (geöffnet: Ende März bis Juli Di. – Sa. 10.00 – 12.00, 16.00 – 19.00, Anf. Aug. bis Anf. Nov. Di. – Sa. 9.30 – 12.00, 15.30 – 18.00 Uhr). Das Standbild im Garten stellt Joachim Haspinger (► Berühmte Persönlichkeiten) dar. Über Kloster und Loretokirche erhebt sich ein kleiner Hügel, von dem man die vom Kloster Säben beherrschte Altstadt überblickt.

Burg Branzoll

Etwas erhöht zwischen dem Städtchen und dem Klosterberg von Säben wurde im 13. Jh. die Burg Branzoll erbaut. 1671 durch Brand zerstört, erhielt sie ihr heutiges Aussehen durch umfangreiche Erneuerungsarbeiten im 19. Jahrhundert. Das Innere ist unzugänglich.

Die stolze Kirchenburg Säben überragt Klausen und das Eisacktal.

★★ Kloster Säben

Wo heute die mauerumgürtete Klosteranlage Säben steht, befand sich vom 4. bis zum 10. Jh. ein rätischer Bischofssitz; dann wurde die Kirchenresidenz burgartig ausgebaut und schließlich 1681 in ein Benediktinerinnenstift umgewandelt. Von der Anlage sind die Marienkapelle, die Liebfrauenkirche, die Klosterkirche sowie die Heiligkreuzkirche auf der Spitze der Felsenkuppe erhalten.
Von Klausen ist die Anlage in gut 30 Minuten erreichbar. Die Kirchen sind Di. – Fr. 14.00 – 17.00, Sa. und So. 10.00 – 12.00 und 14.00 bis 17.00 Uhr geöffnet. Angesichts der Fülle an Sehenswertem lohnt eine Führung (Tel. 04 72 84 75 87).

Marienkapelle

Die von vielen Wallfahrern besuchte Marienkapelle steht an der Stelle der ältesten Säbener Kirche. Das aus dem 6. Jh. n. Chr. stammende arianische Taufbecken wurde im Mittelalter mit einer kleinen Marienkapelle überbaut, deren nach Osten gerichtete Rundbogenapsis erhalten ist. In der Spätgotik wurde der Bau verändert. Die Plastiken des Meisters Leonhard von Brixen stehen nun in der Pfarrkirche von Klausen. Das aus dem 15. Jh. stammende Gnadenbild wurde zum Schutz vor Kunstdieben in der Klosterkirche aufgestellt; in der Marienkapelle befindet sich eine Kopie.

Liebfrauenkirche Der achteckige Zentralbau der Liebfrauenkirche entstand 1652 bis 1658 als Dank der Klausener Bürger für die Errettung vor der Pest. Zwischen Pfeilern öffnen sich acht Rundbogenkapellen; Architekten waren die berühmten Baumeister Jakob und Andrea Delai aus Bozen. Die Kuppelfresken (1658) des Brixener Hofmalers Stefan Kessler zeigen, angelehnt an Grafiken von Peter Paul Rubens, Szenen aus dem Marienleben. Der Hauptaltar (1612) stammt aus der alten Kirche. Die Seitenaltäre stiftete 1674 der reiche Stadtpfarrer Jenner. Sie zählen zu den schönsten aus der damaligen Zeit.

Klosterkirche Die hoch gelegene Klosterkirche, ein schlichter Barockbau von 1687, wurde auf Fundamentteilen der einstigen Burg errichtet. Das schmiedeeiserne Gitter zwischen Kirchenraum und Nonnenchor ist eine Rokoko-Arbeit. Vor der Klosterkirche steht der Jubiläumsbrunnen mit den Symbolen der Heiligen Dreifaltigkeit und Darstellungen von Ingenuin, dem ersten Säbener Bischof († um 605), dem hl. Benedikt und der hl. Scholastika.

Heiligkreuzkirche Auf der höchsten Stelle des Säbener Berges steht die Heiligkreuzkirche, die aus der im 13. Jh. errichteten Palastkapelle hervorgegangen ist. Die Ursprünge der Kirche gehen ins 5. Jh. zurück, als hier der erste Brixner Verwaltungs- und Bischofssitz war. Die Fresken zeigen in Perspektivmalerei die Passion Christi und wurden im 17. Jh. von Johann Baptist Hueber geschaffen. Das schöne Kruzifix am Hochaltar (15. Jh.) zieht alle drei Jahre fromme Pilger aus den ladinischen Dolomitentälern an, die damit die Zugehörigkeit der abgelegenen Gebiete zum Bistum Brixen demonstrieren wollen. Im Fußboden ist das Grab des heiligen Bischofs Ingenuin eingesenkt; in die rechte Langhauswand eingefügt ist ein Sarkophag mit den Reliquien einiger Säbener Bischöfe.

Umgebung von Klausen

★ **Gufidaun** Auf einer kurvenreichen Straße gelangt man zu dem hoch über dem Eisacktal gelegenen Gemeindeteil Gufidaun. Drei stattliche Gebäude bestimmen das Dorfbild. Der Ansitz Hohenhaus, das ehemalige Amtshaus, wurde um 1750 vom damaligen Landeshauptmann C. P. von Wolkenstein zu einem Palais im Renaissancestil ausgebaut. Die Koburg und das Schloss Summersberg sind in Privatbesitz und nicht zugänglich. Im Dorfmuseum im Pfleghaus sind Exponate zur ländlichen Kultur ausgestellt (geöffnet: tägl. 11.00 – 12.30 Uhr). Das ehemalige Gerichtsschreiberhaus beherbergt heute ein gutes Restaurant.

★ **Villanders** Im Südwesten windet sich die Straße hinauf nach Villanders, einem eher ruhigen Erholungsdorf. Im Ort fallen die beiden Kirchen und die stattlichen Gehöfte ins Auge. Der schiefe Turm der alten Dorfkirche im Zentrum scheint jeden Moment einstürzen zu wollen. Doch hält er so bereits seit vielen Jahrhunderten.

Die auch als Langlaufgebiet besuchte Villanderer Alm erstreckt sich im Rücken des Ortes oberhalb der Baumgrenze bis zum ►Ritten.

Verdings

Die enge Talstraße durch das Thinnetal nach Verdings und Latzfons wird kaum mehr benutzt, seit die breite und bequeme Zufahrt über Feldthurns ausgebaut wurde. In Verdings gibt es eine kleine Kirche aus dem 11. Jh. und eine um 1500 erbaute gotische Friedhofskapelle, beide mit schönen Fresken.

Der Weiler **Latzfons** liegt 7 km nördlich von Klausen. Die beiden Kirchen Unsere Liebe Frau im Dorf und St. Peter im Wald sind romanischen Ursprungs. Vom Ort bietet sich ein schöner Blick auf die Dolomiten. Östlich steht die Burg Garnstein, ursprünglich aus dem 12. Jh., die aber im 19. Jh. im historisierenden Stil verändert wurde.

! *Baedeker* TIPP

Wer suchet...

der findet an der Nordflanke des Pfunderer Berges (1519 m ü.d.M.), gegen Latzfons zu, mit etwas Glück hübsche Kupfermineralien aus dem Abraum der einstigen Minen. Ein altes Silber- und Vitriolbergwerk kann besichtigt werden.

Kurtatsch (Cortaccia)

F 8

Höhe: 333 m ü.d.M. **Einwohnerzahl:** 2084

Südlich von Tramin liegt an der Südtiroler Weinstraße Kurtatsch. Das kleine Dorf ist weniger touristisch erschlossen als die berühmten Weinorte. Auf dem an die westliche Bergflanke gelehnten »Sonnenbalkon« wachsen besonders körperreiche Weine.

KURTATSCH ERLEBEN

AUSKUNFT

Tourismusverein Südtiroler Unterland
H.-Schweiggl-Platz 8
39040 Kurtatsch
Tel. 04 71 88 01 00, Fax 04 71 88 04 51
www.suedtiroler-unterland.it

ESSEN

► **Fein & teuer**

Zur Rose
Endergasse 2, Kurtatsch
Tel. 04 71 88 01 16, Ruhetag: So.
Antik eingerichtete Gaststuben in historischem Gebäude. Eine der besten Adressen im Unterland.

ÜBERNACHTEN

► **Komfortabel**

Schwarzadler Turmhotel
Kirchgasse 2, Kurtatsch
Tel. 04 71 88 06 00, Fax 04 71 88 06 01
www.turmhotel.it
In der Dorfmitte liegt das traditionsreiche, ruhige Haus mit Garten und 24 Zimmern.

Wohl auch wegen des guten Klimas wurde der Ort bereits früh besiedelt. Mitte des 19. Jh.s hat man bei Grabungen im Pfarrgut neben Tempelresten auch einen Torso des römischen Gottes Merkur aus weißem Marmor gefunden. Die steilen Dorfgassen, in denen alte Gasthöfe zur Rast einladen, hat man recht schnell erkundet. Um den Dorfplatz und die Kirche sind Häuser mit kühlen Innenhöfen, steingefassten Torbogen und Erkern geschart. Alles wirkt hier viel »italienischer«.

! *Baedeker* TIPP

Wein, Speck und Märchen

Die Schlosskellerei Tiefenbrunner in Entiklar ist nicht nur eine empfehlenswerte Adresse für den Weinkauf, sondern auch eine idyllische Jausenstation. Kinder dürfte außerdem der »Märchengarten« im Park von Schloss Turmhof begeistern; hier scharen sich Sagengestalten um einen romantischen Weiher (Führungen nach Vereinbarung, Tel. 04 71 88 01 22).

In der Botengasse 2 ist im Ansitz am Orth das Museum Zeitreise Mensch untergebracht, das mit einer Fülle an Ausstellungsstücken die Entwicklung des Handwerks im Lauf der Zeit dokumentiert. Nur mit Führung: April bis Aug. jeden Fr. 10.00 Uhr.

✶ **Museum Zeitreise Mensch**

✶ **Fennberg**

Auf einem kleinen Hochplateau hoch über Kurtatsch liegt das Örtchen Fennberg, das man über eine Straße mit zahllosen Kurven erreicht. Der bezaubernde Flecken bietet stille Wälder, grüne Wiesen, einen kleinen Badesee und natürlich, wie es sich für Südtirol gehört, gleich mehrere ordentliche Wirtshäuser.

Auch im eher ruhigen Dorf Kurtatsch ist das touristische Angebot völlig ausreichend.

Auf dem Weg nach Fennberg kommt man auf eine Geländeterrasse mit den letzten Weinhöfen, die mit dem Kirchlein zum hl. Nikolaus (im 14. Jh. erwähnt, Sakramentshäuschen aus Sandstein) den kleinen Ort Penon bilden. Noch etwas höher als Penon liegt die winzige Siedlung **Graun**. In der St.-Georg-Kirche aus dem 14. Jh. ist ein restauriertes Christophorus-Fresko zu sehen. ◄ Penon

★ Laas (Lasa)

D 5

Höhe: 868 m ü.d.M. **Einwohnerzahl:** 3703

Laas breitet sich westlich von Schlanders, dem Hauptort des Vinschgaues, über einer Talstufe im Talgrund an der Etsch aus. Bekannt ist der Ort für seine Marmorvorkommen. Besonders die Habsburger liebten den feinkörnigen weißen Laaser Marmor, der als der wetterbeständigste der Welt gilt.

In zwei Brüchen wird der Marmor teils im Tagebau, teils unter Tage abgebaut. Der höchste Abbaustollen befindet sich in 2228 m Höhe. Vom Laaser Bruch aus werden die Blöcke mit einem Schrägaufzug zu Tal gebracht, wo sie in Platten geschnitten werden.

Schon auf der breiten Dorf-Umfahrungsstraße erinnern marmorne Stelen an die wirtschaftliche Bedeutung des weißen Steins. Im Gegensatz zu anderen Tiroler Friedhöfen, wo meist schmiedeeiserne Kreuze vorherrschen, überwiegt auf dem Laaser Friedhof der weiße Marmor. Sogar Teile der Straßenpflasterung sind aus Marmor. Im Ort sind etliche Marmorwerke und Steinmetzbetriebe angesiedelt.

▶ LAAS

AUSKUNFT

Tourismusverein Laas/Eyrs
39023 Laas
Tel. und Fax 04 73 62 66 13
www.laas.suedtirol.com

Sehenswertes in Laas

Pfarrkirche

Die Pfarrkirche St. Johannes der Täufer ist ein Werk des Historismus. Beachtung verdient jedoch die 1973 wieder hergestellte romanische Chorschlussmauer mit Rundapsis in weißem Marmor. Sie bildete einst die Ostfassade der im späten 12. Jh. erbauten alten Kirche, von der auch im Turm Teile erhalten sind.

St. Sinisius

Am nordwestlichen Rand von Laas nahe dem Schwimmbad erhebt sich ein kleiner Hügel, wo schon in vorgeschichtlicher Zeit Menschen siedelten. Auf seiner mauerumzogenen Höhe steht malerisch die

Bereits die romanische Apsis der Pfarrkirche wurde aus dem hiesigen Marmor errichtet.

kleine Kirche St. Sinisius. Das Langhaus entstand in vorromanischer Zeit (ca. 8./9. Jh.), der steingedeckte Glockenturm mit zweibogigen Klangarkaden wurde im 12. Jh. angefügt.

Sonnenberg Die als »Sonnenberg« bezeichnete nördliche Talflanke ist der Sonneneinstrahlung voll ausgesetzt und bis in mittlere Höhen durch jahrhundertelange Überweidung fast vegetationslos. Seit Jahrzehnten bemüht man sich um eine teilweise Wiederaufforstung. Hier hat sich eine Steppenvegetation entwickelt, die in Südtirol einzigartig ist und wo sich Wärme liebende Tiere und Pflanzen angesiedelt haben.
Die bewaldete, düstere Südflanke des Tales bezeichnen die Vinschger dagegen als Nördersberg.

Allitz Der kleine Ort Allitz liegt am Eingang des Gadriatales am Fuße des Sonnenbergs. In der Ortschaft sind die Kirche Maria Heimsuchung aus dem Jahr 1640 und die Kapelle zur Heiligen Dreifaltigkeit beim Untertröghof sehenswert. Von letzterer erzählt man sich, dass sie ein Laaser aus Dankbarkeit im Jahre 1752 erbauen ließ, da sein verloren gegangenes Kind hier unversehrt wiedergefunden worden sei.

Tannas Das romanische Haufendorf liegt idyllisch auf einer Sonnenterrasse über dem Tal, von dem es über eine Panoramastraße erreichbar ist. Von hier blickt man weit über den gesamten Mittelvinschgau und bis zur Ortlergruppe und zum Stilfserjoch.

Der kleine Ort Tschengls liegt am Fuße der mächtigen Tschenglser Hochwand, im Gebiet des Nationalparks Stilfserjoch. Ein schöner Spazierweg führt zur einsam am Hang in Dorfnähe gelegenen Kirche St. Ottilia, ein einfacher Bau mit achteckigem Chor und Tonnengewölbe. Die Tschenglsburg, auch Fuchsburg genannt, stammt aus dem Jahre 1000, sie beherbergt heute ein gemütliches Restaurant.

★ **Tschengls**

Lana

D 7–8

Höhe: 316 m ü.d.M. **Einwohnerzahl:** 9752

Im südlichen Winkel des Meraner Beckens, vor den Toren ►Merans, liegt die hübsche Wein- und Obstbaugemeinde Lana. Das Gebiet heißt wegen dem Burgenreichtum auch Burggrafenamt.

Die Ortsteile Niederlana, Mitterlana und Oberlana ziehen sich entlang der Talstraße hin; Völlan liegt hingegen auf einem Geländebalkon auf einer Anhöhe westlich des Dorfes. In Lana mündet das ►Ultental, das sich von den hohen Bergen der südlichen Ortlergruppe bis ins Etschtal hinzieht und dabei alle Vegetationsstufen vom ewigen Eis der Gletscher bis zu den Reb- und Obstgärten der fruchtbaren Etschebenen berührt.

Mitterlana

Die Pfarrkirche in Mitterlana wurde 1938 von dem Stuttgarter Architekten Otto Linder erbaut. Im Turm hängt mit über 5 t Gewicht die größte Glocke Südtirols.
Die Kirche St. Peter stammt in ihrer heutigen Gestalt aus dem 15. und späten 17. Jh., der Hochaltar aus dem Spätbarock.
St. Agatha auf der Wiese ist ein gotischer Kirchenbau, erstmals 1306 erwähnt. Erst vor kurzem wurde eine romanische Apsis (um 1100) mit Bemalung freigelegt (Besichtigungen über den Tourismusverein).

Oberlana

Die kleine Burg **Schloss Braunsberg** (1231 erwähnt) mit der großen Turmuhr und den schlanken Zypressen steht an der Straße ins Ultental und schaut übers Etschtal. Sie ist in Privatbesitz.

Niederlana

★★ **Pfarrkirche**

Die spätgotische Pfarrkirche Maria Himmelfahrt in Niederlana wurde 1492 geweiht, im Barock und im 19. Jh. umgestaltet, aber später wieder vom Beiwerk jener Epochen befreit, sodass sie sich heute wieder in alter Schönheit präsentiert. Das Innere ist von Netzrippen überwölbt; geringe Reste der gotischen Glasmalereien, eine Urbandarstellung und die Wappen der Bauern mit Traube und Rebmesser finden sich im südlichen Chorfenster. Um 1500 entstand die maßwerkgeschmückte Kanzel.

Schnatterpeck-Altar ► In der Pfarrkirche befindet sich eine der kunsthistorischen Hauptsehenswürdigkeiten von Südtirol: der mit 14,10 m Höhe größte gotische Schnitzaltar des gesamten Alpenraumes. Benannt ist er nach Hans Schnatterpeck dem Jüngeren, Sohn des gleichnamigen Malers aus Kaufbeuern, der zeitweise in Meran lebte und 1555 in Schlanders gestorben ist. Der Vertrag über die Anfertigung des Altars wurde am 18. August 1503 geschlossen, wobei dem Künstler ein Honorar von 1600 rheinischen Gulden zugesagt wurde – für damalige Verhältnisse eine sehr hohe Summe.

In Niederlana steht der größte gotische Schnitzaltar des Alpenraumes.

Der überaus reiche Mittelschrein umfasst 24 der insgesamt 33 erhaltenen Plastiken. Im Zentrum steht der Gnadenstuhl mit Gottvater, der den Leichnam Christi hält und über dem der Heilige Geist schwebt, flankiert von den Heiligen Petrus mit dem Schlüssel des Paradieses und Paulus mit dem Schwert darüber in der Mitte die Marienkrönung sowie seitlich die hl. Anna und die hl. Katharina mit Schwert und Rad. Auf den Innenflächen der Seitenflügel links sieht man die Verkündigung Mariä und die Beschneidung Jesu, rechts die Geburt Jesu und die Anbetung der Könige. Die Außenflächen der Schreinflügel tragen um 1510 gemalte Tafelbilder des Dürer-Schülers Hans Schäufelein. Dargestellt ist die Passion Christi: Christus am Ölberg, Christus vor Pilatus, Kreuztragung und Geißelung (Führungen Mo. – Sa. stündlich ab 9.30 Uhr).

Michaelskapelle Auf dem Friedhof kann man eine frei stehende Lichtsäule (16. Jh.) und die spätgotische Michaelskapelle mit barockem Altarbild und Gewölbefresken besichtigen.

St. Margareth Westlich der Pfarrkirche verdient die romanische Kirche St. Margareth Aufmerksamkeit. Die Kapelle ist das Paradebeispiel einer dreischiffigen romanischen Apsidenkirche. Grabungen haben einen noch älteren Vorgängerbau nachgewiesen. Die Fresken im Inneren stammen aus dem frühen 13. Jh., wurden allerdings im 19. Jh. stark ver-

LANA ERLEBEN

AUSKUNFT

Tourismusverein Lana
Andreas-Hofer-Straße 7b
39011 Lana
Tel. 04 73 56 17 70, Fax 04 73 56 19 79
www.lana.net

ESSEN

► Erschwinglich

Hidalgo
Romstr. 7, Burgstall
Tel. 04 73 29 22 92
Das Restaurant punktet mit einem Wintergarten und einem Weinkeller, der seinesgleichen sucht. Ruhetag: So.

ÜBERNACHTEN

► Günstig

Pension Weingarten
J.-Weingartnerstr. 11, Lana
Tel. 04 73 56 24 77
Fax 04 73 55 43 47
www.pension-weingarten.com
Familär geführte kleine Pension mit 15 Zimmmern. Ruhig, sonnig, wenige Minuten vom Zentrum gelegen. Freibad und Sauna, viel Grün.

Baedeker-Empfehlung

► Luxus

Vigilius Mountain Resort
Vigiljoch, Lana
Tel. 04 73 55 66 00
Fax 04 73 55 66 99
www.vigilius.it
Das Hotel fasziniert durch seine schöne wie ökologische Architektur (Design Matteo Thun) und seine herrliche Lage auf dem Vigiljoch. 41 Zimmer und Suiten. Mitte Nov. bis Mitte Dez. geschlossen.

ändert. 1983 hat man sie restauriert und versucht, den Originalzustand wieder herzustellen. Die Fresken zeigen die Margarethenlegende, die älteste Darstellung einer Heiligenlegende.

★ Südtiroler Obstbaumuseum

Im Museum duftet es nicht nur nach Äpfeln, im schönen Ansitz Larchgut (Brandis-Waalweg 4) wird auch alles Wissenswerte rund um das beliebte Südtiroler Exportgut erklärt: Sorten, Bewässerungssysteme, Geräte und vieles mehr (geöffnet: April bis Nov. Di. – Sa. 10.00 – 12.00 u. 14.00 – 17.00 Uhr, So. u. Feiertage 14.00 – 18.00 Uhr).

Leonburg

Lenon, der alte Name von Lana, gab auch der trutzigen Burg mit den zwei turmartigen Bergfrieden den Namen. Im 13. Jahrhundert erbaut, ist die Burg seither im Besitz der Grafen von Brandis.

Burg Brandis

Heute nur noch Ruine, besaß die Burg einst einen frei stehenden Bergfried, Wohnhaus und Wirtschaftsgebäude und eine weitläufige Ringmauer. Die Besitzer, die Grafen Brandis, zogen vor Jahrhunderten in ein bequemer zu erreichendes und komfortableres Herrenhaus unterhalb der Burg. Die Burg ist in Privatbesitz und kann nicht besichtigt werden.

Im Obstmuseum lernt man, dass Apfel nicht gleich Apfel ist.

Brandis-Waalweg Ausgangspunkt ist die Falschauerbrücke im Dorf. Man folgt der Gampenstraße und biegt nach wenigen Minuten links in den Waalweg ein, der bald oberhalb von Lana verläuft. Wald und Weinranken spenden entlang der Obstplantagen Schatten. Am Ende des Weges rauscht ein kleiner Wasserfall. Zurück kann man alternativ die kaum befahrene Straße ein wenig unterhalb nehmen. Für die 5 km lange Strecke benötigt man knapp 1½ Stunden.

Umgebung von Lana

Burgstall Burgstall liegt 4 km östlich von Lana jenseits der Etsch inmitten von Wein- und Obstpflanzungen. In der Pfarrkirche zeigt ein Gemälde von 1541 die Anbetung der Könige; die übrige Ausstattung zeigt den Stil des Historismus.

★ Vöran ▶ Eine Seilbahn führt nach Vöran auf dem Hochplateau des Tschögglberges (1200 m ü.d.M.). Die reizvolle Almlandschaft wird von einem guten Wanderwegenetz erschlossen. Das so genannte Knottenkino (Knotten = Felsen) auf dem 1465 m hohen **Rotstoan** zeigt zwar immer denselben »Film«, aber dieser Blick über das Etschtal zu den Ultner Bergen und dem Ortler ist einfach fantastisch (beschilderter Fußweg ab der Straße Vöran-Mölten; 40 Min. Gehzeit).

Gargazon Im Südosten des Meraner Talkessels lehnt sich das Dorf Gargazon an den Berghang. Überragt wird Gargazon von der restaurierten Ruine des Kröllturmes, der im 13. Jh. von der Adelsfamilie der Trautson errichtet wurde und einst den Talweg sicherte.

★ **St. Hippolyt**

Der exponierte Hügel bei Naraun, wenig südlich von Lana an der Straße zum Gampenjoch, trägt auf seiner Kuppe das uralte Kirchlein von St. Hippolyt. Der Hügel war schon in prähistorischer Zeit besiedelt, wie steinzeitliche Funde gezeigt haben.

★ **Schloss Lebenberg**

Zwischen Lana und Meran liegt in einem ungemein fruchtbaren Obst- und Weinbaugelände **Tscherms**. Über dem Dorf steht auf einer Hügelkuppe das gut erhaltene Schloss Lebenberg. Es wurde 1260 von den Herren von Marling errichtet. Sehenswert sind der Waffensaal, der Spiegelsaal aus dem Rokoko und der Rittersaal (nur mit Führung: Ostern bis Allerheiligen Mo. – Sa. 10.30 – 12.30 u. 14.00 bis 16.30 Uhr).

★ **Vigiljoch**

Das 1850 m hohe Vigiljoch, der als Wander- und Familienskigebiet geschätzte autofreie »Hausberg« von Lana, ist mit einer Kabinenbahn und einem anschließenden Sessellift zu erreichen. Von der Bergstation erreicht man in 10 Minuten das alte **Vigiljoch-Kirchlein**. Der hl. Vigilius ist der Kirchenpatron des Bistums Trient. Bis hierher reichte einst der Einfluss der Fürstbischöfe.

Südlich oberhalb von Lana breitet sich auf einer Bergterrasse das Dörfchen **Völlan** aus. Am Ortsrand steht beherrschend die **Mayenburg** (12. Jh.) mit ihrem wuchtigen Bergfried und der Ringmauer; sie ist nicht zugänglich. In der Völlaner Pfarrkirche St. Severin mit wertvollen Fresken von 1433 findet sich im Chor eine Darstellung der unzerstörten Burg.

Das 1816 eröffnete **Völlaner Badl** ist eines jener in Südtirol häufigen »Bauernbadln«, das dem Landvolk einst beim Wasserbad Gesundheit und geselliges Vergnügen bot. Diese Badekultur wurde in den letzten Jahren wiederbelebt und findet regen Zuspruch.

Das kleine **Bauernmuseum** im Dorfzentrum (Badlweg 2) gibt einen Einblick in das bäuerliche Leben (**geöffnet:** Ostern bis Allerheiligen Di., Fr. 14.00 – 17.00 Uhr).

Mit der Seilbahn geht es hinauf zum Vigiljoch.

Latsch (Laces)

D 6

Höhe: 639 m ü.d.M. **Einwohnerzahl:** 4890

Latsch ist ein bedeutender Ort im Untervinschgau. Bei Latsch mündet das Martelltal ein, das sich vom Etschtal bis in die Gletscher- und Hochgebirgswelt von Ortler und Cevedale hinzieht.

Im Ort wird nicht nur mit Obstanbau und Tourismus Geld verdient, wie die große Gewerbezone im Westen des Dorfes zeigt. Die Dörfer Morter, Tarsch und St. Martin im Kofel auf dem Sonnenberg gehören noch zum touristischen Einzugsgebiet von Latsch.

Sehenswertes in Latsch

Pfarrkirche Im Zentrum von Latsch steht die gotische Pfarrkirche St. Peter und Paul, deren Chor um 1500 erbaut worden ist, während das Langhaus (um 1525) Teile eines älteren Vorgängerbaus umfasst. Am Westportal finden sich ein rührendes, fast missratenes Relief mit der Darstellung des hl. Michael und Heiligenfiguren von örtlichen Bildhauern. Das Innere wurde im 19. Jh. im historisierenden Stil neu ausgestaltet.

LATSCH ERLEBEN

AUSKUNFT

Tourismusverein Latsch-Martell
Hauptstr. 38/A
39021 Latsch
Tel. 04 73 62 31 09
Fax 04 73 62 20 42
www.latsch.it

ESSEN

► Fein & teuer

Kuppelrain
Bahnhofstr. 16
Kastelbell
Tel. und Fax 04 73 62 41 03
www.kuppelrain.com
Jörg Trafoier ist einer der Aufsteiger in der Szene der jungen Starköche. Der Gasthof hat außerdem 4 Gästezimmer. Ruhetag: So., letzte Juni- und erste Juliwoche geschlossen.

ÜBERNACHTEN

► Komfortabel

Matillhof
H.-Peggerstr. 6/A, Latsch
Tel. 04 73 62 34 44
Fax 04 73 62 33 76
www.hotelmatillhof.com
Das renovierte Haus liegt zentral und doch ruhig. Hallen- und Freibad, Garten, Liegewiese und Spielplatz machen es auch familienfreundlich.

► Günstig

Latscherhof
Valtneidweg 1, Latsch
Tel. 04 73 62 31 52
Fax 04 73 62 30 67
www.latscherhof.com
Gemütliches Hotel mit 26 Zimmern und Freibad am Waldrand und inmitten von Obstwiesen.

Burg Latsch

Neben der Pfarrkirche erhebt sich die Burg Latsch mit ihrem zinnenbekrönten vierkantigen Wehrturm, dem einzigen Rest der alten Burg. Die übrige heute sichtbare Bausubstanz entstand an der Wende vom 18. zum 19. Jahrhundert.

Spitalkirche

Die Kirche des einstigen Heiliggeistspitals wurde im 14. Jh. auf der Basis eines älteren Gotteshauses errichtet und von den Edlen von Annaberg, die auf dem Sonnenberg in der gleichnamigen Burg residierten, im 15./16. Jh. umgestaltet.

★ ◄ Hochaltar

In dem vollständig mit Fresken ausgestatteten Inneren steht ein beachtenswerter spätgotischer Schnitzaltar (16. Jh.) vom schwäbischen Meister Jörg Lederer, in dessen Werkstatt auch die Tafelbilder auf der Außen- und Rückwand entstanden sind. Das Innere zeigt einen so genannten Gnadenstuhl, die Figur Gottes mit dem Leichnam Christi und dem Heiligen Geist, flankiert von den Heiligen Florian und Georg, dargestellt in zeitgenössischer Kleidung. Die Innenseiten der Altarflügel zeigen Szenen aus dem Marienleben, die Außenseiten Gemälde mit der Passion Christi. Auf der bemalten Rückwand sind Christus als Schmerzensmann sowie Maria, Johannes, Rochus und Sebastian dargestellt.

Mühlrain

Direkt an der Durchgangsstraße steht der wegen seines altrosafarbenen Anstriches auch als **»Rotes Schloss«** bekannte Ansitz Mühlrain, im 16. Jh. entstanden und mit polygonalen Erkern zu beiden Seiten der Hauptfassade ausgestattet. Der Stuck wurde um 1700 angebracht.

◄ Annakapelle

Unmittelbar neben dem Ansitz steht der Barockbau der Annakapelle. An der zweistöckigen, von Säulen flankierten Hauptfassade ist eine Reliefdarstellung der Unbefleckten Empfängnis angebracht.

Umgebung von Latsch

Galsaun / Tschars

Etwas talabwärts folgen abseits der Durchgangsstraße die Orte Galsaun mit der hoch gelegenen Burgruine (13. / 14. Jh.) und Tschars mit der gotischen Martinskirche (16. Jh.).

Bis nach Tschars führt eine **schöne Wanderung**. Vom Schnalstal, Altrateis, geht es den Waalweg entlang über Schloss Juval bis Tschars. Der Weg führt auf der Schnalser Seite durch schönen Wald und an steilen Hängen vorbei. Auf der Vinschgauer Seite zieht er über kahle Hänge und später durch Kastanienwälder und Obstwiesen. Die Strecke bietet viele Rastmöglichkeiten sowie die schöne Einkehrstation beim Schlosswirt von Juval (Gehzeit ca. 4 Stunden).

Kastelbell

Knapp 3 km östlich steht über dem linken Etsch-Ufer auf einem Fels die im 13. Jh. erbaute und im 19. Jh. erneuerte Burg Kastelbell. Über Jahrhunderte im Besitz der Grafen Hendl, ging die Festung an den Staat und wurde kürzlich saniert. In der beeindruckenden Burg, die heute noch das Dorfbild dominiert und das Tal zu bewachen scheint, werden laufend Ausstellungen zu wechselnden Themen gezeigt.

Marein Südlich des Flusses liegt der Ortsteil Marein mit der um 1400 erbauten und später barockisierten Andreaskirche.

✶ St. Martin im Kofel Eine moderne Seilschwebebahn führt zum Bergdorf St. Martin im Kofel auf 1740 m, Ausgangspunkt schöner Höhenwanderungen. Die Kirche ist ein altes Pilgerheiligtum; neben dem Chor steht in einer Felsnische eine Statue des hl. Martin hoch zu Ross. Vom Ort genießt man einen herrlichen Blick auf die Ortlergruppe.

Tarsch Südwestlich von Latsch liegt jenseits des Marienwaals der Gemeindeteil Tarsch mit der romanisch-gotischen Michaelskirche. Die Fresken stammen aus dem 13. bis 15. Jh.; der Hochaltar ist gotisch.
Eine Straße führt zur Talstation des Sessellifts auf die **Tarscher Alm** (1940 m ü.d.M.), die bei Wanderern wie Wintersportlern beliebt ist.

Goldrain Goldrain liegt 3 km westlich von Latsch am rechten Ufer der Etsch und der Einmundung des Martelltales. Sehenswert sind die nahen Burgruinen Untermontani, Obermontani und die Stephanskapelle (► Martell). Schloss Goldrain mit den markanten Eck-Rundtürmen und der mächtigen Umfassungsmauer stammt aus dem 11. Jh. und wurde von den Grafen Hendl im 17. Jh. im Stil der Renaissance zum Wohnschloss umgebaut. Heute wird es von der Gemeinde als Kulturzentrum des Vinschgaus genutzt; Besichtigung und Führungen sind nach Voranmeldung beim Tourismusverein möglich.

Morter Die von Goldrain südlich ins Martelltal ziehende Straße berührt nach 5 km den kleinen Ort Morter. An der Pfarrkirche St. Dionysius (um 1500) ist ein großes Christophorus-Fresko zu sehen. Etwas außerhalb steht die romanische Drei-Apsiden-Kirche St. Vigilius mit einer Weihinschrift aus dem Jahr 1080. Den Schlüssel für Besichtigungen erhält man im nahen Bauernhof (Platzergasse 30).

✶ Mals (Malles Venosta)

C 4

Höhe: 1051 m ü.d.M. **Einwohnerzahl:** 4839

Der Hauptort des Obervinschgaues liegt am Nordrand eines weiten Kessels. Hier steigt das Gelände allmählich über die Wiesenflächen der Malser Haide zur nächsten Geländestufe mit Haider- und Reschensee zum Reschenpass an der Grenze zu Österreich an.

Das alte Haufendorf mit engen und steilen Gassen wird von Burg- und Kirchtürmen überragt. Im Ort hat auch die Sport-Oberschule ihren Sitz, eine Kaderschmiede für angehende Wintersport-Stars.

← *Märchenhaft schön ist der Waalweg ab Tschars.*

MALS ERLEBEN

AUSKUNFT

Tourismusverein Mals
St.-Benedikt-Str. 1
39024 Mals
Tel. 04 73 73 70 70, Fax 04 73 83 19 01
www.ferienregion-obervinschgau.it

ESSEN

► Erschwinglich

Gasthof Zum Gold'nen Adler
Schleis 46
Tel. 04 73 83 11 39, Fax 04 73 83 12 25
www.zum-goldnen-adler.com
Weil hier Familie Agethle schafft, wird der Gasthof auch »Beim Agethle« genannt. Das historische Dorfgasthaus mit gemütlichen Wirtsstuben bietet gute Küche und eine überzeugende Weinkarte. Auch 12 schöne Zimmer.

► Preiswert

Gasthof Gemse
39024 Planeil
Tel. 04 73 83 11 48, Fax 04 73 84 09 79
www.gasthof-gemse.it
In der holzgetäfelten Stube wird kräftige Südtiroler Kost (die Marillenknödel sind hervorragend) serviert. Auch 9 Gästezimmer. Ruhetag: Mo., im Nov. geschlossen.

ÜBERNACHTEN

Baedeker-Empfehlung

► Komfortabel

Hotel Panorama
Staatsstraße 5
Tel. 04 73 83 11 86, Fax 04 73 83 12 15
www.hotel-panorama-mals.it
Das erste Bio-Hotel Italiens mit 23 Zimmern holte nicht nur zahlreiche Umweltpreise, sondern bietet auch sehr persönlichen Service und eine herrliche Panoramalage. Das Restaurant beweist, dass gesunde Küche vorzüglich schmecken kann und nicht teuer sein muss.

Sehenswertes in Mals

*** Fröhlichsburg** Im Zentrum des stattlichen Ortes steht die Fröhlichsburg (12. Jh.), die bis ins 15. Jh. der Sitz des Gerichtes von Glurns und Mals war. Der 33 m hohe mächtige Rundturm ist das Wahrzeichen von Mals.

*** St. Benedikt** Die ehemalige Benediktskirche befindet sich am nördlichen Ortsrand. Sie ist in karolingischer Zeit (9. Jh.) entstanden und besitzt Fresken aus jenen Jahren, die neben denen von St. Prokulus (► Naturns) die ältesten Wandmalereien im deutschen Sprach- und Kulturraum darstellen. Zu sehen ist auch das einzige Porträt der Welt, das einen fränkischen Grundherrn darstellt. Der romanische Turm stammt aus dem 12. Jahrhundert (Besichtigung und Führung vermittelt der Tourismusverein).

Malser Haide Die Malser Haide ist eine besondere Landschaft auf einem gewaltigen Mur- und Schuttkegel, der sich während der Eiszeit gebildet hat. Die rund 1000 bewässerten Hektar werden landwirtschaftlich genutzt;

Beim turmreichen Mals sperrte einst Mussolinis »Alpenwall« das Tal.

auf den südlichen Ausläufern gedeihen die letzten Apfelbäume auf immerhin 1000 m Höhe. Das uralte Bewässerungssystem mit den Wassergräben, den Waalen, die periodisch nach einem ganz bestimmten, unter den Nutzern vereinbarten Zeitplan geflutet werden, muss immer mehr modernen Sprinkleranlagen weichen. Die buckligen Wiesen werden eingeebnet und für die maschinelle Bearbeitung vorbereitet. Dadurch verändert sich das einmalige Landschaftsbild, eine fragwürdige Entwicklung.
Am Nordostrand der Malser Haide liegt an den Berg geschmiegt der kleine Weiler **Plavenn** mit seinen ineinander verschachtelten alten Häusern, die nach einem verheerenden Dorfbrand im letzten Jahrhundert wieder aufgebaut und renoviert wurden.

Umgebung von Mals

Tartsch liegt ungefähr 1 km südöstlich von Mals am Fuß des Tartscher Bühels, eines isoliert aus der Talsohle aufragenden Moränenhügels, der in der Mussolini Ära, als das faschistische Italien seine Feinde auch im Norden sah als Teil der Badoglio-Linie, durch zahlreiche Bunkerbauten unterminiert wurde. Auf dem lärchen- und kiefernbestandenen Hügel steht die weithin sichtbare **Kirche St. Veit**, eines der ältesten Gotteshäuser im

! *Baedeker* TIPP

Anglerparadies

Nördlich von Mals liegt der Haidersee, im Süden prächtig von den vergletscherten Bergspitzen der Ortlergruppe eingerahmt. Neben Hecht, Forelle oder Barsch ziehen vor allem die Renken (Felchen) Angler an den See. Denn diese werden nirgendwo sonst im Alpenraum so groß wie hier. Infos: Fischereiaufseher Haidersee, Martin Stecher, Tel. 33 58 00 85 00.

Vinschgau. Von der Hügelkuppe bietet sich ein lohnender Blick in den Untervinschgau und auf das mauerumgürtete Städtchen ► Glurns.
Unweit südlich von Tartsch zieht die Straße an einem großen, 1949 angelegten Kavernenkraftwerk des Montecatini-Konzerns vorüber; rechts der Straße steht das bombastische Denkmal »Vereinte Kraft«, das einen Rossbändiger darstellt.

St. Valentin Beim Ort St. Valentin auf der Haide führt eine Gondelumlaufbahn westlich zur **Haider Alm** (2060 m ü.d.M.) und bringt Wanderer wie Skifahrer auf die Höhe (Fahrplanauskunft: Tel. 04 73 63 46 28).

★ Margreid (Margè)

F 8

Höhe: 243 m ü.d.M. **Einwohnerzahl:** 1181

Wo sich im Süden des Landes die Berge zur Salurner Klause verengen, steht Margreid auf der westlichen Etschtalseite ganz im Zeichen des Wein- und Obstbaus. In den malerischen Dorfgassen zeugen stattliche Wohnhäuser vom Wohlstand ehemals adeliger Weinbaugeschlechter.

Charakteristische Stilelemente und reizvolle Details an den Häusern verraten den südlichen Einfluss: die Torbögen und Doppelbogenfenster, die Loggias und Erker und die kunstvoll gearbeiteten schmiedeeisernen Fenstergitter. An geschützten Stellen gedeihen Zypressen, Oleander, Feigen- und Olivenbäume.

MARGREID ERLEBEN

(W)EINKAUFEN

Weinkellerei Peter Zemmer
Weinstr. 24, Kurtinig
Tel. 04 71 81 71 43
Kleine und feine Privatkellerei.

Vinoteque im Paradeis
St.-Gertraud-Platz 5
Margreid
Tel. 04 71 81 80 80
www.lageder.com
Alois Lageder ist einer der Stars unter den Südtiroler Winzern. Hier kann man die Spitzenprodukte seiner Betriebe »Tòr Löwengang« und »Casòn Hirschprunn« probieren und kaufen (Mo. – Fr. 10.00 – 19.00, Sa. 10.00 bis 17.00 Uhr).

ÜBERNACHTEN

► Komfortabel

Hotel Teutschhaus
Martinsplatz 5-6-7, Kurtinig
Tel. 04 71 81 71 39, Fax 04 71 81 74 83
www.teutschhaus.it, 70 Z.
Das ruhige, moderne und stilvoll ausgebaute Hotel am beschaulichen Dorfplatz ist durch die Nähe zum Etschradweg ideal für Radfahrer. Schöner Garten, uriger Weinkeller.

In der Grafengasse rankt die älteste datierte Weinrebe Südtirols. Laut einer lateinischen Inschrift wurde sie 1601 gepflanzt und trägt heute noch alljährlich bis zu 80 kg Trauben.

Älteste Weinrebe

Etwas südlich liegt in der Talmitte Kurtinig. Die kleinste Ortschaft des Südtiroler Unterlands lädt auf stillen Feldwegen zu gemütlichen Spaziergängen und Radtouren ein.

Kurtinig

★ Martell · Martelltal

D–E 5

Das Martelltal ist, eingebettet im Stilfser-Joch-Nationalpark, eines der schönsten Seitentäler des ▸ Vinschgaus. Es erstreckt sich von Morter (950 m) bis zum Gletscher des Cevedale auf 3769 m Höhe.

1987 verwüstete eine vom Zufritt-Stausee wegen einer Schleusenöffnung ausgelöste Flutwelle weite Teile der Talschaft und riss 16 Häuser und Teile der Straße weg. Wie durch ein Wunder gab es weder Tote noch Verletzte zu beklagen. Von Morter zieht die Talstraße, vorbei an Unter- und Obermontani, in südlicher Richtung bergan.

Montani

★ ◂ Stephanskapelle

Am Eingang des Martelltales, auf Anhöhen am Plimabach, stehen die Burgruinen Untermontani und Obermontani und daneben die Stephanskapelle auf einem Geländevorsprung. Diese Kapelle gehört zu den sehenswertesten Kirchen Südtirols. Sie enthält Fresken der lombardischen, niederländischen und bayrischen Schule aus dem 15. Jahrhundert. So werden an der Nordwand die Legende des hl. Stephan und an der Ostwand die Ursula-Legende erzählt. Die Südwand zeigt Jagdszenen mit St. Hubertus und die Westseite eine eindrucksvolle Komposition des Jüngsten Gerichtes (Besichtigung ganzjährig nach vorheriger telefonischer Voranmeldung bei Familie Peer: Tel. 04 73 74 23 44; um eine freiwillige Spende wird gebeten)

Etwas abseits der Talstraße liegt **Martell**, der Hauptort der Talgemeinde, auf dem Sonnenhang. Im **Naturparkhaus** des Ortes (Trattla 246) wird anhand von Einzelschicksalen gezeigt, wie karg das Leben der Bergbauern in dieser Gegend früher einmal war (göffnet: Mitte Mai bis Ende Oktober, Weihnachten bis Ostern: Di. – Fr. 9.00 – 12.00, 14.30 – 18.00, Sa. – So. 14.30 – 18.00 Uhr).

! *Baedeker* TIPP

Hoher Hof

Hoch über dem Martelltal liegt auf fast 2000 m einer der höchsten bewirtschafteten Bauernhöfe Südtirols, der Stallwieser. Angeschlossen ist ein kleiner, gut geführter und urgemütlicher Berggasthof. Alle von der Familie packen an, der Sohn, gelernter Koch, bringt zunftige Tiroler Kost auf den Tisch. Idealer Standort für ausgedehnte Wanderungen und Ausflüge in die umliegende imposante Bergwelt (Stallwieser, Waldberg 1, Tel. 04 73 74 45 52).

An den Flanken des Martelltals ducken sich die Bauernhöfe an den Berg.

Lurl ▶ Bei hohen Festen werden von einem eigenen Schießstand, dem Lurl, krachende Böllerschüsse abgefeuert. Der Böllerschießstand oberhalb des Dorfes Martell ist circa 250 Jahre alt. Früher wurde Schießpulver verwendet, heute wird mit Gas geböllert.

? WUSSTEN SIE SCHON …?

- Die günstigen klimatischen Bedingungen machen das Martelltal zum am höchsten gelegenen Erdbeer-Anbaugebiet Europas (900 m – 1800 m).

Im hinteren Talabschnitt liegt an der Straße die Kapelle **St. Maria in der Schmelz**, die früher von den hier arbeitenden Bergmännern besucht wurde. Heute wird am 1. Sonntag im Juli vor einem hohen Felsblock, der bei einem Felssturz die Kirche verschonte, ein feierlicher Gottesdienst abgehalten.
Vom Parkplatz am Talschluss aus können Hochgebirgstouren in die Gletscherwelt von Ortler und Cevedale unternommen werden. Almwirtschaften und Schutzhütten sowie das inzwischen zur Ruine verkommene, architektonisch interessante **Hotel Paradiso** aus der Zwischenkriegszeit sind in kurzen, leichten Spaziergängen erreichbar.

★ Mendelpass (Passo di Mendola)

E 8

Höhe: 1363 m ü.d.M.

Der Mendelpass verbindet ►Bozen mit dem Nonstal im benachbarten Trentino. Auf der Passhöhe, die um die Jahrhundertwende Glanzzeiten als Luftkurort erlebte, befinden sich eine kleine Hotelkolonie, Souvenirläden und die Bergstation der Standseilbahn, die von Kaltern aus auf einer kühnen Strecke auf den Pass klettert.

Von der Bergstation hat man einen höchst eindrucksvollen Blick ins Tal und zu den fernen Dolomiten. Der Bergkamm, die Mendel, steigt auf Südtiroler Seite steil, z. T. mit senkrechten Felswänden, vom 250 m hohen Talgrund auf über 2000 m im Gipfel des Roen an. Auf seiner Westseite hingegen senkt sich der Bergrücken sanft zum Nonstal ab. Über ihn verläuft die Provinzgrenze ebenso wie die Grenze zwischen deutschem und italienischem Sprachgebiet.

MENDELPASS

ÜBERNACHTEN

► **Komfortabel**

Serafino Hotel Penegal
Mendelpass
38010 Ruffrè
Tel. 04 71 20 07 69, Fax 04 71 50 20 14
www.serafinohotels.com
Das mit großem Aufwand renovierte Hotel mit 47 Zimmern liegt in spektakulärer Gipfelposition mitten im Grünen und am Rand der Felsabstürze. Natürlich gibt es eine Panoramaterrasse und allen erdenklichen Komfort.

Die beste Aussicht, nämlich einen vollständigen Rundblick, hat man vom 1737 m hohen **Penegal**. Zum Gipfel gelangt man auf einer 4,5 km langen, steilen Straße oder in ca. 1 Stunde auf einem markierten Wanderweg. Den Gipfel bekrönen das Berghotel Serafino und ein Aussichtsturm.

Roen

Von der Höhe des Mendelpasses führt eine lange, aber leichte Wanderung zum Gipfel des Roen, der mit 2116 m höchsten Erhebung der Mendelgruppe. Den Weg dorthin erleichtern mehrere Einkehrmöglichkeiten: nach einer halben Stunde Gehzeit die Enzianhütte, nach einer weiteren Stunde die Halbweghütte an der Bergstation eines Sesselliftes und in einer weiteren Stunde die Malga Romeno. Von hier sind es dann noch 45 Minuten bis zum Gipfel, der eine unvergleichliche Aussicht bietet.

★★ Meran (Merano)

C–D 7–8

Höhe: 325 m ü.d.M. **Einwohnerzahl:** 33 404

Meran, die »Perle Tirols«, liegt am Zusammenfluss von Etsch und Passer in einem weiten, sonnigen Talkessel, der sich nach Süden öffnet. Weinberge und Obstplantagen umgeben die zweitgrößte Stadt Südtirols, die durch hohe Berge vor den kalten Nordwinden geschützt wird.

Magnet am Alpenrand

Dass sich hier schon seit jeher die Menschen gerne niederließen, bezeugen die vielen Burgen und herrschaftlichen Anwesen. Wegen des günstigen Klimas haben Blut- und Geldadel aus der damaligen Habsburger- und deutschen Kaiserzeit in der Mitte des 19. Jahrhunderts

Meran bietet viele Gelegenheiten zum gemütlichen Flanieren, wie hier auf der Kurpromenade

Meran zu ihrem Aufenthaltsort gewählt. Seit den Besuchen der Kaiserin Sisi war der Aufstieg zur Tourismushochburg nicht mehr aufzuhalten. Noch heute gilt Meran als der bedeutendste Kurort an der Südseite der Ostalpen.
In neuerer Zeit versucht die Stadt ihr etwas angestaubtes Image wieder abzustreifen. Der wunderschöne botanische Garten, die neu gestalteten Thermen, Initiativen wie die Meraner Musikwochen und das Weinfestival im Herbst sprechen neues und jugendlicheres Publikum an.

Geschichte

Als Ötzi vor etwa 5300 Jahren durch die Alpen streifte, waren bereits die Anhöhen rund um den damals versumpften Talkessel von Ackerbauern bewohnt. 200 Jahre später siedelten hier die Räter, kurz vor der Zeitwende drangen von Süden die **Römer** vor, gründeten die Militärstation Castrum Maiensis und besetzten das Gebiet, wie man heute glaubt, friedlich. Es entstand die kleine Siedlung Mairania. Im Namen steckt das vorrömische Wort »Mara« für Mure, wobei wahrscheinlich der große Murkegel, auf dem der Stadtteil Obermais liegt, gemeint war.
Um 1100 war Meran ein kleines Dorf am Fuße des Küchelberges. Das änderte sich, als die **Grafen von Tirol**, aus dem Vinschgau kommend, in Schloss Tirol residierten. Meinhard II. entriss den Bischöfen von Trient weite Teile Tirols, führte die Gebiete zur Grafschaft Tirol zusammen und erkor Meran zur Landeshauptstadt. Die Laubenstraße wurde angelegt, die Stadt mit Mauern umgürtet, eigene Münzen wurden geschlagen. Die Nachkommen Meinhards regierten glücklos. Auf seinen Sohn Heinrich folgte dessen Tochter Margare-

Highlights Meran

Promenadenspaziergänge
Auf dem Tappeinerweg spaziert man entlang des Hanges über den Dächern von Meran.
► Seite 211

Lauben
Für den Bummel durch die historische Altstadt und die Laubengasse sollte man in Shopping- oder Kaffeelaune sein.
► Seite 205

Schloss Trauttmansdorff
Im botanischen Garten wandelt man auf Kaiserin Sisis Spuren.
► Seite 211

Kurhaus
Der schöne Jugendstilbau lässt den Kur-Kult vergangener Epochen wieder lebendig werden.
► Seite 208

the, die Tirol in das Habsburgerreich einbrachte. Neue Hauptstadt wurde Innsbruck und Meran versank über Jahrhunderte in Bedeutungslosigkeit.

Das änderte sich erst, als mit dem **Fremdenverkehr** Meran zur ungekrönten Königin des Tourismus aufstieg. Die Expansion wurde durch den Ersten Weltkrieg jäh gebremst: Mit der Annexion Südtirols durch Italien blieben die Gäste aus dem Norden aus. Nach dem Zweiten Weltkrieg, den Meran fast unbeschadet überstand, fand die Stadt langsam die Anziehungskraft als Thermal- und Luftkurort wieder.

In letzter Zeit feilt man selbstbewusst am Erscheinungsbild, um das Image als »Rentnerkurstadt« abzulegen. Mit mediterranem Flair, schicker Mode, gepflegter Gastronomie, Sport, Kunst und Kultur sollen auch jüngere und anspruchsvolle Besucherschichten angesprochen werden. Denn Meran will auch in Zukunft beim europäischen Städtetourismus ein gewichtiges Wort mitreden.

! *Baedeker* TIPP

Landestypisches
Eine große Auswahl an geschmackvollem Kunsthandwerk findet man in der Verkaufausstellung der Südtiroler Werkstätten, Sparkassenstr. 22.

Sehenswertes in Meran

★ **Lauben und die Altstadt**

Der alte Stadtkern Merans gruppiert sich um den Dom und die Laubengasse, welche den Pfarrplatz mit dem Kornplatz verbindet. Die Gasse entstand bereits Mitte des 13. Jahrhunderts. Unter den Lauben spielte sich das Geschäftsleben ab. Hier wurde gehandelt und getauscht, Handwerker hatten hier ihre Werkstätten. Die Fassaden sind teilweise reich verziert und häufig mit Erkern ausgestattet. Die nördlichen, dem Berg zugewandten Lauben nennt man die Berglauben, die gegenüberliegenden, zur Passer hin, die Wasserlauben.

MERAN ERLEBEN

AUSKUNFT

Kurverwaltung Meran
Freiheitsstr. 45, 39012 Meran
Tel. 04 73 27 20 00, Fax 04 73 23 55 24
www.meraninfo.it

Tourismusverein Algund
Alte Landstr. 33b, 39022 Algund
Tel. 04 73 44 86 00, Fax 04 73 44 89 17
www.algund.com

Tourismusverein Hafling-Vöran-Meran 2000
St.-Kathrein-Str. 2/b, 39010 Hafling
Tel. 04 73 27 94 57, Fax 04 73 27 95 40
www.hafling.com

ESSEN

► Fein & teuer

① ***Romantikhotel Oberwirt***
St.-Felix-Weg 2, Marling
Tel. 04 73 22 20 20, Fax 04 73 44 71 30
www.oberwirt.com
Seit 1749 in Familienbesitz, gibt es hier hervorragende Küche auf Basis von Südtiroler und mediterranen Gerichten, gekrönt von herzlicher Gastfreundschaft. 46 schöne Zimmer und Suiten ergänzen das Angebot. Geschlossen: 15. Nov. – 15. März

► Preiswert

② ***Restaurant Bistro Sieben***
Lauben 232
Tel. 04 73 21 06 36
Der neue Szenetreff der Meraner unter den Lauben im Herzen der Altstadt. Abwechslungsreiche Karte: von schnellen Bistrogerichten bis zu Nudelspezialitäten oder Wild im Herbst.

③ ***Shaliba***
Dantestr. 79
Tel. 04 73 23 92 29
Stilvolles und zugleich günstiges Gartenrestaurant in schönster Lage am östlichen Stadtrand nahe dem botanischen Garten von Schloss Trauttmansdorff. Auf der Karte stehen hervorragende italienische Nudel- und Fischgerichte. Ruhetag: Mo.

ÜBERNACHTEN

► Luxus

① ***Adria***
Gilmstr. 2
Tel. 04 73 23 66 10
Fax 04 73 23 66 87
www.hotel-adria.com
Das Hotel mit 48 Zimmern und Suiten im Belle-Époque-Stil punktet mit seiner ruhigen Lage im Villenviertel. Perfektes Wellnessangebot, Hallen- und Soledampfbad eingeschlossen. Geschlossen: Nov. – März.

⑥ ***Meisters Hotel Irma***
Schönblickstr. 17
Tel. 04 73 21 20 00
Fax 04 73 23 13 55
www.hotel-irma.com
Eine der ersten Adressen Merans mit 139 Betten und einem unglaublichen Verwöhnangebot: herrlicher Park, Wellnessparadies mit 4 Pools, 6 Saunen, Fango, Massagen, Fitness, Kosmetik, Spitzenküche u. v. m.

► Komfortabel

② ***Ansitz Pünthof***
Steinachstr. 25, Algund
Tel. 04 73 44 85 53, Fax 04 73 44 99 19
www.puenthof.com
Wo einst die Römerstraße Via Claudia Augusta verlief, liegt heute das Hotel mit 18 Zimmern und Suiten mitten in Wein- und Obstgärten. Seit 1633 ist es in Familienbesitz und kann sogar Fresken aus dem 13. Jh. vorweisen. In der schönen Bauernstube lässt es sich sehr gut speisen. Geschlossen: Nov. bis Ostern.

③ ***Villa Tivoli***
Verdistr. 72
Tel. 04 73 44 62 82, Fax 04 73 44 68 49
www.villativoli.it
Das Haus stammt noch aus der altösterreichischen Glanzzeit Merans und liegt unterhalb des Tappeinerwegs. Den Gästen werden nicht nur 18 stilvolle Zimmer und Suiten, sondern auch ein großes Freibad (mit Felsenlagune!) geboten. Geschlossen Nov. – März.

④ ***Villa Maria***
St.-Georgenstr. 37
Tel. 04 73 23 66 00
Fax 04 73 23 43 33
www.villamariamerano.it
Die renovierte Jugendstil-Villa liegt zentrumsnah in der Nähe des Kurparks. Man wohnt in schönen Appartements.

► Günstig

⑤ ***Außerweindl-Hof***
Schotterwerkstr. 2a
Tel. u. Fax 04 73 23 42 03
www.ausserweindlhof.com
Das Haus mit 5 Zimmern, 3 Ferienwohnungen und Pool am südöstlichen Stadtrand liegt nicht nur mitten im Grünen, sondern auch in unmittelbarer Nähe zum botanischen Garten.

Meran Orientierung

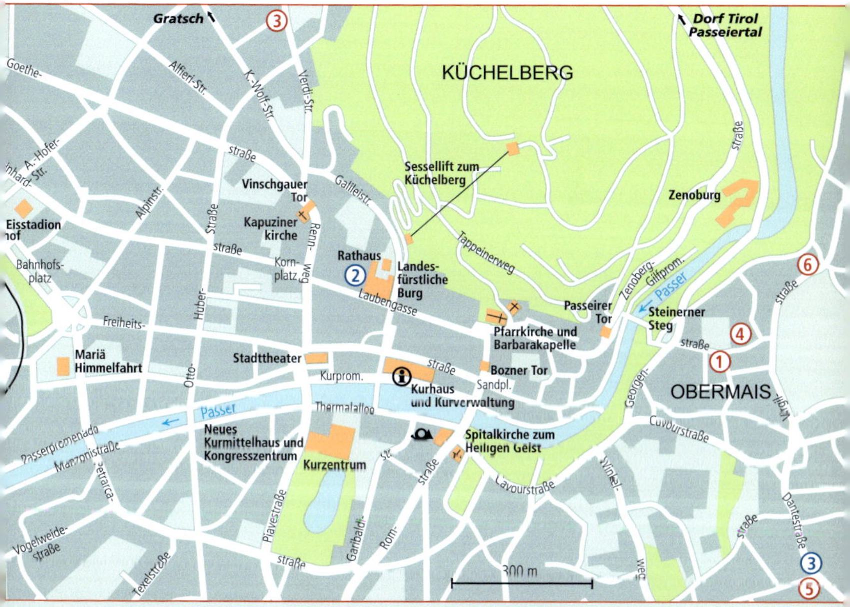

n
omantikhotel Oberwirt
estaurant Bistro Sieben
③ Shaliba

Übernachten
① Adria
② Ansitz Pünthof
③ Villa Tivoli
④ Villa Maria
⑤ Außerweindl-Hof
⑥ Meisters Hotel Irma

Der wunderschöne Jugendstilbau des Kurhauses ist Relikt des Kurbooms zu Beginn des 20. Jahrhunderts.

Stadtore

Von den vier Stadttoren, die einst den Zugang in die Stadt ermöglichten, sind das Passeirer, Bozner und Vinschger Tor erhalten. Beim Passeirer Tor sind noch Reste der alten Stadtmauer zu sehen. Das Bozner Turm-Tor mit seinem steilen Dach zieren Relief-Wappen von Österreich, Tirol und Meran.

Heiliggeistkirche

In der Nähe von Postbrücke und Altstadt ließ Meinhard II. 1271 ein Spital mit dazugehöriger Kirche bauen, die später ein Passer-Hochwasser zerstörte. 1483 wurde die Kirche prachtvoll wieder aufgebaut. Das schöne Portal zeigt reichen Skulpturenschmuck. Im Inneren schildern Fresken das Hochwasser.

Postbrücke

Die schönste Brücke Merans zeigt vollendeten Jugendstil mit Wappenmosaiken, Vergoldungen und Schmiedeeisen. Zwischen der Brücke und dem Bozner Tor liegt der **Sandplatz**, um den sich einige bemerkenswerte Gebäude gruppieren. Das glanzvollste ist der Jugendstilbau des ehemaligen Hotels Esplanade, heute ein Geschäftshaus.

★ **Kurhaus**

Das grandiose kuppelgekrönte Gebäude mit dem im Jahre 1914 eröffneten Kursaal zählt zu den schönsten Jugendstilbauten der Alpen. Geplant wurde es vom Wiener Architekten Friedrich Ohrmann. Das mitten im Stadtzentrum gelegene Haus wurde aufwändig und stilgerecht renoviert. Die Nordfassade flankiert die Freiheitsstraße, die Südfassade schaut auf die Kurpromenade. Heute ist das Haus Sitz der Kurverwaltung sowie Kongress- und Veranstaltungszentrum.

★ **Pfarrkirche zum hl. Nikolaus**

In Steinach, dem ältesten Stadtteil, steht am Pfarrplatz die 1465 fertig gestellte Pfarrkirche St. Nikolaus, ein hoch- bis spätgotischer dreischiffiger Hallenbau. Der obere Teil des gut 80 m hohen Turmes mit seiner charakteristischen Haube ist ein Werk der Renaissance und eines der beliebtesten Meraner Postkartenmotive. In der Turmhalle befinden sich Fresken aus dem frühen 15. Jh. Von der einstigen Innenausstattung ist nur wenig erhalten, darunter ein gotischer Flügelaltar aus der Zeit um 1500 und die bunten Glasfenster im südlichen Seitenschiff. Unter den Gemälden verdient die Darstellung der »Maria Himmelfahrt« des Tiroler Barockmalers Martin Knoller an der nördlichen Längswand Beachtung. Gegenüber der linken Langhausflanke steht die elegante zweistöckige **Barbarakapelle**, die 1423 bis 1440 auf achteckigem Grundriss errichtet wurde und als Friedhofskapelle diente.

! *Baedeker* TIPP

Heiß und schön

Im Herbst 2005 wurde die neue Therme Meran im Stadtzentrum eröffnet. Sie wird aus tiefen, heißen Thermalquellen gespeist. Entworfen hat sie der aus Bozen stammende Stararchitekt Matteo Thun.

Jugendstilbauten

Die zahlreichen Monumentalbauten der Jugendstilzeit verdeutlichen die Bedeutung, die die mondäne Kurstadt um die Jahrhundertwende hatte. So ist das über 100 m lange Bahnhofsgebäude den Wiener Verkehrsbauten Otto Wagners nachempfunden.

Schöne Beispiele sind auch das Hotel Emma in Bahnhofsnähe oder die Wandelhalle an der Winterpromenade, die mit ihrer Stahlkonstruktion die Formen der Wiener und Pariser Stadtbahn- und Metrohaltestellen vorwegnahm.

◄ Stadttheater

Zentral am Theaterplatz gelegen ist das Stadttheater, eine Art Staatsoper im Miniformat. Es wurde im frühen Jugendstil nach Plänen von Martin Dülfner (er realisierte auch die Theaterbauten von Dortmund, Lübeck und Sofia) und Wilhelm Kürschner erbaut. Das Innere strotzt vor rotem Samt, Gold, Kristall, Messing, Schmiedeeisen und Marmor (Tel. 04 73 23 34 22).

Bürgersaal

Bereits um die vorige Jahrhundertwende wurde mit dem Kurmittelhaus eine Thermenanlage erbaut, welche den Ansprüchen der noblen Kundschaft Rechnung tragen sollte. Der vom Architekten Max Langheinrich, einem Mitglied der Münchner Gruppe, entworfene Komplex enthielt die ersten Thermalbäder und Kureinrichtungen der Stadt. Das mit Jugendstilelementen und einer großen Kuppel versehene Gebäude steht an der Otto-Huber-Straße / Ecke Freiheitsstraße und wird heute als Kindergarten und Bürohaus genutzt.

Pferderennplatz

Im Südwesten entstand zwischen den beiden Weltkriegen das Hippodrom im typischen Stil der Monumentalarchitektur. So bieten die Tribünen Platz für 15 000 Personen. Noch heute werden hier internationale Pferderennen ausgetragen.

Maria Trost in Untermais

An der Kreuzung der Romstraße und der Schaffer Straße in Untermais liegt die alte Pfarrkirche Maria Trost, welche bereits seit dem 13. Jh. zur Stamser Zisterzienserabtei gehörte. Vom reichen Freskenschmuck aus verschiedenen Stilepochen sind besonders im Langhaus interessante Freskenreste aus der Zeit von 1220 im byzantinischen Stil mit der Darstellung vom Tode Mariens und einem Mäanderband mit Löwendarstellungen als Abschluss sehenswert.

Museen

★ Frauenmuseum

Das Frauenmuseum »Evelyn Ortner« (Lauben 68) zeigt Mode und Alltagsgegenstände als Spiegel der Gesellschaft; u. a. elegante Kleidung und Schmuck aus der Zeit Merans als Kurstadt der Aristokratie (geöffnet: Nov. u. Dez. Fr. – So. 10.00 – 18.00, Feb. bis Okt. Mo. – Fr. 10.00 – 18.00, Sa. 10.00 – 13.00 Uhr).

Jüdisches Museum

Anhand von Dokumenten, Fotos und religiösen Gegenständen wird im Kellergeschoß der alten Synagoge in der Schillerstraße 14 die Geschichte von Merans jüdischer Gemeinde erzählt, die hier Ende des 19. Jh.s besonders aktiv war (geöffnet: Di., Mi. 15.00 – 18.00, Do., Fr. 9.00 – 12.00 Uhr).

Im botanischen Garten von Schloss Trauttmansdorff fühlen sich Pflanzen aus den verschieden Klimazonen wohl.

Die Landesfürstliche Burg in der Galileistraße wurde 1470 als zusätzliche Stadtresidenz für Herzog Sigmund von Österreich erbaut. Sie gleicht deshalb eher einem befestigten Haus als einer Burg. Im Inneren sind die gotischen, freskenverzierten Räume und Arkadengänge, historische Möbel sowie Musikinstrume zu sehen (geöffnet: März bis Dez. Di. – Sa. 10.00 – 17.00, So. 10.00 – 13.00 Uhr).

★ **Landesfürstliche Burg**

Im Haus der Sparkasse (Lauben 163) werden auf drei Stockwerken ausgewählte Ausstellungen zeitgenössischer Künstler gezeigt (geöffnet: Sept. bis Mitte Juni Di. – So. 10.00 – 18.00 Uhr, Mitte Juni bis Aug. erweiterte Öffnungszeiten).

Kunst Meran

Das Stadtmuseum (Rennweg 42) zeigt Gegenstände aus ur- und frühgeschichtlicher Zeit, gotische Skulpturen, Gemälde aus Tirol sowie volkskundliche Exponate. Interessant sind ein Modell der von Peter Mitterhofer (► Berühmte Persönlichkeiten) erfundenen Schreibmaschine und eine bewegliche Fastenkrippe (geöffnet: Di. bis Sa. 10.00 – 17.00, So. u. Feiertage 10.00 – 13.00 Uhr).

Stadtmuseum

Das Schloss wurde 1328 erstmals urkundlich erwähnt. Auch Kaiserin Elisabeth von Österreich, die legendäre Sisi, hat sich hier später mehrfach aufgehalten. Am Schloss befindet sich ein schöner **botanischer Garten**. Die Sonnengärten wechseln mit der Jahreszeit ihre Blüten und verschmelzen mit alten Kulturpflanzen, Kakteen, der Pracht der Wasser- und Terrassengärten und den Besonderheiten der Südtiroler Landschaften zu einer riesigen Gartenanlage. Das **Tourismus-Museum** (»Touriseum«) ist im Schloss untergebracht und stellt mit Originaldokumenten und -gegenständen, aber auch mit Filmen und Spielen 200 Jahre Tiroler Tourismusgeschichte nach.
Vom Meraner Stadtzentrum aus ist das Schloss zu Fuß in einer halben Stunde erreichbar (geöffnet: Mitte März bis Mitte Nov. tgl. 9.00 – 18.00, Mitte Mai bis Mitte Sept. tgl. 9.00 – 21.00 Uhr).

★ **Schloss Trauttmansdorff**

! *Baedeker* TIPP

Auf Kaiserin Sisis Pfaden

Die Kaiserin weilte mehrfach und für längere Zeit in Meran. Lange Spaziergänge gehörten zu ihren Hobbys. So kann man auf dem Sisi Weg vom Schloss Trauttmansdorff ins Meraner Zentrum nachempfinden, woran sich Sisi damals ergötzte.

Merans Besucher kommen seit jeher wegen der einmaligen, sonnigen Gegend. Wandern und Spazieren wird deshalb schon lange groß geschrieben: Ein 60 km langes Netz aus Promenaden, Spazier- und Wanderwegen durchzieht mittlerweile die Stadt und ihre Umgebung.

★ **Promenaden**

Am Steinernen Steg vereinen sich Sommer- und Winterpromenade.

Im Zentrum führt die prächtige und breite Anlage der **Kurpromenade** am rechten Flussufer entlang. Weiter flussabwärts geht sie über in die baumbepflanzte **Passerpromenade**, die den Fluss von der Theater- bis zur Eisenbahnbrücke begleitet und die neugotische Evangelische Kirche passiert.

Von der Postbrücke an folgt die **Sommerpromenade** der Passer am östlichen Ufer flussaufwärts. Im Sommer spenden alte Bäume wohltuenden Schatten und auch das Denkmal der Kaiserin Sisi ist hier zu finden. Parallel dazu verläuft am gegenüberliegenden Passerufer die **Winterpromenade**. Vorbei an einer schützenden Wandelhalle führt hier der Weg entlang des schäumenden Flusses zum Steinernen Steg und weiter zur **Gilfpromenade**. Diese ist mit üppiger Mittelmeerflora bepflanzt und an sonnigen Frühlingstagen besonders reizvoll.

✶ ✶ Tappeinerweg ▶ Der von südlicher Vegetation gesäumte, ebene Weg führt 100 m über dem Meraner Talkessel den Hang des Küchelberges entlang von der Zenoburg bis nach Gratsch. Einmalige Blicke über die verwinkelten Dächer der Altstadt sowie über das fruchtbare Burggrafenamt machen diesen Weg zu einem Höhepunkt der Meraner Spaziergänge. Benannt ist er nach dem angesehenen Kurarzt Dr. Franz Tappeiner, der den ersten Teil des Weges 1893 aus eigenen Mitteln finanzierte.

Umgebung von Meran

Algund Die verstreute Gemeinde Algund, 5 km nordwestlich von Meran, ist ein beliebter Sommerurlaubsort. Charakteristisch ist der spitze Turm der modernen Kirche von 1977 mit schönen Buntglasfenstern.

Am Berghang, Richtung Dorf Tirol, liegt das aus dem 13., 16. und 19. Jh. stammende Schloss Thurnstein, heute Gasthaus mit schöner Terrasse und nebenstehendem kleinen Hotel.

Oberhalb von Schloss Thurnstein steht das Kirchlein St. Peter ob Gratsch, deren Ursprünge bis in karolingische Zeit reichen. Die heutige Bausubstanz ist romanisch und gotisch. Besonders beachtenswert sind die Fresken an der rechten Außenwand und im Inneren die Wandgemälde aus dem 11. bis 14. Jh. Im Ortsteil **Forst** befindet sich die gleichnamige Großbrauerei; nahebei das Schloss Vorst. ✶ ◂ St. Peter ob Gratsch

Vom Algunder Ortsteil Plars führt ein Sessellift zunächst ins Dörfchen **Vellau**, das auf einer Bergterrasse auf 908 m Höhe liegt. Von dort erreicht ein Korblift die Leiteralm (1522 m ü.d.M., Berggasthaus), ein schönes Wandergebiet.

Hafling

Über eine Straße mit schönen Ausblicken gelangt man zum 11 km südöstlich gelegenen Hafling. Die rundkuppige, an Lärchen-, Fichtenwäldern und Almen reiche Landschaft um den Ort ist ein herrliches Wandergebiet.

Von der Hauptstraße führt links ein Sträßchen nach **St. Katharina**. Hier steht auf einem Sattel die gleichnamige Kirche, das Wahrzeichen von Hafling; mit einem kleinen gotischen Schnitzaltar, unweit finden sich ein schöner Bildstock aus derselben Epoche und ein gutes Berggasthaus, »der Sulfner« (Tel. 04 73 27 94 24). Von der Kirche hat man einen großartigen Blick nach Meran.

? WUSSTEN SIE SCHON ...?

- Der Ort Hafling ist zwar Namensgeber für die legendäre Pferderasse. Ihren Ursprung haben die ausdauernden, blondmähnigen Haflinger allerdings im Vinschgau.

Marling

Die 3 km südwestlich gelegene Gemeinde Marling ist heute praktisch mit Meran zusammengewachsen. Die Umgebung ist ein intensiv genutztes Obstbaugebiet. Die **Pfarrkirche** Mariä Himmelfahrt, in ihrer jetzigen Gestalt neugotisch, ist seit dem 12. Jh. urkundlich belegt. Angeblich soll ihr melodisches Geläute Franz Liszt bei seinem Aufenthalt 1874 zu einer Komposition angeregt haben.

Etwas oberhalb des Marlinger Waalwegs steht die um 1500 erbaute Kapelle **St. Felix**; im Boden des Langhauses befindet sich ein Brunnen, dem Heilkraft zugeschrieben wird. Noch etwas höher verläuft entlang der Hangflanke der Marlinger Höhenwanderweg.

Waalwege um Meran

Die Berghänge des Meraner Beckens und des Vinschgaus sind von zahlreichen ebenen Waalwegen überzogen, die ideale Voraussetzungen für ausgedehnte Spaziergänge und Wanderungen bieten.

Der **Marlinger Waalweg** ist einer der bekanntesten Waalwege. Er führt von der Töll, direkt beim Stauwehr der Etsch (Parkplatz), über 13 km bis nach Lana. Den Weg säumt eine Reihe von Einkehrlokalen. Für die 3 Stunden Gehzeit startet man am besten früh am Morgen oder außerhalb der Hochsaison, wenn nicht so viel Betrieb ist.

Der **Algunder Waalweg** führt von Oberplars an der Töll durch Kastanien- und Föhrenwälder bis nach Gratsch, wo er in den Tappeinerweg mündet. Entlang der Strecke hat man laufend schöne Ausblicke über das Etschtal und das Meraner Becken. Die 5 km bewältigt man in ca. 1½ Stunden.
In **Schenna** überqueren zwei 7 km lange Waalwege den sonnigen Hang: der Neuwaal von der Masulschlucht bis zur Talstation der Ifinger Seilbahn in die Naif und der Maiser Waalweg, der von Saltaus im Passeier die östliche Talseite bis unter Schenna und nach Obermais führt. Beide sind ideal für Winterspaziergänge und sind in jeweils knapp 2 Stunden Gehzeit zu bewältigen.

Meran 2000

Das Wintersportgebiet Meran 2000 sollte auch Meran eine Wintersaison bescheren – ein Plan, der nie aufging. Die Pisten sind zu wenig anspruchsvoll, die Zufahrt zum Skigebiet umständlich und das Hotelangebot vor Ort zu gering. So bleibt Meran 2000 ein Skigebiet der Einheimischen. An den Wochenenden tummeln sich Familien, Schneeschuh- und Winterwanderer auf den sonnigen Hängen.
In das eigentliche Skigebiet um die Kirsteiger Alm und Meraner Hütte (1930 m ü.d.M.) gelangt man von Hafling aus mit der Ifinger-Seilbahn oder von Falzeben mit dem Sessellift. Beide sind auch im Sommer in Betrieb.

Mühlbach (Rio di Pusteria)

C 10

Höhe: 777 m ü.d.M. **Einwohnerzahl:** 2644

Mühlbach liegt am westlichen Ende des Pustertals, kurz vor dessen Einmündung in das Eisacktal. Bereits im Altertum war der Ort ein wichtiger Umschlagplatz für den Handel zwischen der Stadtrepublik Venedig und dem süddeutschen Raum. An der Mühlbacher Klause verlief dann bis ins frühe 16. Jh. die Grenze zwischen den Grafschaften Tirol und Görz.

Sehenswertes in Mühlbach

Ortskern

Im Ortsinneren prägen winklige Gassen und stattliche Bürgerhäuser die Atmosphäre. Die **Kirche** entstand 1277 und wurde vor einigen Jahren modern erweitert; im Inneren besitzt sie Fresken aus der Pacher-Schule, die unter anderem die Kreuzauffindung zeigen. Die doppelstöckige **Florianikapelle** auf dem Kirchhof wurde 1482 geweiht, die Fresken an der Außenwand stammen aus der Zeit Friedrich Pachers. Durch die Kirche führt Pfarrer Hugo Senoner. Er war persönlich dabei, als man hier bei Aufräumarbeiten zahlreiche Gebeine sowie Statuen, Münzen und Dokumente aus der Zeit der Römer fand (Tel. 04 72 84 97 69).

In der Mühlbacher Klause steht die gewaltige Burgruine der einstigen Zollstation.

In der Richtergasse steht der alte Gerichtssitz, einst im Besitz der Grafen von Wolkenstein. In dem zum Hotel umgebauten Haus kann das ehemalige Verlies im Untergeschoss besichtigt werden.

◄ Kandlburg

Mühlbacher Klause

Wer ins Pustertal will, fährt hinter Mühlbach am Rande des kleinen Rienz-Stausees an einer gewaltigen Burgruine vorbei. Hier verlief die Grenze zwischen den Grafschaften Tirol und Görz. Die Zollstation war gleichzeitig militärisches Bollwerk. Michael Gaismair, der Anführer des Bauernaufstandes, belagerte 1526 vergeblich die Anlage, in den Tiroler Freiheitskriegen von 1809 und 1813 gab es hier heftige Kämpfe mit den französischen und bayerischen Besatzern. Später wurde die ausgebrannte Ruine an Bauern verkauft, diente als Steinbruch und verfiel immer mehr. In den letzten Jahren wurden verstärkt Maßnahmen zur Sanierung und Konservierung eingeleitet. Besichtigungen von Juni bis Oktober jeden Donnerstag um 17.00 Uhr nach telefonischer Anmeldung in der Infostelle Mühlbach (Tel. 04 72 84 94 67). Auf Anfrage bietet der Mühlbacher Klause-Verein auch außerhalb dieser Zeit Führungen an (Infos bei Hermann Eisenstecken, Tel. 04 72 84 95 48).

MÜHLBACH ERLEBEN

AUSKUNFT

Tourismusverein Mühlbach-Vals-Spinges
Katharina-Lanz-Str. 90
39037 Mühlbach
Tel. 0472849467, Fax 0472849849
www.gitschberg-jochtal.com

ESSEN

► **Erschwinglich**
Ansitz Straßhof
Spingerstr. 2
Tel. 0472886142
Im historischen Edelsitz am Hang oberhalb des Dorfes wird bodenständige und mediterrane Küche geboten. Schönes, antikes Ambiente und Gartenterrasse. Ruhetag: Mi.

ÜBERNACHTEN

► **Günstig**
Gasthof Seppi
Richtergasse 1
Tel. 0472849701, Fax 0472886738
www.gasthof-seppi.it
Altes Dorfgasthaus am Kirchplatz im historischen Ortskern, in dem sich auch die Einheimischen gern treffen. Die Gästezimmer sind schonend umgebaut und renoviert.

Umgebung von Mühlbach

Meransen Von Mühlbach gelangt man mit der Schwebebahn oder über eine 8 km lange Panoramastraße nach Meransen. Das sonnige, aussichtsreiche Hochplateau ist ein herrliches Wandergebiet. Wintersportmöglichkeiten findet man beim Ort selbst sowie an den Hängen des 2512 m hohen Gitschbergs, auf den eine Kabinenumlaufbahn führt.

? WUSSTEN SIE SCHON ...?

- Auf einem Seitenaltar der Kirche von Meransen stehen die Statuen von drei seltsamen heiligen Frauen, die früher sehr verehrt wurden: Aubet, Cubet und Quere waren drei Jungfrauen, die auf der Flucht vor Attila, dem Hunnenkönig, bis nach Meransen kamen und hier Trost und Ruhe fanden. Diese Heiligen finden sich nicht in den Archiven der Kirchengeschichte; der Kult um sie wurde abgeschafft.

Auf der Natzer Hochfläche liegt inmitten von Obstkulturen Natz, eine Fraktion der Doppelgemeinde **Natz/Schabs**. Die sanft gewellte Gegend lädt zum Spazierengehen ein. Von Raas bietet sich ein schöner Blick hinab nach Brixen. In Natz befindet sich ein Museum mit Werken des Holzschnitzers Rudolf Bacher (1903 – 1983). Die Gemeindefraktion Schabs befindet sich nördlich im Tal, nahe der Pustertaler Straße.

✶ Rodeneck Südöstlich von Mühlbach steht hoch über der Rienz das Schloss Rodenegg in der gleichnamigen Gemeinde. Es ist eine der größten Burganlagen in Südtirol, deren Ursprünge bis ins 12. Jh. zurückgehen. Im Jahr 1491 belehnte Kaiser Maximilian I. die Herren von

Hoch über dem Pustertal breitet sich die sonnige Höhenterrasse von Meransen aus.

Wolkenstein mit dem Anwesen und noch heute gehört es dem Haus Wolkenstein-Rodenegg (nur mit Führung: Mitte Mai bis Mitte Okt. Di. – So. 11.00 – 15.00, Mitte Juli bis Aug. auch 16.00 Uhr). Im Erdgeschoss des Hauptbaus befinden sich Fresken mit der frühesten bekannten Darstellung der Iwein-Sage (12. Jh.). Sie gelten als die ältesten erhaltenen Fresken profaner Thematik in Europa.

*** Spinges**

Fährt man die Pustertaler Straße nach Südwesten und folgt dann der abzweigenden Serpentinenstraße aufwärts, erreicht man Spinges. Berühmt wurde der Ort in den Franzosenkriegen von 1797, in dem die Bauernmagd **Katharina Lanz**, das »Mädchen von Spinges«, durch ihr beherztes Eingreifen den Tirolern zum Sieg verhalf. Im Kampf um die Kirche soll damals eine Unbekannte die Feinde mit der Mistgabel abgewehrt haben und anschließend verschwunden sein. Erst 50 Jahre später und kurz vor ihrem Tod bekannte sich Katharina Lanz zu der Tat. Eine Darstellung der Szene findet man auf den Glasfenstern der Ortskirche St. Rupert, die mit der benachbarten Kapelle ein hübsches Ensemble bildet.

Vals

Vals liegt 10 km nördlich im Valser Tal. Hier wurde in jüngster Zeit das Skigebiet Jochtal neu erschlossen; mit dem Tourismus ging auch der Bau einer Reihe von schönen Hotels einher. Am Talschluss liegt eine der schönsten und charakteristischsten Almsiedlungen. Dreißig schindelbedeckte Hütten scharen sich um ein kleines Kirchlein und bilden ein einmaliges Ensemble bäuerlicher Architektur. Die Hütten werden teilweise als Berggasthäuser, Käsereien, Stallungen, Scheunen oder Unterkunft für die Hirten genutzt. Im Sommer verkehrt ein Shuttlebus von Vals aus.

★ Nals (Nalles)

D 8

Höhe: 331 m ü.d.M. **Einwohnerzahl:** 1600

Nals liegt südlich von ►Meran am westlichen Etschufer, abseits der Durchgangsstraße nach ►Bozen. Der inmitten von Wein- und Obstgärten gelegene Urlaubsort wird überragt von der Burgruine Payrsberg und der als Weingut bekannten Schwanburg.

Es ist flächenmäßig eine der kleinsten Gemeinden Südtirols, zum Gemeindegebiet gehören auch Teile des Tisner Mittelgebirges mit den Orten Prissian und Grissian.

Sehenswertes in Nals

Schwanburg In der Mitte des 16. Jh.s ließ sich in Nals ein vermögender Abkömmling der Familie Payrsberg-Boymont einen prächtigen Ansitz mit Weinhof und Keller bauen. Der schöne Innenhof von ungleichmäßigem Grundriss ist umgeben von Loggien, deren Kapitelle z. T. Wappenschmuck tragen. Das Schloss Schwanburg ging im Laufe der Zeit an die Grafen Trapp und schließlich an die Familie Carli, die hier heute eine renommierte Weinkellerei betreibt.

Unterkasatsch Von einem strategisch wichtigen Felsbuckel schauen die Ruinenreste der 1194 erbauten Burg Casatsch (im Volksmund auch Pfeffersburg) über das Etschtal. Neben den mustergültig restaurierten Ruinenresten liegt herrlich der Gasthof Unterkasatsch (Tel. 04 71 67 83 90). Nach Unterkasatsch gelangt man von Nals auf einem uralten gepflasterten Fußweg oder über Prissian mit dem Pkw.

NALS ERLEBEN

AUSKUNFT

Tourismusverein Nals
Dr.-Gregor-Gasser-Str. 2
39010 Nals
Tel. 04 71 67 86 19, Fax 04 71 67 81 41
www.nals.info

ESSEN

► Fein & teuer

Zum Löwen
Hauptstr. 72, Tisens
Tel. 04 73 92 09 27, Ruhetag: So.
Hier zaubert Frau Matscher: eine der besten Adressen Südtirols.

ÜBERNACHTEN

► Komfortabel

Hotel Schloss Wehrburg
39010 Prissian
Tel. 04 73 92 09 34
Fax 04 73 92 06 76
www.wehrburg.com
Die Burg mit 22 Zimmern vermittelt eine authentische Atmosphäre und bietet ein prachtvolles Panorama nach Südosten bis ins Bozner Becken. Das Hotel ist von November bis Ostern geschlossen.

Postkarte aus der Romanik: Auf den Fresken von St. Jakob sind die Dolomiten abgebildet.

Umgebung von Nals

Andrian

Das kleine, verstreut liegende Dorf Andrian, 4 km südlich von Nals, nimmt den fruchtbaren Schwemmkegel eines aus der Gantkofel-Gruppe kommenden Bachs ein. Im spätgotischen Chor der Pfarrkirche St. Valentin finden sich Fresken aus der Erbauungszeit.

✶ ◀ Festenstein

Weiter talaufwärts wurde im 13. Jh. in äußerst malerischer, kühner Lage auf einem Felskegel die Burg Festenstein erbaut, die auf einem schmalen und steilen Steig in etwa einer Stunde zu erreichen ist. Die Burg selber kann nicht besichtigt werden.

✶ **Tisens / Prissian**

Die beiden Orte Tisens und Prissian liegen malerisch auf der Tisner Mittelgebirgsterrasse zwischen bunten Obstgärten und Kastanienhainen. Das Gebiet in der geschützten und klimatisch begünstigten Lage abseits des Durchgangsverkehrs war schon früh besiedelt. So errichteten Ritter und Grafen hier die Fahlburg, die Wehrburg und Schloss Katzenzungen. Bei Katzenzungen wächst vor der Schlossmauer eine alte Rebe. Mit 300 m² Blätterdach und einem mannsdicken Stamm ist sie zugleich die größte Rebe Südtirols.

In Tisens lohnen die gotische Pfarrkirche »Maria Himmelfahrt«, vom Baumeister des Bozner Doms Hans Lutz von Schussenried und mit Resten von Glasmalereien der Augsburger Schule, sowie das einsame Höhenkirchlein von St. Christoph am Vorbichl einen Besuch.

✶ **St. Jakob** Oberhalb von Grissian liegt auf einem Hügel über der Schlucht des Nalserbaches die 1142 geweihte Kapelle St. Jakob in Grissian. Schöne Fresken aus dem 13. Jahrhundert schmücken die Rundapsis und den davor liegenden Jochbogen. Beim Fresko von Abraham, der seinen Sohn Isaak als Opfer für Gott vorbereitet, sind im Hintergrund schneebedeckte Berggipfel abgebildet – die erste Darstellung der Dolomiten!

Naturns (Naturno)

D 6–7

Höhe: 554 m ü.d.M. **Einwohnerzahl:** 5074

Naturns liegt im Untervinschgau (►Vinschgau) vor den Toren ►Merans. Bei Naturns mündet das von Norden kommende enge und verschlossene ►Schnalstal und der Naturpark Texelgruppe hat hier seine Südgrenze.

Sehenswertes in Naturns

St. Zeno Die Pfarrkirche St. Zeno (1475) besitzt Reste eines karolingischen Vorgängerbaus sowie Freskenfragmente aus dem 13. Jh.; die Außenfresken entstanden um 1500.

Rathaus Im Rathaus sind heute die frühgeschichtlichen Funde und die gotischen Fresken aus St. Prokulus untergebracht. Sie können im Rahmen einer Führung besichtigt werden (im Sommer jeden ersten und dritten Dienstag des Monats, 9.30 Uhr).

Naturparkhaus Das Naturparkhaus in der Feldgasse 3 ist dem Naturpark Texelgruppe gewidmet, der von den Weinbergen des Etschtales bis zu den über 3000 m hohen Berggipfeln reicht. Neben der dortigen Flora und Fauna sind auch die Waalwege ein Hauptthema (geöffnet: April bis Oktober Di.–Sa. 9.30–12.30, 15.00–18.00, Juli, August und September auch So.)

Tschirland / Tabland Im westlichen Gemeindeteil Tschirland steht die Kirche St. Oswald, deren Inneres mit Gemälden (um 1749) des einheimischen Barockmalers Simon Ybertrachter ausgestattet ist.
In Tabland birgt die ursprünglich romanische, später gotisierte Kirche St. Nikolaus einen Flügelaltar, der dem schwäbischen Bildschnitzer Hans Schnatterpeck (vgl. ►Lana) zugeschrieben wird.

Dornsberg Südöstlich jenseits der Etsch steht Schloss Dornsberg, auch Tarantsberg genannt. Der Renaissancebau aus dem 16. Jh. steht auf bedeutend älteren Fundamenten. Der beachtliche arkadenumkränzte Innenhof mit Wandmalereien kann leider nicht besichtigt werden.

NATURNS ERLEBEN

AUSKUNFT

Tourismusverein Naturns/Plaus
Rathausstr. 1
39025 Naturns
Tel. 04 73 66 60 77
Fax 04 73 66 63 69
www.naturns.it

ESSEN

► Preiswert

Gasthof Falkenstein
Schlossweg 15
Naturns
Tel. 04 73 66 73 21
www.gasthof-falkenstein.com
Der gepflegte Gasthof mit Blick auf Naturns liegt mitten in Rebhängen. Eigener Weinbau, familiäres Ambiente; auch 10 Gästezimmer. Ruhetag: Mo., 15. – 26. Dez. geschlossen.

ÜBERNACHTEN

► Luxus

Hotel Lindenhof
Kirchweg 2
Naturns
Tel. 04 73 66 62 42
Fax 04 73 66 82 98
www.lindenhof.it
Die 59 Zimmer und Suiten charakterisiert eine Mischung zwischen rustikalem Touch und exklusivem Design. Es gibt Langschläferfrühstück bis 14.00 Uhr, ein umfangreiches Wellnessprogramm, viel Luxus und trotzdem Südtiroler Gastlichkeit. Geschlossen: 21. Nov. – 25. Dez. und Februar.

► Komfortabel

Hotel Alpenhof
Gerberweg 10, Naturns
Tel. 04 73 66 75 02
Fax 04 73 66 78 47
www.alpenhof.it
Zum zentral gelegenen, familienfreundlichen Haus mit 21 Suiten gehören ein Hallenbad, eine Wellness- und Beautyabteilung und ein eigener Bauernhof. Im Winter geschlossen.

Schloss Hochnaturns

Die zinnengekrönte kleine Burg war einst strategisch eher unbedeutend und wird heute als Hotel genutzt (kein öffentlicher Zugang).

Umgebung von Naturns

★★ St. Prokulus

Östlich außerhalb des Ortskerns steht das uralte Kirchlein St. Prokulus, das bereits in vorkarolingischer Zeit (7. Jh.) erbaut worden ist. An der Außenwand finden sich ein leider stark verblasster gotischer Freskenzyklus aus der Zeit um 1400, welcher die Schöpfungsgeschichte darstellt, sowie ein hl. Christophorus. Die weit über Tirol hinaus bekannte Hauptsehenswürdigkeit sind die Fresken im Innern (8. Jh.), erwiesenermaßen die ältesten bisher entdeckten Wandmalereien im deutschen Sprachraum. Die bekannteste Szene ist die Flucht des hl. Paulus aus Damaskus oder des hl. Prokulus aus Verona – nach der Schilderungsweise auch »Schaukler« genannt –, die beim Durchbruch einer jetzt wieder zugemauerten kleinen Lichtluke beschädigt worden ist. Ein Mäanderfries trennt die vorromanischen von den darüber befindlichen gotischen Fresken. In den 1980er-Jahren haben Ausgrabungen ein Germanengrab aus dem 7. Jh. n. Chr., einen spätantiken Bestattungsplatz und Reste römischer Wohnhäuser zu tage gebracht. In der Hauptsaison ist die Kirche täglich geöffnet und kann besichtigt werden; Führungen finden um 10.00 und 15.00 Uhr statt (außerhalb dieser Zeiten: Tel. 04 73 66 73 12).

★ **Plaus**

Südöstlich von Naturns liegt in der Talmitte das Örtchen Plaus. Der Vinschgauer Künstler Luis Stefan Stecher schuf an der Friedhofsmauer eine zeitgenössische Version des Totentanzes, in der er bäuerliche Mentalität, Vinschgauer Geschichte und Lebensfreude zum Ausdruck bringt. Ein Beispiel: »Tonzn tian miar alle gearn, lai nit mit sou durre Hearn.«

★★ **Schloss Juval**

Nördlich über dem Gemeindeteil **Staben** steht Schloss Juval. Ursprünglich im 13. Jh. gebaut, bezieht hier seit 1983 der bekannte Extrembergsteiger Reinhold Messner sein Sommerdomizil. Im Rahmen einer Schlossführung kann man die Bergbildergalerie, Tibetika und eine Maskensammlung besichtigten. Das Schloss erreicht man zu Fuß oder mit dem Shuttlebus ab der Vinschger Straße bei der Abzweigung nach Schloss Juval (Führungen: Palmsonntag bis Ende Juni und Sept. bis Anfang Nov. Do. – Di. 10.15 – 16.15 Uhr).

Im Reich des Bergkönigs:
Auf Schloss Juval präsentiert Reinhold Messner seine Asiatika-Sammlung.

✶ Naturpark Texelgruppe

Submediterran und hochalpin

Die Texelgruppe erhebt sich nordwestlich von Meran; sie wird umgrenzt vom Passeiertal im Osten, dem Pfelderer Tal im Norden, dem Schnalstal im Westen und dem Untervinschgau (Vinschgau) im Süden. Im äußersten Nordwesten des Naturparks wurde 1991 am Hauslabjoch die berühmt gewordene Gletscherleiche »Ötzi« gefunden (►Baedeker Special, S. 124).
Das gesamte Massiv bildet heute den rund 33 430 Hektar großen Naturpark Texelgruppe, in dem die landschaftsformende Kraft der Vergletscherung ebenso beobachtet werden kann wie eine noch weit gehend intakte Tier- und Pflanzenwelt. Die Vegetationszonen umfassen von der submediterranen Steppenlandschaft des Naturnser Sonnenbergs bis zu den Firnregionen der Gipfellagen die ganze Vielfalt Südtirols.

Naturpark Texelgruppe *Orientierung*

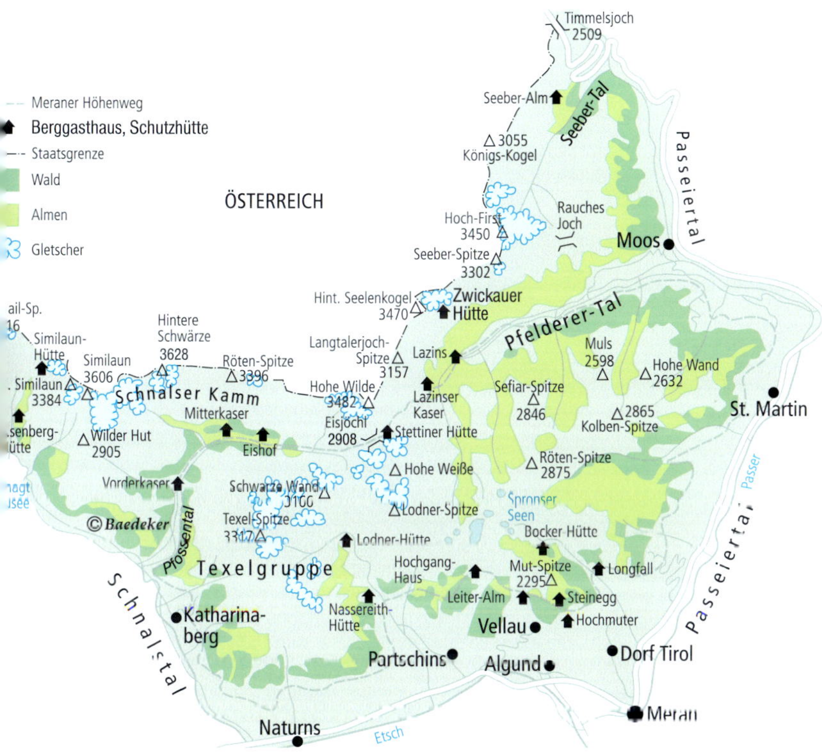

Spronser Seen Eine schöne, aber lange und schweißtreibende Bergtour führt von Dorf Tirol über das Tiroler Kreuz und den Longfallhof (1075 m) im Spronser Tal aufwärts. Schließlich erreicht man die Spronser Seen, die größte hochalpine Seengruppe Südtirols. Mit der Seilbahn zu den Muthöfen kann der Aufstieg etwas abgekürzt werden.

Meraner Höhenweg Die hochalpine Landschaft der Texelgruppe ist ein beliebtes Wandergebiet. So kann man in ca. fünf Tagen auf dem rund 100 km langen Meraner Höhenweg die gesamte Gruppe umwandern.

Die günstigsten Einstiegsgelegenheiten sind Karthaus, Naturns, Partschins und Dorf Tirol, aber auch Riffian oder St. Leonhard. Von Naturns aus zieht sich der Höhenweg zunächst am Fuß des Gebirgsstocks in das ►Schnalstal, folgt dann dem Pfossental aufwärts über Vorder- und Mitterkaser, ehe er nahe der italienisch-österreichischen Grenze das 2908 m hohe Eisjöchl mit der Stettiner Hütte überquert. Dann geht es wieder abwärts über den Lazinser Kaser (1858 m) und durch das Pfelderer Tal nach Moos im Passeiertal. Die Route wendet sich nach Süden, folgt der Passer flussabwärts, und schwenkt dann in das Spronser Tal ein. Der Höhenweg zieht nun unterhalb der 2295 m hohen Mutspitze vorbei und erreicht wieder eine Höhe von rund 1850 m, überquert später nördlich von Partschins den Zielbach, um am Bergfuß zurück nach Naturns zu führen.

Der Meraner Höhenweg erschließt die Texelgruppe für Wanderer.

Vom Meraner Höhenweg zweigen auch **hochalpine Touren** ab, so z. B. in den Kern der Texelgruppe mit den Gipfeln Roteck (3336 m) und Texelspitze (3317 m) oder auf die Hohe Weiße (3281 m) und die Lodnerspitze (3219 m). Während der Meraner Höhenweg für jeden mit guter Kondition und Trittsicherheit zu bewältigen ist, sollte man die alpinen Touren nur mit guter Ortskenntnis, Ausrüstung und gegebenenfalls mit Führer in Angriff nehmen.

★ Neumarkt (Egna)

F 8

Höhe: 214 m ü.d.M. **Einwohnerzahl:** 4337

In der Mitte des Unterlandes liegt der schöne, alte Marktflecken Neumarkt. Die behäbigen, ineinander geschachtelten Häuser mit den großen Innenhöfen, Torbögen, Erkern und freien Stiegenhäusern wurden mustergültig restauriert.

Ein Brand und der anschließende Wiederaufbau im Mittelalter brachten dem Ort seinen Namen ein. Heute laden die alten Lauben mit ihren zahlreichen Geschäften, auch Dank des verkehrsfreien Zentrums, zum Bummeln ein.
Im Gebäude Andreas-Hofer-Straße 20 verbrachte der Tiroler Freiheitsheld Andreas Hofer (►Baedeker Special, S. 50) auf seinem Weg nach Mantua eine Nacht, woran eine Gedenktafel erinnert.

NEUMARKT ERLEBEN

AUSKUNFT

Tourismusverein Neumarkt
Lauben 28
39044 Neumarkt
Tel. 04 71 81 23 73
Fax 04 71 82 06 07
www.castelfeder.info

ESSEN

► Erschwinglich

Andreas Hofer
Straße der Alten Gründung 21-23
Tel. 04 71 81 26 53
Fax 04 71 81 29 53
www.hotelandreashofer.com
Im historischen Dorfgasthaus im Zentrum treffen sich die Einheimischen zum Plausch. Außerdem verfügt das »Hofer« über ein lauschiges Gartenrestaurant und 30 moderne Gästezimmer.

ÜBERNACHTEN

Baedeker-Empfehlung

► Günstig

Gasthof Goldener Löwe
Kirchplatz 11, Montan
Tel. 04 71 81 98 44, Fax 04 71 81 95 49
www.goldenerloewe.it
Im gotischen Obergeschoss kann man sogar Fresken bewundern. Hübscher Innenhof, 20 Zimmer. Ruhetag: Do., Mitte Jan. bis Mitte Feb. geschlossen.

Praktisch für den Einkaufsbummel bei schlechtem Wetter – die Lauben von Neumarkt.

Sehenswertes in Neumarkt

Museum für Alltagskultur Im Meister-Konrad-Durchgang Nr. 2 lohnt das Museum mit seinen Sammlungen zur Volkskunde u. v. m. einen Besuch (geöffnet: Ostern bis Allerheiligen, Di. u. So. 10.00 – 12.00, Di. – Fr. 16.00 bis 18.00 Uhr).

St. Nikolaus Die Pfarrkirche am Ende der Laubengasse wurde in romanischer Zeit errichtet und in der Gotik dem Stil der Zeit angepasst. Im Innern sind unter dem Sterngewölbe barocke Altäre und Tafeln zu sehen.

Burg Kaldiff Im Osten steht am Rand einer Bergterrasse die Burg Kaldiff, ursprünglich aus dem 12. Jh., im 17. Jh. verändert und seit einem Brand nur noch Ruine. Im Inneren sind Reste von Fresken aus der Renaissance erhalten. Zur Burg führt ein markierter Wandersteig.

Frauenkirche Im Ortsteil Vill verdient die 1412 bis 1519 erneuerte und vor kurzem aufwändig restaurierte dreischiffige Frauenkirche einen Besuch. Sie gilt als eines der reifsten Werke der Tiroler Hochgotik. Das Innere schmücken große Fresken (frühes 16. Jh.) mit Darstellungen des Jüngsten Gerichts sowie des von Heiligen umgebenen Heilands als Schmerzensmann. Auf der linken Chorseite steht ein interessantes Sakramentshäuschen.

Umgebung von Neumarkt

Montan Rund 4 km nördlich von Neumarkt liegt erhöht der kleine Ort Montan, beherrscht von der im 19. Jh. restaurierten Burg Enn mit ihrem massigen Wehrturm. Die Pfarrkirche St. Bartholomäus stammt ursprünglich aus dem 14. Jh.; von dem damaligen Bau ist noch der vierkantige romanische Glockenturm mit seinen rundbogigen Klangarkaden erhalten. Der Rest wurde im 19. Jh. historisierend erneuert. Im Inneren gibt es eine Sandsteinkanzel mit gotischem Maßwerk.

◄ Pinzon

Wenig südlich von Montan erreicht man Pinzon. Hier lohnt ein Besuch der Kirche **St. Stephan**. Zu sehen ist ein wunderbarer spätgotischer Flügelaltar (um 1500) von Hans Klocker aus Brixen – dessen größtes und am besten erhaltenes Werk. Den Schlüssel gibt es beim Mesner (Herrn Guadagnini, Tel. 04 71 81 28 71). Die Kirche ist außerdem bei den regelmäßigen Visiten des Geistlichen geöffnet (Anton Markart, Tel. 04 71 82 07 81).

Naturpark Trudner Horn

Zwischen dem Etschtal und der weiter östlich verlaufenden Grenze der Provinzen Bozen und Trient erstreckt sich der 6660 ha große, waldreiche Naturpark Trudner Horn. Er zeichnet sich durch besonders artenreiche Flora und Fauna aus und wird von einem Netz schöner Wanderwege durchzogen.

In Truden steht das Besucherzentrum mit dem Naturparkhaus, das neben Informationen zum Naturpark auch eine alte elektrische Getreidemühle zeigt (Köcknschmiedgasse 1, Tel. 04 71 86 92 47).

Niederdorf (Villabassa)

C 14

Höhe: 1158 m ü.d.M. **Einwohnerzahl:** 1309

In dem lebhaften Urlaubs- und Wintersportort im Hochpustertal hielt der Tourismus bereits vor 150 Jahren Einzug. So wirkte im Hotel Emma die legendäre Hoteliersfrau Emma Hellenstainer. Die Großstädter konnten den Ort per Bahn erreichen, sodass sich hier Prominenz und Adel aus der damaligen Monarchie trafen.

Sehenswertes in Niederdorf

Pfarrkirche

In der Pfarrkirche von 1792 mit ihrem 72 m hohen Turm gibt es Fresken von Franz Altmutter, Skulpturen von Nissl und ein Altarbild von Martin Knoller, einem Schüler des Barockmalers Paul Troger. Daneben steht eine gotische **Doppelkapelle** aus dem 15. Jh. – eines der ältesten Bauwerke des Pustertales. Den oberen Teil bildet die Annakapelle, die ein regelmäßiges Sterngewölbe mit runden Schlusssteinen schmückt. In der Totenkapelle befindet sich ein Fresko von Simon von Taisten.

Fremdenverkehrsmuseum

Im Haus Wassermann, einem alten Ansitz, ist das Fremdenverkehrsmuseum Hochpustertal untergebracht. Das sehenswerte Erlebnismuseum erzählt die Geschichte des Tourismus, zeigt aber auch eine

NIEDERDORF ERLEBEN

AUSKUNFT

Tourismusverein Niederdorf
Von-Kurz-Platz 5
39039 Niederdorf
Tel. 04 74 74 51 36, Fax 04 74 74 52 83
www.niederdorf.it

Tourismusverein Pragser Tal
39030 Prags
Außerprags 78
Tel. 04 74 74 86 60
Fax 04 74 74 92 42
www.pragsertal.info

ÜBERNACHTEN

► **Günstig**
Gasthof Weiherbad
Weiherweg 7
Tel. 04 74 74 51 97
Fax 04 74 74 05 84
www.weiherbad.suedtirol.net
Schwungvoll geführtes Haus am Rand des großen Kurparks, von Wiesen und Bäumen umgeben. Großer Gastgarten. Die 20 Zimmer wurden kürzlich umgebaut und renoviert.

ESSEN

Baedeker-Empfehlung

► **Erschwinglich**
Hotel Adler
Von-Kurz-Platz 3
Tel. 04 74 74 51 28
Fax 04 74 74 52 78
Das Hotel mit 49 Zimmern und Suiten befindet sich mitten im Ort. Die Chefin ist begeisterte Köchin und Autorin eins Kochbuches. Auf der Karte steht raffiniert verfeinerte Südtiroler Küche. Gut sortierter Weinkeller. Ruhetag: Di., 10.11. – 15.12. und 1 Monat nach Ostern geschlossen.

Sammlung mit Sterbebildern (geöffnet: Mai bis Juni, Dez. bis Anf. Feb. Fr., So. 16.00 – 19.00, Sa. 9.00 – 12.00 u. 16.00 – 19.00, Juli bis Sept. Di. – So. 16.00 – 19.00 Uhr).

Rathaus Der ehemalige Ansitz der Herren von Kurz zu Thurn wurde 1800 zur heutigen Form umgebaut. Bemerkenswert ist der Balkon mit drei Säulen und Dreieckgiebeln an der Nordfassade. Bis das Haus 1928 endgültig Rathaus wurde, diente es als Zollhaus und Kaserne.

Umgebung von Niederdorf

St. Magdalena in Moos Etwas außerhalb des Dorfes Richtung Welsberg steht einsam die Kirche St. Magdalena in Moos, genannt Mooskirche. Sie wurde im Jahre 1490 von der Gräfin Paula von Gonzaga gestiftet. Der frühbarocke Hochaltar stammt aus der Zeit um 1600; eingelassen ist eine spätgotische Relieftafel der Heiligen Drei Könige von Michael Parth (um 1520), geöffnet: Mai bis Ende September, So. 14.00 – 18.00 Uhr.

*** Prags** Nach Süden gelangt man durch das schöne Pragser Tal ins Herz der Dolomiten. Über die Hotelsiedlung Außerprags erreicht man das

Im glasklaren Wasser des Pragser Wildsees spiegeln sich der Große und der Kleine Apostel.

kleine Bad Altprags mit einer aufgelassenen Kur-Badeanstalt. Eine steile, im Winter und im Sommer teilweise gesperrte Straße (Shuttledienst) führt zur **Plätzwiese** (1993 m), einer herrlichen Hochfläche mit Almen und etlichen Gasthäusern. Hier genießt man eine schöne Aussicht auf die Ampezzaner Dolomiten und die mächtige Ostwand der Hohen Gaisl. Die einstige Kriegsstraße, die über den Sattel südöstlich nach Schluderbach (► Toblach) führt, ist für den allgemeinen Verkehr gesperrt. An ihrem Scheitelpunkt steht ein gut erhaltenes mächtiges Sperrfort.

★★ ◄ Pragser Wildsee

Bei Innerprags liegt der kleine **Pragser Wildsee**, ein bis zu 36 m tiefer, dunkelgrüner Gebirgssee, in dem sich der gewaltige, 2810 m hohe Seekofel spiegelt, eines der klassischen Postkartenmotive. Der Pragser Wildsee liegt bereits im Bereich des Naturparks Fanes-Sennes-Prags, der auf seiner Südwestseite über St. Vigil erreichbar ist.

Olang (Valdaora)

C 13

Höhe: 1048 m ü.d.M. **Einwohnerzahl:** 2798

Hinter Bruneck folgt am südlichen Ufer der Rienz der ruhige Ferienort Olang. Von Olang zieht sich das ►Antholzer Tal nach Norden zu den österreichischen Grenzbergen hin; an dessen Talschluss liegt der romantische Antholzer See.

Niederolang/ Mitterolang

Im Gemeindeteil Niederolang steht die Pfarrkirche St. Petrus und Agnes. Vom gotischen Vorgängerbau zeugt noch der imposante Kirchturm. 1712 wurde die Kirche im barocken Stil erweitert.
Die 1138 erstmals erwähnte und 1404 umgebaute Kirche St. Agidius in Mitterolang beherbergt ein bemerkenswertes Hochaltarbild aus dem späten 15. Jh.. Auf dem Seitenaltar steht der Reliquienschrein mit dem Leib des hl. Aurelius, der 1848 aus den Katakomben in Rom nach Olang gebracht wurde. Dieser Heilige wurde oft bei Bittprozessionen mit dem Gebet um günstige Witterung vorangetragen.

★ **Geiselsberg**

Um 1050 hieß der Ort am Osthang des Kronplatzes Gisilhartisperch, der Berg des Giselhart. Für die Ladiner in Enneberg war es der Ort

OLANG ERLEBEN

AUSKUNFT

Tourismusverein Olang
Florianiplatz 4
39030 Olang
Tel. 04 74 49 62 77
Fax 04 74 49 80 05
www.olang.com

ÜBERNACHTEN

► **Luxus**

Hotel Post
Kirchgasse 6, Oberolang
Tel. 04 74 49 61 27
Fax 04 74 49 80 19
www.post-tolderhof.com
Das traditionsreiche Vier-Sterne-Haus besticht durch seine umfangreiche Ausstattung und den angeschlossenen Reiterhof für höchste Ansprüche. Das Hotel bietet neben 36 Zimmern auch ein Hallen- und ein Freibad für seine Gäste.

► **Günstig**

Pension Viktoria
Florianiplatz 11, Mitterolang
Tel. und Fax 04 74 49 62 52
Schönes, gepflegtes Haus mit Garten und 12 Zimmern.

Baedeker-Empfehlung

► **Komfortabel**

Hotel Bad Bergfall
Bergfallweg 5, Geiselsberg
Tel. 04 74 59 20 84
Fax 04 74 59 21 50
Hier ist es absolut ruhig und romantisch. In der Nähe von Wald, Wiesen und einem Bach liegt das kleine Haus mit 14 Zimmern. Hier entspringt auch eine heilkräftige Schwefelquelle für erholsame und entspannende Bäder.

unter der Furkel (Sorafurcia). Und wie schon vor Jahrhunderten ziehen die Geiselsberger und Olanger noch immer alljährlich am Samstag vor dem Dreifaltigkeitssonntag über die Furkel zur Gnadenmutter ins benachbarte Enneberg.

Im Winter verbinden von hier aus Aufstiegsanlagen das Skigebiet am Kronplatz mit denen von St. Vigil in Enneberg (►Gadertal) und Reischach (►Bruneck, Umgebung).

! *Baedeker* TIPP

Nordic Walking im Süden

Der neue »Nature.Fitness.Park.Kronplatz-Dolomiti« reicht von Bruneck über Olang bis Rasen im Antholzer Tal. Mit über 70 km beschilderten Touren bietet sich den Liebhabern der Trendsportart ein umfangreiches Wegenetz vor herrlicher Naturkulisse.

Schon die Römer nutzten die Schwefelquellen bei **Bad Bergfall**, wenig südlich von Olang, wie die Funde von Urnen, Schmuckstücken und Münzen aus der Zeit der Kaiser Vespasian und Titus belegen. 1720 ließ Graf Guidobald von Welsberg in der Nähe die Bäder errichten, die auch heute noch aufgesucht werden, um Leiden verschiedenster Art – von Arthrose über Hautkrankheiten bis Rheuma – zu lindern.

Über den Geiselsberg gelangt man zum Kronplatz, einem Skigebiet mit herrlichem Dolomitenblick.

Partschins (Parcines)

C 7

Höhe: 626 m ü.d.M. **Einwohnerzahl:** 3193

Partschins liegt am Ende des ►Vinschgaues, kurz bevor sich das Tal zum Meraner Becken absenkt und öffnet. Die steilen Berge der Texelgruppe schützen vor den kalten Nordwinden, sodass Obst und Wein hier in klimatisch privilegierter Südlage gedeihen.

Sehenswertes in Partschins

Pfarrkirche

Die spätgotische Pfarrkirche St. Peter und Paul wurde 1502 geweiht. Im Inneren stehen ein barocker Hochaltar sowie ein Rosenkranzaltar aus derselben Zeit, ferner gibt es ein Fresko, welches die Familie des Stifters, Georg von Stachelburg, zeigt.

✱ Schreibmaschinenmuseum

Das Museum am Kirchplatz 10 erinnert an Peter Mitterhofer (►Berühmte Persönlichkeiten), den Erfinder der Schreibmaschine. Der in Partschins geborene Erfinder ist auch hier bestattet. Neben einem seiner hölzernen Modelle umfasst die schöne Sammlung des Museums auch Schreibmaschinenlegenden wie die Remington (geöffnet: November bis März Di. 10.00 – 12.00, April bis Oktober Mo., Fr 15.00 – 18.00, Di. – Do. 10.00 – 12.00, 15.00 – 18.00, Sa. 10.00 bis 12.00 Uhr).

PARTSCHINS ERLEBEN

AUSKUNFT

Tourismusverein Partschins
Spaureggstr. 10
39020 Partschins
Tel. 04 73 96 71 57, Fax 04 73 96 77 98
www.partschins.com

ÜBERNACHTEN

► **Luxus**
Hotel Hanswirt
Geroldplatz 3
Rabland
Tel. 04 73 96 71 48
Fax 04 73 96 81 03
Das Hotel mit 22 Zimmern liegt an der alten Römerstraße. Seit dem 16. Jahrhundert ist es in Familienbesitz und verfügt noch über Fresken und getäfelte Stuben. Das angeschlossene Restaurant hat mittwochs Ruhetag. Geschlossen: 20. Nov. – 5. Dez., 6. Jan. – 20. März.

Stachlburg Die Stachlburg, einst Stammsitz der Herren von Partschins, steht nördlich vom Ortskern. Ihr ältester Teil ist der massige Wehrturm auf quadratischem Grundriss. In der Burg ist eine kleine, feine Kellerei untergebracht. Im Rahmen von Kellereibesichtigungen oder Weinkäufen zeigt der Besitzer, Baron Sigmund v. Kripp, gern Teile der Burg (Schlossweingut Stachlburg, Tel. 04 73 96 80 14).

Schöne Wanderwege Am Eingang zum **Zieltal** stürzt ein mächtiger Wasserfall über die Felsen, der **Partschinser Wasserfall**, mit 98 m der höchste Südtirols. Weiter nördlich erreicht man über die Häusergruppe Nassereith die auf 2559 m Höhe gelegene **Lodnerhütte**. Diese ist Ausgangspunkt für lohnende Bergtouren in die Texelgruppe (►Naturns).
Auch entlang der Partschins umgebenden Berge verlaufen schöne Wege auf verschiedenen Höhenstufen. Der **Sonnenberger Panoramaweg** führt an der nördlichen Talflanke nach ► Naturns. Der **Partschinser Waalweg** und der **Höhenweg** beginnen beim Ortsteil Vertigen: Der Waalweg folgt in etwa 730 m Höhe einem alten Bewässerungskanal, der Höhenweg verläuft auf knapp 1200 m.

Umgebung von Partschins

Rabland Westlich von Partschins liegt Rabland an der alten Römerstraße, von der ein Meilenstein gefunden wurde. Die kleine gotische Kirche St. Jakob trägt an der Turmfassade eine große Sonnenuhr. Eine Kabinenbahn führt hinauf nach Aschbach, dem Ausgangspunkt für schöne, leichte Höhenwanderwege.

Töll Unmittelbar da, wo die Etsch in eine Felsschlucht stürzt, liegt Töll. Im Innern des Kirchleins St. Helena (Mitte 16. Jh.) befinden sich Plastiken dieser Zeit sowie ein Gemälde der Kreuzabnahme (15. Jh.).

Das **Krippen-Museum** in der Vinschgauerstraße 63 zeigt rund 1000 Krippen aus aller Welt, die der Meraner Kaufmann Gunther Erhart gesammelt hat (geöffnet: Mo. – Fr. 8.00 – 12.00, 13.30 – 17.30, April bis Okt. auch Sa. 9.00 – 12.00 Uhr).

Passeiertal (Val Passiria)

C 8

Das rund 35 km lange linke Seitental des Etschtales wird von den Einheimischen einfach Passeier genannt. Bis St. Leonhard prägen Obstanlagen das bis hier breite und liebliche Tal. Das Hinterpasseier ist dagegen rau und naturbelassen.

Bei St. Leonhard verbindet der Jaufenpass das Tal mit ►Sterzing und dem ►Eisacktal. Am Talende geht es über das Timmelsjoch nach Sölden in Österreich. Die Bergmassive von Texelgruppe und Sarntaler Alpen umrahmen das Tal im Westen und im Osten.

Schildhöfe

Einige Bauern im Passeier erwarben sich im 13. und 14. Jh. besondere Rechte wie Steuerfreiheit und das Anrecht, Waffen zu tragen. Dafür mussten sich diese Bauernadeligen verpflichten, im Kriegsfall dem Lehensherrn zu dienen. Im Passeier Tal existieren elf dieser sog. Schildhöfe, von denen die in Saltaus oder Steinhaus sogar Schloss- und Burgencharakter besitzen. Bei festlichen Anlässen holen die Schildhofbauern ihre Hellebarde und den Schild hervor und treten in einer besonderen Tracht auf.

Die Talstraße umgeht den Ortskern von **Kuens**. An der Außenwand der Pfarrkirche befindet sich ein gotisches Fresko aus der Zeit um 1400. Hier mündet das Spronser Tal ein.

In **Riffian** stehen zwei Wallfahrtsziele: die 1671 barockisierte Pfarrkirche und die Gnadenkapelle. In letzterer gibt es schöne gotische Fresken aus dem frühen 15. Jh. von Meister Wenzeslaus. Er war Hofmaler des deutschen Bischofs von Trient, Georg von Liechtenstein, und schuf auch die berühmten Jahreszeiten-Fresken im fürstbischöflichen Palais in Trient.

Vom Bauern zum Burgherrn – die Schildhöfe waren kleine Verteidigungsanlagen.

DAS PASSEIERTAL ERLEBEN

AUSKUNFT

Tourismusverein St. Martin
Jaufenstr. 7, 39010 St. Martin
Tel. 04 73 64 12 10
Fax 04 73 64 15 96
www.sanktmartin.it

Tourismusverein St. Leonhard
Passeierstr. 40, 39015 St. Leonhard
Tel. 04 73 65 61 88
Fax 04 73 65 66 24
www.passeiertal.org

Tourismusverein Hinterpasseier
Dorf 78, 39013 Moos
Tel. 04 73 64 35 58
Fax 04 73 64 38 80
www.passeiertal.org

ÜBERNACHTEN

► Komfortabel

Hotel Saltauserhof
Passeierstr. 6, Saltaus
Tel. 04 73 64 54 03
Fax 04 73 64 55 15
www.saltauserhof.com
Der historische, zinnengekrönte Edelsitz, der älteste Passeirer Schildhof, ist heute ein Top-Hotel mit Restaurant, Freibad, Garten und historischen Stuben.

Baedeker-Empfehlung

► Günstig

Hotel Stullerhof
Stuls 2A, Moos in Passeier
Tel. 04 73 64 95 43
Fax 04 73 64 95 45
www.stullerhof.com
Abseits des großen Trubels finden die Gäste der 11 Doppelzimmer und 6 Suiten hier Herzlichkeit und modernen Komfort. Idealer Stützpunkt für Sommer- und Winterwanderer; auch Restaurantbetrieb.

Saltaus Bei der Häusergruppe Saltaus mit einem schönen Schildhof erreicht man die Talstation einer Seilbahn, die zum 1980 m hohen Hirzer-Hochplateau führt. Sehr lohnend ist eine Bergtour von ca. 2½ Stunden auf den 2781 m hohen Hirzer, den höchsten Gipfel der Sarntaler Alpen.

St. Martin St. Martin in Passeier ist ein eher ruhiger, von Bergwanderern besuchter Urlaubsort. An den steilen Berghängen der Umgebung fallen die Schildhöfe ins Auge. Die dem Ortspatron geweihte Kirche St. Martin ist barock ausgestattet. Im Ortskern steht ferner das Turmhaus, dessen Erker mit Barockmalereien geschmückt ist. Im Gebäude der Raiffeisenkasse ist das Passeirer Heimatmuseum mit bäuerlichem Arbeitsgerät und einer Dokumentensammlung zu finden.

Kurz vor St. Martin, westlich der Straße, bildet der aus dem Falser Tal kommende Kalmbach einen 48 m hohen Wasserfall.

An der Westflanke der Riffelspitze (2063 m ü.d.M.) steht die auf einem Wanderweg oder der Fahrstraße nach Prantach erreichbare **Pfandleralm**, auf der sich Andreas Hofer vor den Franzosen verbarg und durch Verrat gefangen genommen wurde.

✶ **St. Leonhard**

St. Leonhard, der Hauptort des Passeiertals, liegt in der Talsohle an der Gabelung von Jaufen und Hinterpasseier. Überragt wird der Ort von der teilrestaurierten Ruine der **Jaufenburg** (13. Jh.) mit ihrem wuchtigen Bergfried (geöffnet: Mai bis Okt. Di. 10.00 – 12.00, Do. und So. 16.00 – 18.00 Uhr).

◄ Andreas Hofer

Berühmt wurde es als Heimatort des Tiroler Freiheitskämpfers Andreas Hofer, des »Sandwirts im Passeier« (Baedeker Special, S. 50). Im Gasthaus **Sandhof** am südlichen Ortsrand (Passeirer Straße 72), dem Geburts- und Wohnhaus Hofers, ist das »MuseumPasseier« eingerichtet (**geöffnet:** Mitte März bis Anf. Nov. Di. – So. 10.00 – 18.00 Uhr). Auch die Hoferkapelle, die Wandgemälde in der 1883 erbauten Herz-Jesu-Kapelle und der Franzosenfriedhof im Ort nahe der Passer erinnern an den berühmten Sohn und die Kämpfe von 1809.

In 1½ Stunden führt ein Fußweg zur östlich gelegenen Außenstelle des »MuseumPasseier«: In einem Hochtal liegt auf 1350 m Höhe die **Pfistrada-Alm**. Die Ausstellung im sanierten Kaser, dem wahrscheinlich ältesten Holzbau Südtirols, behandelt die Themen Almwirtschaft und mittelalterliches Wohnen. Zum lebendigen Museum wird die Alm, wenn sie in den Sommermonaten bewirtschaftet wird.

! *Baedeker* TIPP

Museum für die ganze Familie

Rund um den Sandhof sind eine Reihe schöner alter Holzgebäude aus dem ganzen Tal zu einem Volkskundemuseum aufgebaut worden. Auf den Wiesen davor weiden Haflinger und Schafe – ein unterhaltsames Ziel für Familien mit Kindern (März bis Allerheiligen tgl. 10.00 – 18.00 Uhr).

St. Leonhard im Passeiertal war die Heimat des Volkshelden Andreas Hofer.

★ **Jaufenpass** Seit einigen Jahren ist der Jaufenpass auch im Winter geöffnet, um die Wintersportgebiete um Ratschings zu erschließen. Auf den Pass führt die schmale und kurvenreiche Jaufenstraße, die deshalb besonders bei Motorradfahrern sehr beliebt ist.

Moos Der ruhige Ferienort Moos im Hinterpasseier mit seiner gotischen Kirche von 1402/1403 ist ein guter Ausgangspunkt für Touren in das Gebiet der Texelgruppe.
Bei Moos stößt das **Pfelderer Tal** südwestlich in die Texelgruppe vor. Der kleine Ort Pfelders, in einem Talkessel von gewaltigen Bergen umgeben, ist Zentrum eines Wander- und Skigebiets.
Zwischen Moos und Platt wird der Pfelderer Bach zum **Stieber Wasserfall** und stürzt Gischt sprühend in mehreren Kaskaden in eine Schlucht, bevor er in die Passer mündet. Etwa 1 km hinter Moos führt von der Straße nach Pfelders ein beschilderter Weg zu einer neu über den Wasserfall gebauten Brücke, die den Besucher dicht an den Wasserfall bringt.

★ **Schneeberg** Über Moos fährt man auf der großartigen, für Wohnwagen jedoch gesperrten Timmelsjochstraße mit dramatischen Galerien und Tunnels. Etwa 7 km nördlich von Moos zweigt von dieser rechts ein Wanderweg zur **Schneeberghütte** (2355 m ü.d.M.) ab. In der Nähe wurde auf über 2000 m im höchsten Bergwerk Europas seit dem 13. Jh. bis 1967 Silber- und Bleierz abgebaut. Reste der Förderanlagen

Im Landesbergbaumuseum geht es tief hinab in den Stollen.

sind noch vorhanden und wurden renoviert. Dem Besuch des **Landesbergbaumuseums** Schneeberg mit Besichtigung der Stollen und einer Fahrt mit der Grubenbahn kann man eine Wanderung durch das alte Knappendorf anschließen – ein tagesfüllendes Abenteuer (Tel. 04 73 64 70 45, www.schneeberg.org).

✱ **Timmelsjoch**

Zur italienisch-österreichischen Staatsgrenze auf dem Timmelsjoch führt die Timmelsjochstraße, die das Passeiertal mit dem österreichischen Ötztal verbindet. Die serpentinenreiche Straße überwindet auf knapp 30 km Streckenlänge von St. Leonhard bis zur Passhöhe einen Höhenunterschied von knapp 1800 m. Eine Fahrt auf der landschaftlich reizvollen Straße beginnt man am besten in Meran in der submediterranen Vegetationszone. An den Berghängen kann man im Verlauf sehr schön den Wechsel der Vegetationszonen beobachten, die bis in den hochalpinen Bereich auf der Passhöhe führen.
Die Straße ist im italienischen Bereich für Wohnmobile gesperrt; auf der österreichischen Seite ist sie außerdem gebührenpflichtig.

Prad am Stilfserjoch (Prato allo Stélvio)

D 4

Höhe: 915 m ü.d.M **Einwohnerzahl:** 3142

Prad liegt an der Passstrecke vom Vinschgau zum Stilfserjoch. Imposant erheben sich hinter dem Ort die fast 4000 m hohen Berge. Hübsch ist auch der Ortskern mit Häusern aus dem 16. Jahrhundert.

Sehenswertes in Prad

St. Johann

Am südlichen Ortsrand steht die romanische Kirche St. Johann mit Resten romanischer Außenfresken. Die Apsis schmücken Malereien der Vinschgauer Malschule, die um 1420 entstanden.

✱ **Aquaprad**

Eine besondere Attraktion ist das 2003 eröffnete Aquaprad Naturparkhaus (Kreuzweg 4/c). Das Besucherzentrum widmet sich vor allem dem Thema Wasser. Insgesamt 14 Aquarien mit heimischen Fischarten lassen die Besucher förmlich in den faszinierenden Lebensraum eintauchen (geöffnet: Di. – Fr. 9.00 – 12.00, 14.30 – 18.00, Sa., So. u. Feiertage 14.30 – 18.00 Uhr).

Agums

Im benachbarten Agums steht die Kirche St. Georg, einst die Pfarrkirche von Prad. Der ursprüngliche Bau von 1303 wurde um 1500 im gotischen Stil verändert. Am Altar steht der »Große Herrgott«, ein lebensgroßes, wundertätiges Kruzifix aus dem 14. Jahrhundert.

✱ **Lichtenberg**

Unweit nordwestlich liegt der Gemeindeteil Lichtenberg, den die mächtige Burgruine gleichen Namens überragt (Infos über Führun-

PRAD ERLEBEN

AUSKUNFT

Tourismusverein Ortlergebiet
Hauptstr. 72
39020 Stilfs
Tel. 04 73 61 30 15
Fax 04 73 61 31 82
www.sulden.suedtirol.com

ESSEN

► Erschwinglich

Yak & Yeti
Forststr. 55, Sulden
Tel. 04 73 61 32 66
Tausendsassa Reinhold Messner lässt in dem stilvollen Berggasthaus Traditionelles und Fleischgerichte vom Yak anbieten. Die Himalaya-Rinder, die Messner aus Tibet einführte, haben um Sulden eine zweite Heimat gefunden. Hinter dem Haus gibt es ein neues Museum zum Thema Eis und Gletscher.

ÜBERNACHTEN

► Komfortabel

Hotel Bella Vista
Stilfserjoch-Straße, Trafoi
Tel. 04 73 61 17 16, Fax 04 73 61 22 50
www.bellavista-suedtirol.com
Das Familienhotel, 32 Zimmer, mit Ausblick auf Weißkugel und Ortler wird von Petra Thöni, der Tochter der Ski-Legende Gustav Thöni, geleitet. Geschlossen: Nov. und Mai.

Julius Payer
Sulden am Ortler 21
Tel. 04 73 61 30 30, Fax 04 73 61 32 32
www.hotel-juliuspayer.com
Das Hotel ist nach dem Kartografen, Alpen- und Polarforscher Julius v. Payer benannt, der auch in dieser Gegend forschte. Renoviertes Haus mit Wellnessbereich, Hallenbad, Restaurant und schöner Weinkarte.

gen: Tel. 04 73 73 70 62). Im 13. Jahrhundert gebaut, sollte sie Tirol gegen die wehrhaften und streitbaren Schweizer schützen. Der prächtige Freskenzyklus (1400) wurde 1912 größtenteils abgenommen und ist heute im Museum Ferdinandeum in Innsbruck zu sehen.

Umgebung von Prad

★ **Stilfs** Etwas talaufwärts liegt abseits der Passstraße am steilen Hang Stilfs. Das romanische Haufendorf in einsamer Hanglage entfaltet einen ganz besonderen Reiz – ein Abstecher ist unbedingt empfehlenswert.

Gomagoi Der ruhige Ort Gomagoi ist Zentrum eines schönen Bergwandergebiets. Die Straße verläuft hier durch eine ehemalige Festung aus der Zeit vor dem Ersten Weltkrieg.

★ **Sulden** Bei Gomagoi führt eine Nebenstraße ins Suldental und endet in Sulden am Fuße der Ortlergruppe.

Hinauf zum Stilfserjoch geht es durch diverse Vegetationszonen. Besonders schön und zart sind die Blüten oberhalb der Baumgrenze. →

Neben dem Hotel Post ist in der ehemaligen Bergsteigerunterkunft, dem so genannten »Flohhäuschen«, das winzige Museum **»Alpine Curiosa«** untergebracht. Reinhold Messner hat hier eine Sammlung alpiner Kuriositäten zusammengetragen (geöffnet: 9.00 – 18.00 Uhr). **Kulturpromenade** heißt der neue Panoramaweg, der als leichte Wanderung rund um Sulden führt und der übrigens auch für Kinderwagen geeignet ist.

MMM Ortles ► Das MMM Ortles (MMM steht für Messner Mountain Museum) ist einer von fünf Ablegern des Bergmuseums von Reinhold Messner. Auf 300 m² unterirdischer Museumsfläche werden die Themen Eis und Ortler behandelt. Messner erzählt hier von Gletschern, den Erdpolen, von Schneemenschen und vor allem von den großen Eisgebirgen, wobei der Ortler symbolisch im Zentrum der Ausstellung steht (Führungen und Öffnungszeiten unter Tel. 04 73 61 32 66).

Trafoi

Trafoi ist eine Hotelsiedlung aus den Anfangszeiten des Tourismus. Von hier bietet sich ein herrlicher Blick auf die Trafoier Eiswand (3663 m ü.d.M.). Die Heimat des Skisportlers Gustav Thöni, dem mehrfachen Weltmeister und Olympiasieger, ist ein guter Ausgangspunkt für Gipfelanstiege und Touren ins Ortlergebiet. Hinter dem Ort beginnt der serpentinenreiche, nur im Sommer befahrbare Teil der Stilfserjoch-Straße.

Wie sich die Natur gegen Gletscher und Eis behauptet, kann man im **Nationalparkhaus Trafoi** auf spielerische Weise entdecken (geöffnet: Mitte Mai bis Okt., Weihnachten bis Ostern: Di. – Fr. 9 .00– 12.00, 14.30 – 18.00, Sa. – So. 14.30 – 18.00 Uhr).

★★ Stilfserjoch

Die Stilfserjoch-Straße zählt noch heute zu den eindrucksvollsten Bergstraßen des Alpengebietes. Sie wurde 1822 aus strategischen Gründen erbaut, um die kürzeste Verbindung zwischen dem Veltlin in der Lombardei, die nach der Niederlage Napoleons Österreich zugesprochen wurde, und Tirol herzustellen. Die Straße wurde damals sogar im Winter offen gehalten! Auf der Südtiroler Seite wird ein Höhenunterschied von 1870 m mit 48 Spitzkehren überwunden.

Das Gebiet südlich des Stilfserjoches nimmt der seit 1935 bestehende, 952 km² große **Stilfserjoch-Nationalpark** ein, in dem neben Hirschen, Gämsen, Steinböcken und Murmeltieren gelegentlich auch Adler anzutreffen sind.

! Baedeker TIPP

Sommersportart: Skifahren

Von Juni bis November ist das Stilfserjoch mit mehreren Seilbahnen und Skiliften für die unentwegt Schneehungrigen ein wahres Paradies. Jährlich halten sich viele prominente Skistars und Nationalteams zum Training auf den Gletschern ums Stilfserjoch herum auf. Mehrere Skischulen und eine Reihe von Hotels am Passbereich stehen zur Verfügung.

★ Umbrailpass ► Wenige Kilometer nach dem Stilfserjoch-Pass bietet sich der Umbrail-Pass (2503 m ü.d.M.) für eine kleine Tourenrunde über die Schweiz und Santa Maria in Müstair an (►Touren, S. 101).

Pustertal (Val Pusteria)

C 10–15

Das Pustertal verläuft östlich von Brixen bis zur österreichischen Grenze parallel zum Alpenhauptkamm. Die vielen Wälder und Wiesen begründen seinen Ruf als »grünes Tal«, dessen Landschaft von Holz- und Viehwirtschaft geprägt ist.

Im Talboden liegen aneinander gereiht stattliche Dörfer. Auf der Sonnenseite klettern Höfe und Weiler bis knapp an die Baumgrenze, die schattigere Südseite ist dicht bewaldet. Bis Vintl fühlen sich die Talbewohner noch als dem Brixner Raum zugehörig; erst ab Kiens werden sie dann richtige »Pusterer«. In der Mitte des Tales liegt in einem Kessel der lebhafte und geschäftige Hauptort ►Bruneck.
Hinter Bruneck überwindet die Straße bei Percha eine niedere Geländestufe, es beginnt das Oberpustertal, das »Oberland«, wie es die Pusterer nennen. Schöne, große **Dörfer** säumen die Straße und liegen an den Berghängn: ►Olang, ►Welsberg, ►Niederdorf, ►Toblach und ►Innichen. Der weite Sattel des Toblacher Feldes ist auch die Wasserscheide, die Rienz entwässert noch zur Adria, ab Innichen fließen die Wasser der Drau in die Donau und ins Schwarze Meer.

Nebentäler

Vom Pustertal zweigen mehrere Nebentäler ab: bei Vintl das Pfunderer Tal nach Norden, zu den Zillertaler Bergen hin, bei Bruneck das ►Tauferer-Ahrntal, mit fast 40 km Länge das bedeutendste Seitental, bei Olang das ►Antholzer Tal und bei Welsberg das ►Gsieser Tal. In Richtung der ►Dolomiten erstrecken sich außerdem das ►Gadertal, das Pragser Tal, das Höhlensteintal und das ►Sextner Tal.

Das »grüne Tal« lebt von der Landwirtschaft.

Reschen (Résia)

B 4

Höhe: 1504 m ü.d.M.

Der Reschenpass ist ein wichtiger, ganzjährig geöffneter Übergang über den Zentralkamm der Alpen nach Südtirol. Wenig südlich liegt der in den 30er-Jahren des vorigen Jahrhunderts erbaute Grenzort Reschen, ein im Sommer wie im Winter beliebter Urlaubsort.

Beim Reschenpass stoßen am Dreiländereck (2179 m ü.d.M.) die Staatsgebiete von Österreich, der Schweiz und Italien aneinander. Kurz hinter dem Pass folgt eine Verbindung dem Oberlauf des Inns ins schweizerische Graubünden. Die Südrampe der Passstraße führt durch das Etschtal in den ►Vinschgau und nach ►Meran.

✶ Reschensee

Ein populäres Postkartenmotiv ist das Bild vom »badenden« Kirchturm im Reschensee, dessen Geschichte jedoch nachdenklich stimmt. 1950 mussten das malerische Dorf **Graun** und Teile von Reschen einem Stausee zur Energiegewinnung weichen. Das Projekt existierte bereits seit den 1920er-Jahren und wurde rücksichtslos umgesetzt. Häuser und Kirche wurden weggesprengt, lediglich der Kirchturm aus dem 13. Jh. blieb »erhalten«. Der Ort Graun wurde an erhöhter Stelle wieder errichtete. Im alten Gemeindehaus neben der Kirche dokumentiert das **Museum Vintschger Oberland** ausführlich diese Geschichte (Führungen: Juni bis Sept., Mi. u. Do. 15.30 – 16.30 Uhr oder Tel. 04 73 63 34 82).

Das beeindruckende Bild verweist auf eine unrühmliche Geschichte.

Im Frühjahr ist heute vom See nur der nackte Seeboden zu sehen. Im Hochsommer zeigt er sich jedoch von seiner schönsten Seite: Segler und Surfer tummeln sich, eine Fähre schippert Ausflügler spazieren, Radfahrer und Wanderer bevölkern das Ufer.

✶ Rojen

Beim Reschenpass zweigt ein kleines Hochtal nach Südwesten ab, das Rojental. Auf fast 2000 m Höhe gelegen, ist Rojen die höchste ganzjährig bewohnte Siedlung Südtirols und der Ostalpen. In der St.-Nikolaus-Kirche, im 13. / 14. Jh. erbaut, sind wertvolle gotische Fresken aus der Meraner Schule zu sehen.

Das **Langtauferer Tal** ist ein östliches Hochtal des Obervinschgaus. Es führt von Graun in die hohen Berge an der Grenze. Im Talschluss liegt der Weiler Melag am Fuß der 3738 m hohen, teils vergletscherten **Weißkugel**, dem zweithöchsten Berg der Ötztaler Alpen.

Baedeker TIPP

Ideal für Allergiker

In den Höhenlagen des Langtauferer Tals kommt die Hausstaubmilbe nicht mehr vor. Auch die Pollensituation ist wegen der kurzen Vegetationszeit und der eingeschränkten Artenvielfalt für Allergiker sehr günstig. Die Luft ist aufgrund der Abgeschiedenheit außerordentlich sauber. Außerdem bieten viele Unterkunftsanbieter spezielle allergikergerechte Wohnräume an.

Das Vinschger Oberland hat sich zu einem beliebten **Wintersportgebiet** mit einem großen Angebot an Liften und Pisten gemausert, die allerdings nicht alle untereinander vernetzt sind. Anlagen gibt es u. a. in Reschen-Schöneben (Tel. 04 73 63 33 33), Haider-Alm-St.-Valentin (Tel. 04 73 63 46 28) und in Langtaufers-Maseben (Tel. 04 73 63 31 91).
Im Sommer beginnt eine schöne, leichte Tageswanderung an der Bergstation der **Haider Alm**. Der Weg Nr. 14 führt knapp oberhalb der Baumgrenze auf über 2000 m in ca. 3 Stunden nach Schöneben. Von dort erreicht man mit der Umlaufbahn oder aber auf gutem Waldweg (Nr. 11) in 2 Stunden St. Valentin auf der Haide (Gesamtgehzeit ca. 5 Stunden, kein Höhenunterschied im Aufstieg).

★ Ritten (Renón)

D 9

Höhe: 1220 m ü.d.M.

Der sonnige, bewaldete Mittelgebirgsrücken des Ritten ist der klassische Wanderberg der Bozner Stadtbewohner. Schon im 17. Jh. nutzten wohlhabende Bozner Bürger das Hochplateau als Sommerdomizil, um der Hitze des Talkessels zu entgehen. Später wurde daraus der Begriff der »Sommerfrische«. Auch heute noch ist der Ritten für die »Stadtler« ein beliebtes Wander- und Feriengebiet.

Das schmale ► Sarntal und der Talferfluss trennen den Ritten vom Tschögglberg im Westen, das ► Eisacktal begrenzt ihn im Osten. Im Süden liegt der Bozner Talkessel, gegen Norden geht der Ritten ins Rittner Horn und die östlichen Sarntaler Alpen über.
Der Ritten ist von ► Bozen aus auf einer breiten Panoramastraße oder mit einer Seilschwebebahn zu erreichen.

Sehenswertes am Ritten

Rittner Bahn

1907 wurde eine Zahnradbahn gebaut, die lange Zeit die einzige Verkehrsverbindung auf den Ritten bildete. Sie führte von Bozen über

In der Finsterbachschlucht stehen die berühmten Rittner Erdpyramiden.

Oberbozen nach Klobenstein. In den 1960er-Jahren löste sie eine Seilbahn in ihrer Funktion ab. Doch auf der 4,6 km kurzen Nebenstrecke von Maria Himmelfahrt nach Klobenstein kann man noch das Flair der alten Bahn genießen.

★★ Erdpyramiden Die sonderbaren und geheimnisumwitterten Erdtürme mit dem steinernen Hut sind an mehreren Orten zu finden: in der Gegend von Signat, in Klobenstein und in Unterinn, wo sie nicht rot, sondern grau sind. Sie entstanden durch Verwitterung und Auswaschung des zementharten lehmigen Moränenschuttes aus der Eiszeit. Dabei schützen die Steinblöcke auf den Pyramidenspitzen das darunterliegende Material vor der weiteren Erosion.

Oberbozen Oberbozen erreicht man von Bozen entweder über eine kurvenreiche Straße mit herrlichem Blick auf den Bozner Talkessel oder mit der Seilbahn (ab Rittner Str. 12, Fahrplanauskunft: Tel. 04 71 97 84 79).

Wolfsgruben Östlich von Oberbozen liegt der Ort Wolfsgruben. Im gleichnamigen kleinen See kann man baden. In Seenähe befindet sich auf einer Wiesenkuppe mit herrlicher Aussicht der Plattnerhof. Der über 500 Jahre alte Bauernhof beherbergt heute das **Bienenmuseum**. Alte Gerätschaften und die historische Einrichtung bilden hier außerdem ein schönes Denkmal bäuerlichen Lebens. Die Führungen sind kindgerecht (Ostern bis Oktober, Mo. bis So. 10.00 bis 18.00 Uhr; Tel. 04 71 34 53 50).

Klobenstein Klobenstein ist das größte Dorf am Ritten. Es liegt am Ostrand eines Plateaus, das zum Eisacktal abfällt und herrliche Panoramen, u. a. von der Bergsilhouette des Schlern, bietet.

Weiter nördlich steht etwas abseits der Straße der kleine Wallfahrtsort **Maria Saal**. Das Kirchlein wurde vor kurzem restauriert; im Innern ein originelles Fresko der Madonna mit dem Regenschirm.
Wenige Kilometer weiter liegt der Weiler Lengstein. Die hier schmaler werdende Straße führt über Barbian ins ►Eisacktal hinab.

Lengmoos

Bis zur Erschließung des Kunterwegs durch das Eisacktal im 14. Jh. passierte der gesamte Verkehr zwischen Deutschland und Italien den Ritten. Auf dem beschwerlichen Weg errichtete man bei Lengmoos eine Raststätte für die Reisenden, darunter viele Pilger. Die Führung der **Kommende** Lengmoos wurde dem Deutschen Orden übergeben. Der ursprünglich romanische Bau wurde im 16. Jh. im gotischen Stil umgebaut und ausgestattet. Der stimmungsvolle Innenhof wird seit Jahren als Austragungsort für Veranstaltungen genutzt.

Rittner Horn

Eine 8 km lange Fahrstraße verbindet Klobenstein mit dem nördlich gelegenen Pemmern am Fuß des Rittner Horns. Hier startet eine Kabinenbahn zur 2070 m hohen Schwarzseespitze, einem Vorgipfel des Rittner Horns. Eine einstündige Wanderung führt auf die flache Gipfelkuppe des 2260 m hohen Rittner Horns mit dem Rittner-Horn-Haus (im Winter geschlossen). Es bietet sich der berühmte Panoramablick, der nahezu ganz Südtirol umfasst.
Auf den sanften Hängen rund um das Rittner Horn hat sich ein kleines, familienfreundliches Skigebiet etabliert.

★★ Rosengarten · Latemar

E 10

Rosengartenspitze: 2981 m ü.d.M. **Latemar-Spitze:** 2846 m ü.d.M.

Die beiden beeindruckenden Dolomiten-Bergmassive Rosengarten und Latemar werden durch den Karerpass getrennt. Auch die in sanfte Wiesenhänge gebetteten Siedlungen zu ihren Füßen locken Bergwanderer wie Ausflügler.

Höchste Erhebung der ca. 8 km langen Rosengartengruppe ist der Kesselkogel mit einer Höhe von 3002 m; Hauptgipfel ist die Rosengartenspitze. Zu den gigantischen Bergzwillingen gelangt man über Bozen. Im Osten zweigt bei Kardaun die Straße durch das Eggental ab. Sie überwindet die enge Schlucht des Eggenbachs und führt über Welschnofen hinauf zum Karerpass (►Touren, S. 97).

Wandern

Wanderungen in die Rosengarten- und Latemar-Gruppe sind für trittsichere und geübte Wanderer ein einmaliges Erlebnis. Mehrere Schutzhütten an den Steigen, wie die Kölner Hütte, die Paolina-, Grasleiten-, Antermoja-, Vaiolet-, Latemar- oder Torre-di-Pisa-Hütte bieten Unterkünfte an. Die Gipfel können sowohl auf den Kletterrouten von Bergsteigerlegenden wie Stabeler und Santner, Dimai und Villgrattner als auch auf teilweise gesicherten Klettersteigen bezwungen werden.

Umgebung von Rosengarten und Latemar

Deutschnofen Der Ort liegt unweit südöstlich von Bozen etwas versteckt auf einer hügeligen, dicht bewaldeten Hochfläche zwischen dem Etsch- und dem Eggental. Die im Osten aufragenden Felstürme der Latemar-Gruppe machen die beliebte Wandergegend zu einer der schönsten Landschaften Südtirols. Steigender Beliebtheit erfreut sich außerdem das nahe Skigebiet von Obereggen.

Im Gemeindehaus von Deutschnofen sind die Reste der **Burg Thurn** integriert. Dort ist eine Sammlung sakraler Kunst zu sehen (geöffnet: Di. 9.00 – 12.00, Do. 14.00 – 17.00; Juli, Aug. Mo. – Fr. 9.00 – 12.00, Do. 14.00 – 17.00 Uhr).

Die gotische Pfarrkirche **St. Ulrich**, im 13. Jh. gegründet, erhielt ihre heutige Gestalt im 15. Jahrhundert. Besondere Beachtung verdienen die Reste des großen gotischen Hochaltars, der im Jahr 1422 von Hans von Judenburg ursprünglich für die Pfarrkirche in Bozen geschaffen und nach etlichen Irrwegen in den neugotischen Hochaltar und dessen Seitenaltar eingefügt wurden.

ROSENGARTEN · LATEMAR ERLEBEN

AUSKUNFT

Tourismusverein Eggental
Dorf 9 a
39050 Deutschnofen
Tel. 04 71 61 65 67
Fax 04 71 61 67 27
www.eggental.com

Tourismusverein Welschnofen-Karersee
Karerseestr. 21
39056 Welschnofen
Tel. 04 71 61 31 26
Fax 04 71 61 33 60
www.welschnofen.com

Tourismusverein Tiers
St.-Georgstr. 38
39050 Tiers
Tel. 04 71 64 21 27
Fax 04 71 64 20 05
www.tiers-rosengarten.com

ESSEN & ÜBERNACHTEN

► Preiswert

Hotel Rosengarten
Rosengarten-Str. 43, Welschnofen
Tel. 04 71 61 32 62
www.hotelrosengarten.it
Das Hotel mit 42 Zimmern liegt am Waldrand nahe beim Sessellift ins Rosengartengebiet. Im Restaurant kocht der Chef selbst (Einheimisches, Wild und Fisch). Ruhetag: Mo.

Gasthof Gasserhof
Dorf 6, Eggen
Tel. 04 71 61 58 82
Fax 04 71 61 81 35
www.gasserhof.it
Das gemütliche Gasthaus am Kirchplatz hat noch eine Selchküche mit offenem Feuer aus dem 15. Jh. und bietet bodenständige Kost. Auch 8 Gästezimmer. Ruhetag: Mi.

Mit der Auffindung eines Gnadenbildes im 16. Jh. begannen die Pilgerreisen nach Maria Weißenstein.

Das Kirchlein St. Helena steht auf einer Anhöhe mit schönem Blick auf Rosengarten und Latemar und weist interessante spätmittelalterliche Fresken der Bozner Schule um 1410 auf. Zum Hügelkirchlein mit dem daneben stehenden Berggasthaus führt ab Deutschnofen ein beliebter Rundwanderweg.

★ St. Helena

Der bekannteste Wallfahrtsort Südtirols liegt 10 km südlich von Deutschnofen. Er ist aber auch auf einem schönen Wanderweg in etwa 2 Stunden zu erreichen. Der viel begangene Pilgerweg steigt von Leifers im Tal herauf und überwindet dabei fast 1330 Höhenmeter. Die Geschichte der Wallfahrten beginnt mit der Auffindung des Gnadenbildes im Jahr 1553, dessen Kopie heute in der barocken Kirche des breit gelagerten Servitenklosters steht. Das Wallfahrtsziel liegt auf einem Hochplateau, von wo sich ein guter Blick nach Nordosten in die Rosengartengruppe öffnet. Es besteht aus Kirche und Kloster, einem Kongress- und Exerzitienhaus sowie einer Hotelanlage mit Gasthaus. Die Kirche, in die Gebäudeflucht des Klosters integriert, ist ein ziemlich kleiner Barockbau; an die innere linke Langhauswand angefügt ist die Kapelle, die den Fundort des Gnadenbildes bezeichnet. Links führt eine Tür zu der überreichen Sammlung von Votivgaben und -bildern. Unter der großen Freitreppe liegt die Krypta mit den Grabstätten von Ordensgeistlichen.

★★ **Maria Weißenstein**

Hinter dem Karersee erhebt sich das Latemar-Massiv.

Südlich von Maria Weißenstein erstreckt sich der sanftwellige Höhenzug des Regglbergs, ein herrliches Wandergebiet. Bei **Petersberg** liegt ein sehr schöner, gepflegter und gut besuchter 18-Loch-Golfplatz mit Clubhaus und Restaurant.

Welschnofen, südöstlich von Bozen an der Großen Dolomitenstraße gelegen, ist im Sommer ein sehr beliebtes Wanderzentrum und Ausgangspunkt für Bergtouren in die Rosengartengruppe und zum Latemar. Wintersportler können von hier aus zwischen dem ruhigen Familienskigebiet am Karerpass und den anspruchsvolleren Pisten von Obereggen wählen.
Kurz nach Welschnofen, in Richtung Karerpass, führt die Dolomitenstraße am bekannten, romantisch im dunklen Wald gelegenen, türkisfarbenen **Karersee** vorbei, in dem sich die wildzerklüfteten Zacken des Latemar spiegeln.

Karerpass ► Nach wenigen Kilometern ist der Karerpass erreicht, ein breiter Sattel mit schönen, blumenreichen Almwiesen im Sommer. Bereits um die vorige Jahrhundertwende ein bekanntes Feriengebiet, weilte einst auch Sisi hier. Die großen Hotelbauten im Zuckerbäckerstil von damals wurden inzwischen zu Appartementhotels umfunktioniert. Aus der Zeit stammt auch der Golfplatz, der nach Jahrzehnten der Stilllegung nun wieder reaktiviert wurde, und ein landschaftlich einmaliges Golferlebnis am Fuß der Felswände des Rosengartens beschert.

Nigerpass ► Zwischen Karersee und Karerpass zweigt eine Straße nach Norden ab. Sie führt auf ebener Strecke zum Nigerpass (1690 m ü.d.M.) und bietet herrliches Panoramakino mit der Rosengartengruppe in der Hauptrolle.

★ **Tiers**

Das ruhige Dolomitendorf Tiers ist ein ausgezeichneter Ausgangspunkt für Touren in die Rosengartengruppe. Es wird nördlich überragt von der Felsenkuppe des **Tschafon** (1737 m ü.d.M.). Unterhalb des Gipfels liegt auf einer kleinen Hochfläche die Tschafonhütte, ein beliebtes Wanderziel, das man in knapp 2 Stunden ab Tiers erreicht. Hinter Tiers steht an der Straße die romanische Kapelle **St. Cyprian** (13. Jh.) mit berühmter Sicht auf den Rosengarten. Die Strecke führt weiter nach Weißlahnbad, das bis vor 100 Jahren wegen seiner Heilquellen viel besucht war. Einige Hoteliers versuchen derzeit, die alte Badetradition wieder zu beleben.

In einem alten wasserbetriebenen Sägewerk am Eingang zum Tschamintal ist das **Naturparkhaus Schlern** untergebracht (Mitte Juni bis Ende Sept. Di., Mi., Fr. u. Sa. 9.30 – 12.30, 15.30 – 18.30 Uhr; Juli, Aug. auch So.). Zu Fuß kann man von hier dem wilden Tschamintal folgen, das Teil des Naturparks ist, und in 3 Std. über das Bärenloch die großartig gelegene Grasleitenhütte erreichen.

◄ Tschamintal

Salurn (Salorno)

F 8

Höhe: 224 m ü.d.M. **Einwohnerzahl:** 2939

Salurn ist das südlichste Dorf Südtirols und Endpunkt der Südtiroler Weinstraße. Das Zentrum prägen stattliche Häuser aus Renaissance und Barock, das Umland Obstplantagen und Weinberge.

Hier im Etschtal liegt auch die deutsch-italienische Sprachgrenze. Südlich des Ortes bilden Geiersberg (östlich) und Fennberg (westlich) die berühmte Engstelle der Salurner Klause.

Sehenswertes in Salurn

Pfarrkirche

Die 1628 bis 1640 erbaute Pfarrkirche ist ein von Norditalien beeinflusster Barockbau. Ihr Turm wurde bereits im 15. Jh. errichtet.

*** Haderburg**

Auf einem steilen, exponiert aufragenden Felszacken vor den Hängen des Geiersberges steht die Ruine der im 12. bis 16. Jh. errichteten Haderburg. Einst war sie Sitz der Edlen von Salurn, dann im Besitz der Grafen von Tirol. Später stand sie im Einflussbereich des damaligen Landeshauptmannes Leonhard von Völs. 1531 beherbergte sie Luthers Mitstreiter Philipp Melanchthon als Gast. Sie ist über einen guten Fußweg erreichbar, aber nur von außen zu besichtigen.

Umgebung von Salurn

Von der Talsohle aus windet sich eine Straße 14 km durch Weinreben und Obstanlagen nach **Buchholz**, das auf einer Geländestufe an der östlichen Talflanke liegt. Hinter dem Ort steigt die Straße durch ein Waldgebiet bis auf eine Höhe von 1328 m zum verträumten Örtchen **Gfrill**. Hier scharen sich wenige Häuser um ein kleines Kirchlein und das Gasthaus Fichtenhof.

? WUSSTEN SIE SCHON ...?

- Aus der Salurner Gegend stammt Klemens Perkeo. Um 1700 war er der zwergwüchsige Hofnarr von Karl Philipp von der Pfalz und lebte am Fürstenhof in Heidelberg. Berühmt wurde Perkeo durch seine Schlagfertigkeit und Trinkfestigkeit, der er auch seinen Namen verdankt. Immer wenn man ihn fragte, ob er noch einen Schoppen Wein wolle, antwortete er auf Italienisch: »Perché nó?« (Warum nicht?)

Albrecht-Dürer-Weg 1494 brach der frisch vermählte Albrecht Dürer zu einer Studienreise nach Italien auf. Weil das Etschtal durch starke Regenfälle unpassierbar war, musste er auf seinem Weg über die Berge ausweichen. Auf diesem Umweg entstanden mehrere Zeichnungen und Aquarelle. So zeigen »Wehlsch Pirg« das Cembratal und »Ain welsch schlos« und »Wasserschlos« das dortige Castello Segonzano.

Den vermutlichen Weg Dürers kann man in sieben kurzen Wanderetappen nacherleben. Der Weg ist mit Dürers Initialen »AD« markiert. Ausgangspunkt ist das uralte Hospiz Klösterle in St. Florian bei Neumarkt. Er führt über die gewaltige steinerne »Römerbrücke« über den Laukusbach nach Buchholz und weiter zum 946 m hohen Sauchsattel und zum Heiligen See (1196 m; höchster Punkt). Über Cembra, Faver und Segonzano geht es wieder hinab ins Tal. Von hier verkehrt ein Bus nach Trient und Laag (5 km nördlich von Salurn). An den einzelnen Etappenzielen kann man auch übernachten (Info: Tourismusverein Castelfeder, Tel. 04 71 81 02 31).

★ Sarntal (Valle Sarentina)

C–D 9

Das Sarntal im Herzen Südtirols wird von einer hufeisenförmigen Bergkette umschlossen. Im Talgrund fließt die Talfer. Die relativ unberührte Landschaft des weiten Talkessels mit saftigen Weiden und stillen Weilern macht den besonderen Reiz des Tales aus.

DAS SARNTAL ERLEBEN

AUSKUNFT

Tourismusverein Sarntal
Europastr. 15
39058 Sarnthein
Tel. 04 71 62 30 91
Fax 04 71 62 23 50
www.sarntal.com

EINKAUFEN

Sarner Handwerk
Im Sarntal sind verschiedene traditionelle Handwerker ansässig, darunter Federkielsticker, Drechsler, Handweber, Besteckmacher oder Pfeifenschnitzer. Beim Pantoffelmacher bekommt man die bequemen Filz-»Patschen« (Infos beim Tourismusverein).

ÜBERNACHTEN

► **Luxus**

Hotel Bad Schörgau
Putzen
Sarntal
Tel. 04 71 62 30 48
Fax 04 71 62 24 42
www.bad-schoergau.com
Das Hotel mit 28 Zimmern und Suiten liegt direkt am Waldrand. Ein ausgefeiltes Wohlfühlprogramm, das auch das traditionelle Bauernbadl einschließt, verwöhnt die Gäste. Das angeschlossene Restaurant zählt zu den besten in ganz Südtirol (Mi. – Sa. abends; So. auch mittags). Im März und April geschlossen

Auf einer kurvenreichen und engen Straße erreicht man von ►Bozen nach 20 Min. Fahrt Sarnthein, den Hauptort des Tales. Hier weitet sich die Schlucht. Das im Winter gesperrte Penser Joch (2214 m) verbindet das Sarntal mit ►Sterzing im ►Eisacktal (Touren, S. 103). Die knapp 70 km lange Strecke durch das Tal zieht von Bozen durch zahlreiche Tunnels sowie an steilen Porphyrwänden entlang. **Sarnthein**

Am westlichen Taleingang thront die ausgedehnte Burgruine Rafenstein (13. Jh.), östlich auf steilen Felsen das Schloss Wangen-Bellermont und im Talgrund Schloss Ried. Bald darauf tritt der mächtige Johanneskofel mit dem alten Johanniskirchlein ins Blickfeld. **Rafenstein**

Der Hauptort der Talgemeinde ist vor allem im Sommer ein Ziel für Touristen. Oberhalb der Durchgangsstraße erhebt sich das aus dem 13. Jh. stammende Schloss Reinegg, eines der am besten erhaltenen Schlösser Südtirols. **Sarnthein**

Im Dorf steht die ursprünglich romanische, später gotisch umgebaute Kapelle St. Cyprian, die bemerkenswerte Fresken aus der Zeit um 1380 birgt. ★ ◄ St. Cyprian

Oberhalb von Sarnthein liegt das hervorragend erhaltene Schloss Reinegg.

Durnholz Ungefähr 3 km nördlich von Sarnthein gabelt sich die Straße. Geradeaus geht es zum Penser Joch, rechts zweigt eine Straße in das Durnholzer Tal mit dem gleichnamigen See ab. Die gotischen Fresken in der Durnholzer Kirche stellen die Nikolauslegende dar.

Von der Talstraße zweigt nach 6 km eine Stichstraße nach **Reinswald** ab. Am Pichlberg gibt es ein bei den Einheimischen sehr beliebtes Wintersportgebiet mit Umlaufbahn und mehreren Liften.

! *Baedeker* TIPP

Latschenkiefernbad

In den Sarntaler Höhenlagen wächst die Latschenkiefer, eine alpine Krummkiefernart. Aus deren Nadeln gewinnt ein findiger Sarner das wohlriechende Latschenkiefernöl, das als Bade- und Saunazusatz wahre Wunder vollbringen soll. An den Destillationsbetrieb ist ein Badehaus angeschlossen, in dem man sich verwöhnen lassen kann (Unterreinswald 17, Sarnthein, Tel. 04 71 62 51 38).

Die hufeisenförmigen Sarntaler Alpen kann man auf einer mehrtägigen Wanderung von einer Hütte zur anderen erleben. Für die lange, anspruchsvolle, aber sehr lohnende Wanderung durch alpines Gelände gibt es beim Tourismusverein eine eigene Wanderkarte.

★ Schenna (Scena)

C 8

Region: 600 m ü.d.M. **Einwohnerzahl:** 2673

Schenna liegt auf einem Hügel nordöstlich von Meran. Als eines der touristischen Zentren Südtirols verfügt der Ort über ein großes Hotelangebot. Außerdem liegt hier Erzherzog Johann von Österreich, der einst im Schloss Schenna residierte, begraben.

Sehenswertes in Schenna und Umgebung

Pfarrkirche St. Johann (Mausoleum) Im Ortskern steht neben der neuen Pfarrkirche (1914–1931) die alte gotische Kirche und unweit in dominierender Lage auf einem Geländevorsprung die neugotische Begräbniskirche St. Johann (1869). Im Mausoleum aus rotem Sandstein sind Erzherzog Johann von Österreich (1782–1859) und seine aus bürgerlichem Haus stammende Gemahlin Anna Plochl begraben (geöffnet: Mitte März bis Anfang Nov. Mo. – Fr. 10.00 – 11.30, 15.00 – 16.30 Uhr).

Schloss Schenna Der mächtige Bau ist von einem teilweise noch sichtbaren Burggraben umgeben. Über eine Brücke gelangt man in den Innenhof und in die Burggemächer, die, bis auf den Flügel mit den Privaträumen der gräflichen Familie, besichtigt werden können. Zu sehen sind u. a. Gemälde und eine Waffensammlung (nur mit Führung: Karwoche bis Allerheiligen Mo. – Sa. 10.30, 11.30, 14.00 u. 15.00 Uhr).

Im neugotischen Mausoleum haben Erzherzog Johann und Gemahlin ihre letzte Ruhestätte gefunden.

★ **St. Georg im Oberdorf**

Die originelle Rundkirche aus dem 12./13. Jh. war früher eine Kapelle der Burg St. Georgen oder Alt-Schenna. Die Fresken (14. Jh.) sind sehr gut erhalten und stellen u. a. das Martyrium des hl. Georg, das Jüngste Gericht, die St.-Nikolaus-Legende und den selten gezeigten hl. Kummernus aus dem 17. Jh. dar (geöffnet: 10.00 – 12.00, 14.00 bis 17.00 Uhr; Mitte März – Allerheiligen So. geschlossen).

Taser

Nördlich vom Dorf liegt am Waalweg die Talstation der Seilbahn zum Taser, einem viel besuchten und herrlich gelegenen Berggasthof.

Verdins

An der Bergflanke entlang führt eine Straße zum 4 km entfernten Verdins. Mit einer Schwebebahn kommt man von hier nach Oberkirn (1400 m ü.d.M.) und weiter mit einem Sessellift zur Grube (1808 m ü.d.M.) und dem dortigen Schutzhaus. Von hier bieten sich einige Wandermöglichkeiten.

Von Schenna zieht sich ein wunderschönes Mittelgebirge bis zu den Zwillingsgipfeln Hirzer (2781 m) und Ifinger (2581 m) in den Sarntaler Alpen – ein abwechslungsreiches und beliebtes **Wander-**

! *Baedeker* TIPP

Plantschen mit Panorama

Im Süden von Schenna hat 2005 das schöne Panorama-Freibad eröffnet. Kinder freuen sich über Sprudelbecken und Rutsche, Erwachsene über 2 Tennisplätze und 4 Bowlingbahnen (Mitte Mai bis Anfang September, Alte Straße 12, Tel. 04 73 23 49 03).

SCHENNA ERLEBEN

AUSKUNFT

Tourismusverein Schenna
Erzherzog-Johann-Platz 1/D
39017 Schenna
Tel. 04 73 94 56 69
Fax 04 73 94 55 81
www.schenna.com

ESSEN

► Erschwinglich

Thurnerhof
Verdinserstr. 26
Tel. 04 73 94 57 02
Das Wirtshaus in einem schönen, alten Bauernhof gehört zum Besitz von Schloss Schenna. »Köstlich einfach...« lautet die Devise aus der Küche. Ruhetag: Mo.

► Preiswert

Zmailerhof
Tel. 04 73 94 58 81
Der Berggasthof liegt am steilen Hang über Schenna. Auf der Sonnenterrasse und in der holzgetäfelten Gaststube kommen herzhafte Bauernkost und hausgemachte Säfte auf den Tisch. Anfang April bis Ende November ohne Ruhetag geöffnet. Abends nur auf Vorbestellung!

ÜBERNACHTEN

► Komfortabel

Hotel Restaurant Schlosswirt
Schlossweg 2
Schenna
Tel. 04 73 94 56 20
Fax 04 73 94 55 38
www.schlosswirt.it
Zu Füsßn des Schlosses liegt das historische Haus mit unverbautem Panoramablick über den Meraner Talkessel und zum gegenüberliegenden Dorf Tirol. Terrasse, Garten, Freibad mit Liegewiese und 33 Zimmer.

gebiet. Das dichte Wanderwege-Netz führt zu gemütlichen Almen ebenso wie auf steile Gipfel. Der Tourismusverein informiert mit einer Broschüre und auf seiner Internetseite über die vielen Wandermöglichkeiten. Der »Nature.Fitness.Park« bietet außerdem Nordic-Walking-Anhängern sieben schöne Strecken mit unterschiedlichen Schwierigkeitsgraden.

★ Schlanders (Silandro)

D 5

Höhe: 721 m ü.d.M. **Einwohnerzahl:** 5733

Auf halbem Weg zwischen Reschenpass und ► Meran liegt die Marktgemeinde Schlanders. Der Hauptort des ► Vinschgaus liegt auf der Sonnenseite des Tales. Der Ortskern mit seinen malerischen Gassen, Bars, Geschäften, Cafés und Restaurants gibt Schlanders schon fast städtischen Charakter.

Sehenswertes in Schlanders

Pfarrkirche

In der ursprünglich gotischen, um 1760 barockisierten Pfarrkirche Mariä Himmelfahrt finden sich Fresken aus dem 16. und 18. Jh., letztere von Josef Adam Mölk. Vom ersten Geschoss der zweistöckigen Empore überblickt man den Innenraum mit seinem wuchtigen Barockaltar am besten. Gelegentlich finden hier auch Orgelkonzerte statt. Wahrzeichen des Ortes ist der von einem spitzen Helm gedeckte Turm der Pfarrkirche, mit 97 m der höchste in ganz Tirol.

Schlandersburg

Die Schlandersburg, in den Ursprüngen aus dem 13. Jh., erhielt ihre heutige Form mit Zinnengiebel und kurzem Turm durch die Grafen Hendl um 1600. Sie gilt als einer der schönsten Renaissancebauten im Vinschgau. Bemerkenswert sind der zweigeschossige Arkadenhof, das pilastergefasste Portal, Heiligenfresken und Wappendarstellungen. Die Burg ist heute Sitz verschiedener Ämter und einer Bibliothek und zu deren Öffnungszeiten zugänglich.

Spitalkirche

Südöstlich der Schlandersburg kommt man zur Spitalkirche Hl. Geist, die im 16. Jh. entstanden ist und im Innern Wandgemälde aus jener Zeit besitzt.

Burg Schlandersberg

Am Ausgang des Schlandraun-Tals steht auf 1100 m die Burg Schlandersberg (in Privatbesitz) mit ihrem vierkantigen Bergfried.

Hof der Schlandersburg mit zweigeschossigen Renaissancearkaden

SCHLANDERS ERLEBEN

AUSKUNFT

Tourismusverein Schlanders/Laas
Göflanerstr. 27
39028 Schlanders
Tel. 04 73 73 70 50
Fax 04 73 62 16 15
www.schlanders-laas.it

ÜBERNACHTEN

► Komfortabel

Sporthotel Vetzan
Vetzan 63
Tel. 04 73 74 25 25, Fax 04 73 74 24 67
www.sporthotel-vetzan.com
Das sehr persönlich geführte Haus mit 20 Zimmern befindet sich in schöner Hanglage. Schwimmbad, Garten, Terrasse, Teichlandschaft.

► Günstig

Steinbergerhof
Mühlgasse 13
Tel. 04 73 62 12 67, Fax 04 73 62 04 98
Im zentrumsnahen, renovierten Bauernhaus sind 4 gemütliche Ferienwohnungen untergebracht. Auf dem Biobauernhof kann man außerdem Reitunterricht nehmen.

Ansitz Plawenn Der Freienturm, ein ehemaliger Wohnturm aus dem Mittelalter, wurde 1729/30 zu einem Ansitz ausgebaut. In dem auch als Plawennhaus bekannten Bau befindet sich heute das Rathaus. Eine Besonderheit ist die Kapelle in der Hausmitte, die eine schwarze Madonna birgt.

Umgebung von Schlanders

Vetzan Das kleine Dörfchen Vetzan liegt 2 km südöstlich von Schlanders. Von der Sonne verwöhnt und in wunderschöner Hanglage gedeiht hier noch Wein. Als besondere Spezialität gilt die lokale Rebsorte »Fraueler« (Infos beim Weingut »Befehlhof«, Tel. 04 73 74 21 97).

✶ Kortsch Die größte Fraktion der Gemeinde liegt am Fuße des Sonnenbergs rund 1 km nordwestlich von Schlanders. Typisch sind die weitläufigen Kastanienhaine, die hier ihre nördlichste Verbreitung finden.
In der kleinen **Ägidiuskirche** wurden Fresken aus dem 13. Jh. freigelegt. An der südlichen Außenmauer befindet sich ein großes Wandgemälde des hl. Christophorus. Das Kirchlein ist von Kortsch aus über den neuen Rosenkranzweg in ca. 20 Gehminuten zu erreichen.

✶ Göflan Das kleine Dorf liegt am Fuße des Nördersbergs, ca. 1,5 km vom Ortskern von Schlanders entfernt. Hier befindet sich auf ca. 2250 m Höhe der Göflaner Marmorbruch. Besonders sehenswert ist die Pfarrkirche St. Martin, die 1185 erstmals erwähnt wurde und mit schönen Flügelaltären aus dem 15. Jh. ausgestattet ist. Auch die kleine spätgotische Walpurgiskirche lohnt einen Besuch (Besichtigung der beiden Kirchen nach Vereinbarung über den Tourismusverein).

Schlerngebiet

D 10

Zwischen ► Bozen und ► Klausen breitet sich auf einer Mittelgebirgsstufe in ca. 1000 m Höhe das Schlerngebiet aus, ein beliebtes Ferien- und Wanderareal um die Dörfer Kastelruth, Seis und Völs.

An den Schlern, den Hausberg, schließt das 51 km² große Naturschutzgebiet der Seiser Alm an, das im Winter ein beliebtes Familienskigebiet mit leichten Abfahrten und schönen Langlaufloipen ist.

Kastelruth

Kastelruth ist das größte und nördlichste der drei Dörfer im Schlerngebiet. Der populäre Urlaubsort besitzt im Kern eine Reihe schöner alter Häuser mit Zinnengiebeln und blumengeschmückten Erkern, die sich um den zentralen Kirchplatz mit dem charakteristischen zwiebelgekrönten Turm (einem der höchsten des Landes) scharen. Die große Pfarrkirche St. Petrus und Paulus ist ein Werk des 19. Jh.s; ihr Turm stammt aus dem Spätbarock.

◄ Kastelruther Spatzen

Berühmt ist die Volksmusikgruppe »Kastelruther Spatzen«, die hier alljährlich im Oktober das »Spatzenfest« veranstaltet. Der Ort ist noch immer die Heimat von Frontmann Norbert Rier; nicht selten ist sein Hof Pilgerstätte der Fans. In der Dolomitenstraße 3 betreibt Spatzen-Trompeter Walter Mauroner einen Fan-Shop.

Verwunschenes Schlernmassiv im Morgennebel.

Völs Völs ist das südlichste der Dörfer auf dem Hochplateau. Auf dem Kirchhügel scharen sich die aneinander gebauten Häuser um die spätgotische Pfarrkirche mit dem Zwiebelturm. Daneben zeigt das Pfarrmuseum wertvolle sakrale Kunst. Die alte romanische Kirche St. Peter am Bichl aus dem 13. Jh. liegt etwas exponiert westlich am Dorfrand. Richtung Schlern hin dehnen sich Wiesen mit verstreut liegenden Hotels, Bauern- und Ferienhäusern aus.

DAS SCHLERNGEBIET ERLEBEN

AUSKUNFT

Tourismusverein Schlern
Krausenplatz 1, 39040 Kastelruth
Tel. 04 71 70 63 33, Fax 04 71 70 51 88
www.kastelruth.com

Tourismusverein Seis
Schlernstr. 16, 39040 Seis
Tel. 04 71 70 70 24, Fax 04 71 70 66 00
www.seis.it

Tourismusverein Seiser Alm
Compatsch 50, 39040 Kastelruth
Tel. 04 71 72 79 04, Fax 04 71 72 78 28
www.seiseralm.net

ESSEN

► Erschwinglich
Hotel Goldenes Rössl
Krausplatz, Kastelruth
Tel 04 71 70 63 37, Fax 04 71 70 71 72
www.cavallino.it
Seit 1326 besteht der historische Gasthof mit zwei mittelalterlichen Gaststuben sowie 21 komfortablen Zimmern und Suiten.

► Preiswert
Tschötscherhof
St. Oswald 19, Seis
Tel. 04 71 70 60 13, Fax 04 71 70 48 01
www.tschoetscherhof.com
Der Hof mit Gastwirtschaft und 8 Zimmern bietet eigene Produkte und ein kleines Museum mit bäuerlichem Gerät. Ruhetag: Mi., Dez. bis März geschlossen.

ÜBERNACHTEN

► Komfortabel
Hotel Heubad
Schlernstr. 12, Völs
Tel. 04 71 72 50 20
Fax 04 71 72 54 25
www.hotel-heubad.com
43 Zimmer und Suiten, ein großer Wellnessbereich mit Heubädern sowie ein Restaurant mit verfeinerter Südtiroler Küche. Ruhetag: Mi.

► Günstig
Edelansitz Zimmerlehen
Kühlbachweg 15, Völs
Tel. 04 71 72 50 53
www.zimmerlehen.it
Einst ein Edelsitz und Sommerfrische für Adelige. Hier können 3 Appartements (Selbstversorgung) bezogen werden. Eigene Landwirtschaft; kinderfreundlich.

Baedeker-Empfehlung

► Günstig
Villa Gabriela
St. Michael 31/1
Kastelruth
Tel. 04 71 70 00 77
www.villagabriela.com
Das putzige, komfortable Tirolerhaus mit 7 Zimmern liegt auf einem Wiesenhügel am Waldrand – sonnig und absolut ruhig. Frisch renoviert und, je nach Geschmack, auch romantisch.

Diese Kühe haben das Alpenglühen auf der Seiser Alm schon zu oft gesehen.

Oberhalb von Völs liegt im Wald der romantische Waldsee **Völser Weiher**. Ein Freibad und ein Bootsverleih laden zum Faulenzen ein. In zwei Gasthäusern kümmert man sich ums leibliche Wohl.

✶ **Schloss Prösels**

Um 1500 war der mächtige Leonhard von Völs Landeshauptmann von Tirol und baute auf einem Hügel etwas südlich von Völs das prächtige Schloss Prösels, das in der Folge nahezu unverändert blieb. Es beherbergt eine Sammlung von Waffen, Bildern und antikem Mobiliar (nur mit Führung: Mai bis Okt. 11.00 und 15.00 Uhr sowie saisonabhängig zu weiteren Terminen, Tel. 04 71 60 10 62).

✶ **Seis**

Seis ist Teil des Gemeindegebietes von Kastelruth. Es liegt auf einem Hochplateau zu Füßen der Seiser Alm und des Schlernmassivs mit seinen beiden »Zeigefingern«, den Santner und Euringerspitzen. Seis hat sich in den letzten Jahrzehnten zu einem beliebten Urlaubsort entwickelt. Im 19. Jh. logierte hier auch Henrik Ibsen, der berühmte norwegische Dramatiker; sein Sohn baute sich hier eine Ferienvilla.
Oberhalb des Ortes steht das Kirchlein **St. Valentin**. Mitten in die Wiesen und vor das beeindruckende Schlernmassiv drapiert, ist es ein beliebtes Fotomotiv. Der gotische Bau mit dem barocken Turmhelm wartet mit gut erhaltenen Fresken aus dem 14. und 15. Jh. auf. In der Darstellung der Hl. Drei Könige ist die heimische Landschaft als Hintergrund miteinbezogen.

Im östlich gelegenen St. Vigil mahlt die wassergetriebene **Malenger Mühle** das Korn noch wie vor 500 Jahren (Infos zur Besichtigung beim Tourismusverein).
Südöstlich von Seis thront auf einem Dolomitfelsenzacken die Ruine der **Burg Hauenstein**. Im 15. Jh. bewohnte sie der Minnesänger Oswald von Wolkenstein. Sie ist von Seis aus bequem in einer Gehstunde auf einem Spazierweg zu erreichen und zu besichtigen.

*** Seiser Alm**

Zwischen Seis und Kastelruth zweigt die Straße zur Seiser Alm ab, wo man im Sommer über schöne Blumenwiesen spazieren oder zu anspruchsvollen Wanderungen aufbrechen kann. Die Zufahrt zum gebührenpflichtigen Parkplatz ist nur mit dem Shuttle-Bus oder mit dem Pkw früh am Morgen und für die Rückfahrt am Abend möglich, um das Naturschutzgebiet möglichst autofrei zu halten. Auf der Hochfläche selbst verkehren Pferdekutschen. Am besten genießt man den Aufstieg auf die 400 m höher gelegene Alm mit der modernen Seilbahn ab Seis, deren Fahrt ein herrliches Panorama begleitet.

*** Naturpark Schlern**

Der Naturpark Schlern, der erste Südtirols, umfasst eine Fläche von rund 6800 ha. Der Buckelberg des **Schlern** (2564 m ü.d.M.) mit seinen beiden Zacken ist eines der Wahrzeichen Südtirols. Der Bergstock hat einer ganzen geologischen Formation den Namen gegeben: dem Schlerndolomit. Die besonderen geologischen Verhältnisse bewirken auch eine außergewöhnliche Flora. Auf den gemähten Bergwiesen und beweideten Almen entfaltet sich die ganze unglaubliche Blütenpracht der Pflanzen auf Kalkböden. In Zusammenarbeit mit den Tourismusvereinen organisiert das Landesamt für Naturparke in den Sommermonaten naturkundliche Exkursionen.

* Schluderns (Sluderno)

C–D 4

Höhe: 921 m ü.d.M. **Einwohnerzahl:** 1853

Schluderns, dessen Ortsname man übrigens auf der zweiten Silbe betont, liegt in der breiten Talebene des Obervinschgaus. Richtung Westen zweigt hier das Münstertal nach Taufers und zur Schweizer Grenze ab.

Sehenswertes in Schluderns und Umgebung

Kirchen

Auf dem Friedhof stehen zwei Kirchen. Die turmlose **Michaelskirche** besitzt an ihrer rechten Außenfassade ein stark verwittertes Fresko von 1525, das Christus am Ölberg zeigt. Die von einem romanischen Turm überragte **Pfarrkirche** St. Katharina (um 1500) ist von etwas ungewöhnlichen Proportionen, denn das erst 1910 angefügte Seitenschiff ist schmäler als das Hauptschiff, aber von gleicher Höhe.

SCHLUDERNS ERLEBEN

AUSKUNFT

Tourismusverein Mals / Schluderns / Glurns
St.-Benedikt-Str. 1, 39024 Mals
Tel. 04 73 73 70 70, Fax 04 73 83 19 01
www.ferienregion-obervinschgau.it

ÜBERNACHTEN

► **Komfortabel**
Hotel Alte Mühle
Matscher Winkel 24
Tel. 04 73 61 52 38, Fax 04 73 61 40 61
www.hotel-alte-muehle.com
Jahrhundertelang wurde in der Palimühle Getreide gemahlen. Heute verwöhnt das Pizzeria-Restaurant-Hotel mit 13 Zimmern, großem Wellnessbereich, eleganter Stube, selbst gebackenem Brot und Mehlspeisen sowie Salaten, Gemüse und Kräutern aus dem eigenen Biogarten. Ruhetag: Mo.

Vintschger Museum

Das Museum (Meraner Straße 1) ist dem für die Region so wichtigen Wasser gewidmet. Fundstücke wie alte Schalensteine und Multimedia-Installationen vermitteln anschaulich, wie das alte Bewässerungssystem der Waale funktioniert (geöffnet: 20. März bis 31. Okt. Di. bis So. 10.00 – 12.00, 15.00 – 18.00 Uhr, im Winter nach Voranmeldung unter Tel. 04 73 61 52 58).

★ Churburg

Hoch am Hang steht die stattliche Churburg aus dem 13. Jahrhundert, die am besten erhaltene Burg des Landes. Wie der Name andeutet, wurde sie von den Bischöfen von Chur erbaut; seit 1504 ist sie

Churburg *Orientierung*

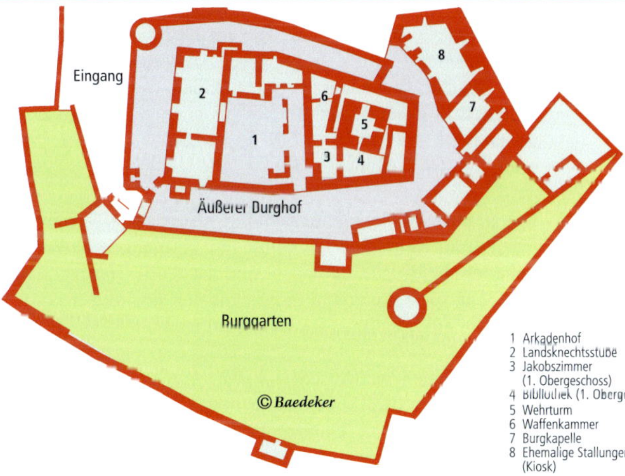

1 Arkadenhof
2 Landsknechtsstube
3 Jakobszimmer (1. Obergeschoss)
4 Bibliothek (1. Obergeschoss)
5 Wehrturm
6 Waffenkammer
7 Burgkapelle
8 Ehemalige Stallungen (Kiosk)

Traumhaft schön sind die Fresken und Säulen der Renaissanceloggia.

im Besitz der Grafen von Trapp. Durch die Umgestaltung im 16. Jahrhundert erhielt sie Renaissancegepräge. Von herausragender Schönheit ist die berühmte Renaissanceloggia im ersten Stock, deren Säulen alle unterschiedlich gestaltet sind. Die reiche Ausmalung von 1580 wurde erst 1910 bis 1912 freigelegt und zeigt unter anderem Fabelszenen nach Äsop. Eine Reihe schöner Intarsientüren führt hier in die an den Laubengang anstoßenden Zimmer, darunter das Jakobszimmer, welches seinen Namen von der hier stehenden geschnitzten Figur des Jakob Trapp hat. In dem Raum hängt auch der Pilgermantel Jakobs mit dem Gralkreuz. Ein weiteres Prunkstück der Burg ist außerdem die Rüstkammer: Die im Besitz des Burgherren befindliche Sammlung ist die größte ihrer Art weltweit. Die Rüstungen reichen von kriegerischen Zweckmodellen des Spätmittelalters bis zu reinen Prunkharnischen der Renaissance (Führungen: 20. März bis 31. Okt. Di. – So. 10.00 – 12.00 und 14.00 – 16.30 Uhr, Voranmeldung unter Tel. 04 73 61 52 41).

Ganglegg Die prähistorische Höhensiedlung »Ganglegg« war in der Bronze-, Eisen- und Römerzeit bewohnt. Die einmaligen ausgezeichneten erhaltenen Befestigungsanlagen und Gebäude werden derzeit restauriert. Die spektakulärsten Funde aus der Siedlung sind im Vintschger Museum ausgestellt.

Matsch Das abgeschiedene Matschertal zieht sich von Schluderns nordöstlich zu den Bergen hin. Am Eingang zum Tal liegen die Reste der Stammburgen Ober- und Untermatsch der einst gefurchteten Matscher Vögte sowie die Burgkapelle von Obermatsch.

Im hinteren Matschertal ist das Gasthaus Glieshof Ausgangspunkt für die Bergtouren zur einsamen Oberetteshütte und von dort weiter auf einem neu angelegten Weg zur Weißkugel (3739 m); die Hochgebirgstour unternimmt man am besten mit einem Bergführer.

Schnalstal (Val Senales)

C 5 – D 6

Von Nordwesten mündet bei ► Naturns ein enges Bergtal: Das Schnalstal hat sich von einem einsamen Hochtal zu einem modernen Fremdenverkehrsgebiet entwickelt, wo sich selbst im Sommer Skifahrer auf den Gletscherpisten tummeln. Im Similaungebiet wurde die berühmte Gletscherleiche »Ötzi« gefunden.

Sehenswertes im Schnalstal

Katharinaberg

Die gut ausgebaute Straße ins Schnalstal führt vorbei an der hoch gelegenen Burg Juval (►Naturns) und zunächst durch eine wildromantische Felsschlucht aufwärts. Nach etwa 7 km stehen rechts auf hohem, steilem Fels und einem Geländevorsprung das kleine Dorf und die Kirche von Katharinaberg.

Idyllische Berghöfe schmücken das enge Hochtal.

DAS SCHNALSTAL ERLEBEN

AUSKUNFT

Tourismusverein Schnalstal
Karthaus 42
39020 Schnals
Tel. 04 73 67 91 48, Fax 04 73 67 91 77
www.schnalstal.org

ESSEN

► **Preiswert**
Gasthof Oberraindlhof
Unser Frau 49, Schnalstal
Tel. 04 73 67 91 31
Fax 04 73 67 93 11
www.oberraindlhof.com
Der Oberraindlhof mit heimischer wie internationaler Küche ist ein uriges Holzhaus mit einzigartigem Ambiente. Außerdem 13 günstige Gästezimmer.

ÜBERNACHTEN

Baedeker-Empfehlung

► **Komfortabel**
Hotel Zur Goldenen Rose
Karthaus 29, Schnalstal
Tel. 04 73 67 91 30
Fax 04 73 67 91 15
www.goldenerose.it
Mitte im alten Klosterdorf liegt das Hotel mit 25 Zimmern und schön getäfelten Stuben. Bekannt ist es für seine gute Küche. Unbedingt die Süßspeise Schnalser Schneemilch mit Weißbrotstückchen, Sahne, Zimt und Rosinen versuchen! Geschlossen: Mai und Nov.

✶ Pfossental ►

Bei Katharinaberg zweigt die Straße ins Pfossental ab, das weit in den Naturpark der Texelgruppe reicht. Die schmale Straße endet nach ca. 5 km bei Vorderkaser. Hier starten lohnende Wanderwege, u. a. der Übergang nach Pfelders über das 2895 m hohe Eisjöchl und die Stettiner Hütte. Den Talschluss krönt der Hohe Wilde (3480 m).

✶ **Karthaus**

Karthaus, der Verwaltungssitz des Tals, liegt unweit westlich abseits der Talstraße. Der Ortsname weist auf das einstige Karthäuserkloster Allerengelberg hin, das 1326 durch die Grafen von Tirol gegründet wurde und bis 1782 existierte. Nach dem Auszug der Karthäusermönche übernahmen die Talbewohner die Bauten. 1924 brannte das Dorf ab und wurde anschließend wieder aufgebaut. Man kann noch Bauteile des ehemaligen Klosters erkennen, darunter Reste des Kreuzganges und der Mönchszellen. An der Südwestecke der ehemaligen Ringmauer befindet sich die Heiliggrabgrotte, wo in einer Seitennische eine rund 2 m große Christusskulptur liegt.

Unser Frau in Schnals

Etwa in der Talmitte liegt auf der westlichen Seite der Wallfahrtsort Unser Frau in Schnals, eine lockere Streusiedlung. Wallfahrten sind seit dem 14. Jh. bezeugt; die sehr malerisch auf einem schmalen Hügelrücken gelegene Kirche, ursprünglich von 1307, wurde 1750 umgebaut. Die alten Bauernhöfe sind breit hingelagerte Anwesen in Holzbauweise mit Schindeldächern.

Im Ort veranschaulicht ein original rekonstruirtes steinzeitliches Dorf das Lebensumfeld der Gletschermumie Ötzi vor 5000 Jahren. Die Experimentier- und Probiermöglichkeiten mit Werkzeugen aus Naturmaterialien begeistern besonders die Kinder (geöffnet: April bis Mitte Juli u. Sept. bis Okt. Di. – So. 10.00 – 18.00, Mitte Juli bis August tägl. 10.00 – 18.00 Uhr).

✶ ◄ Archeoparc

! *Baedeker* TIPP

Almerlebnisweg

Der Weg führt von Vorderkaser zu Mitterkaser, Gamplhof, Rableid und Eishof. Die einst eigenständigen Höfe werden heute nur im Sommer als Almen bewirtschaftet. Doch erläutern Schautafeln, wie hier einst Landwirtschaft mit Hilfe kleiner Ackerbauterrassen und der Waalwege funktionierte.

In Serpentinen steigt die Talstraße zur Häusergruppe **Vernagt** am gleichnamigen See an, der 1956 bis 1962 künstlich aufgestaut wurde. Ein Wanderweg führt entlang des Sees über Brücken und an Wasserfällen vorbei. Auf der Ostseite lädt der Finailhof, einer der höchsten bewirtschafteten Bauernhöfe, zum Rasten ein. Von hier führt ein Weg zum Tisenjoch und zur **Similaunhütte**, wo im Herbst 1991 die 5000 Jahre alte Gletscherleiche des »Ötzi« gefunden wurde (Baedeker Special, S. 124). Die Straße endet nahe dem Talschluss bei einer großen Hotelanlage rund um den alten Bauernhof **Kurzras** auf 2014 m Höhe.

Vom Ort führt eine alpine Gletschertour zur **Weißkugel**, dem mit 3739 Metern zweithöchsten Berg der Ötztaler Alpen. Wem der Aufstieg zu anstrengend ist, der kann ihn mit der Gletscherbahn abgekürzen.

Diese **Schnalstaler Gletscherbahn** ist zweifelsohne die Hauptattraktion von Kurzras. Ihre Talstation befindet sich nahe der Hotelsiedlung. Die Großkabinenbahn führt in 6 Minuten zur Bergstation auf 3212 m Höhe. Hier findet man auf dem sich bis weit in österreichisches Staatsgebiet erstreckenden Hochjochferner ein bei Skifahrern sehr geschätztes Ganzjahresskigebiet (35 km Pisten) mit vielen Liften und etlichen Sommerloipen für Langläufer.

Nach 6 Minuten erreicht die Gondel 3212 m Höhe.

★★ Sexten (Sesto)

C 14–15

Höhe: 1310 m ü.d.M. **Einwohnerzahl:** 1925

Das Sextner Tal mit den Orten Sexten-St. Veit und Moos prägen Bergbauernhöfe und ein grüner Gürtel aus Lärchenwiesen und dunklen Fichtenwäldern, über denen die Gipfel der Dolomiten aufragen. In das Tal mündet das schöne Fischleintal, das sich bis unterhalb der berühmten Drei Zinnen erstreckt.

Der Karnische Kamm bildet die Grenze zu Österreich, die Dolomiten im Süden trennen Sexten von der bereits italienisch sprechenden Provinz Belluno.

Dolomitenfront Im Ersten Weltkrieg bildeten die Dolomiten die Frontlinie zwischen Österreich und Italien. ► Bruneck war das Hauptquartier der österreichischen Streitkräfte. In den Bergen wurde ein erbitterter Stellungskrieg geführt (Baedeker Special, S. 34). Auch das Dorf Sexten wurde damals stark bombardiert und beschädigt, die Bevölkerung evakuiert. Nach der österreichischen Niederlage fiel Sexten mit Südtirol nach 400 Jahren Zugehörigkeit zu Österreich an Italien.

SEXTEN ERLEBEN

AUSKUNFT

Tourismusverein Sexten
Dolomitenstr. 45
39030 Sexten
Tel. 04 74 71 03 10
Fax 04 74 71 03 18
www.sexten.it

ÜBERNACHTEN

► Komfortabel

Kreuzbergpass
39030 Sexten
Tel. 04 74 71 03 28
Fax 04 74 71 03 83
www.kreuzbergpass.com
Zum familiär geführten Haus mit 65 Zimmern und Suiten am ca. 20 km südwestlich gelegenen Pass gehören neben einem Spitzen-Restaurant auch ein Golfübungsplatz und ein hauseigener Skilift.

Hotel Drei Zinnen
St.-Josef-Str. 28, Moos
Tel. 04 74 71 03 21
Fax 04 74 71 00 92
www.hotel-drei-zinnen.com
Das Hotel mit 41 Zimmern wurde 1930 nach den Plänen des Wiener Architekten Clemens Holzmeister erbaut. Es bietet einen atemberaubenden Blick auf die Dolomiten – sogar von der neuen Sauna aus. Stilvoller Speisesaal.

Sehenswertes in Sexten

Pfarrkirche

Die in St. Veit stehende Kirche St. Peter und Paul geht auf einen romanischen Vorgängerbau zurück und wurde im 15. und 17. Jh. weit gehend umgestaltet. Im Ersten Weltkrieg durch italienischen Beschuss stark beschädigt, wurde sie 1921/1922 wieder vhergestellt. Die Deckengemälde schuf der Bozner Künstler Albert Stolz. Auf dem Friedhof befindet sich das Grab von Sepp Innerkofler (► Berühmte Persönlichkeiten). Am Friedhofseingang ist in einem Rundbau ein Totentanzgemälde (1924) von Alberts Bruder Rudolf Stolz zu sehen. Dem bekannten Südtiroler Maler ist im Ort ein eigenes Museum gewidmet (Dolomitenstr. 16; Öffnungszeiten unter Tel. 04 74 71 05 21).

? WUSSTEN SIE SCHON ...?

- Bei der berühmten »Sextner Sonnenuhr« zeigen Berggipfel beim jeweiligen Sonnenstand die Zeit an: Neuner, Zehner = Rotwand, Elfer, Zwölfer und Einser.

Kletterhalle

In der Sportzone neben der Tennishalle in Sexten ist die höchste Indoor-Kletterhalle (16,5 m) Italiens untergebracht. Die »Dolomit Arena« bietet verschiedene Schwierigkeitsgrade auf 500 m² Grundfläche.

Umgebung von Sexten

Im Osten von Sexten zieht sich der Karnische Kamm mit dem Hausberg **Helm** (2433 m ü.d.M.) als Grenze zu Österreich hin. Lifte erschließen von der Pustertaler Seite und von Sexten im Sommer das Wander- und im Winter das Skigebiet.

Bei der Sextner Sonnenuhr zählen die Berge die Stunden.

In **Moos** steht das 1717 erbaute und nach dem Ersten Weltkrieg wieder errichtete Kirchlein St. Joseph mit Wand- und Deckengemälden von Rudolf Stolz. Der Turm wurde 1925 nach Plänen von Clemens Holzmeister erneuert.

Die alte Badeanstalt von Bad in Moos verfügt über eine seit 1765 bekannte **Schwefelquelle**. Die Quelle entspringt bei den Rotwandwiesen und wird seit einigen Jahren im Kurhotel Bad Moos wieder therapeutisch genutzt (Tel. 04 74 71 31 00).

Von Moos zieht sich das romantische Fischleintal hinauf bis zur Talschlusshütte. Es ist teilweise für den Verkehr gesperrt. Das Tal bietet unvergessliche Blicke auf die Sextner Dolomiten und zum Fischleinboden (1451 m ü.d.M.), dem großartigen Talschluss. Von hier gelangt man in das Gebiet der berühmten Drei Zinnen, den Symbolbergen der Dolomiten.

** **Fischleintal**

Die von Sexten nach Südosten führende Straße erreicht den 1636 m hohen Kreuzbergsattel, den Übergang zwischen Südtirol und dem Veneto. Vom Parkplatz beim Hotel Kreuzberg starten schöne und leichte Wanderungen in das Almgebiet am Sattel, so etwa zur Malga Coltrondo oder zu den Rotwandwiesen über Moos.

Kreuzbergsattel

Der Naturpark ist mit 11 650 ha Fläche ein Großschutzgebiet. Geschützt werden die Naturschönheiten der Dolomiten mit ihren bizarren Felstürmen, verkarsteten Hochebenen und sanften Wiesen genauso wie die über Jahrhunderte gewachsene landwirtschaftliche Kulturlandschaft. Das Gebiet garantiert Wanderern wie Bergsteigern atemberaubende Erlebnisse.
Die Parkverwaltung bietet interessante und zum Teil anspruchsvolle geführte Wanderungen an. Ausstellungen im Naturparkhaus dokumentieren zudem die Flora und Fauna im Naturschutzgebiet (Naturparkhaus Sextner Dolomiten im Kulturzentrum Grand Hotel, Toblach, Tel. 04 74 97 30 17).

* **Naturpark Sextner Dolomiten**

** Sterzing (Vipiteno)

B 9

Höhe: 948 m ü.d.M. **Einwohnerzahl:** 5799

Beim Hauptort des Wipptals münden mehrere Täler sternförmig in den breiten Talkessel. Prächtige Bürgerhäuser, reich geschmückte Fassaden, Lauben und elegante Geschäfte zeugen von der Geschäftstüchtigkeit der Bewohner. Burgen und Schlösser auf den umliegenden Höhen sicherten einst Stadt und Durchgangswege.

Sterzing liegt 15 km südlich vom Brennerpass. Westlich führt eine Straße über den Jaufenpass ins ► Passeiertal und weiter nach ► Meran. Seit dem Mittelalter ist Sterzing wichtiger Handelsort, Rastpunkt für den Durchreiseverkehr und Bergwerksstadt. So geht der Reichtum der Stadt vor allem auf die Blei- und Silbergewinnung im 14./15. Jahrhundert zurück.
Am nördlichen Stadtrand ist die Talstation der Umlaufbahn zu finden, die Sterzing mit dem Ski- und Wandergebiet am Rosskopf verbindet.

← *Großartiges Farbenspiel im unberührten Fischleintal*

STERZING ERLEBEN

AUSKUNFT

Tourismusverband Wipptal-Sterzing
Stadtplatz 3
39049 Sterzing
Tel. 04 72 76 53 25
Fax 04 72 76 54 41
www.infosterzing.it

ESSEN

► Erschwinglich

① ***Kleine Flamme***
Neustadt 31
Tel. u. Fax 04 72 76 60 65
Unter den Altstadtarkaden wird internationale Küche angeboten. Ruhetag: So. und Mo.

② ***Romantikhotel Stafler***
Brennertrasse, Freienfeld / Mauls
Tel. 04 72 77 11 36
Fax 04 74 77 10 94
www.stafler.com
Die ehemalige Poststation stammt aus dem Jahr 1270, die alten Stallungen für den Pferdewechsel sind noch erhalten. Bei familiärer Atmosphäre kommt selbst Gejagtes und Gepflanztes auf den Tisch. 40 Zimmer und Suiten stehen für Übernachtungen bereit. Ruhetag: Mi., geschlossen: Anfang Nov. – Weihnachten.

ÜBERNACHTEN

► Günstig

① ***Pension Villa Maria***
Altstadt 33
Tel. 04 72 76 76 22
www.pension-villa-maria.com
Trotz der Lage in der zentralen Einkaufsstraße, die etwas verwirrend »Altstadt« heißt, hat das Haus mit 14 Zimmern viel Grün und einen schönen Garten zu bieten.

② ***Hotel Wieser***
Stilfes 55, Freienfeld
Tel. 04 72 64 71 16
Fax 04 72 64 75 00
www.hotel-wieser.it
Das Hotel mit 28 Zimmern liegt mitten im Ort Stilfes (4 km von Sterzing) neben der Kirche. Die Bar wird auch gerne von Einheimischen besucht. Ruhetag: Do., geschlossen: 3 Wochen im Nov. und 2 Wochen Ende Juni.

Sehenswertes in Sterzing

✶✶ Historisches Zentrum

Ganz Sterzing ist ein einziges Freilichtmuseum. Der mächtige Zwölferturm mit dem Treppengiebel, das Wahrzeichen der Stadt, teilt die nördliche Altstadt von der ebenfalls jahrhundertealten Neustadt. Die zentrale Hauptstraße wird von prächtigen Bürger- und Handwerkerhäusern gesäumt. Giebel, Zinnen, Fassaden, Wirtshausschilder, steinerne Toreinfassungen, Erker, Wappensteine und Innenhöfe erzählen die beredte Geschichte dieser spätgotischen Tiroler Stadt.

Rathaus

Etwa in der Mitte der Neustadt steht das Rathaus, das zu den schönsten Tirols zählt. Der stattliche Bau aus der Übergangszeit zwischen Gotik und Renaissance beherbergt einen alten holzvertäfelten Festsaal. Nahebei steht eine barocke Statue (1739) des hl. Nepomuk.

Sterzing *Orientierung*

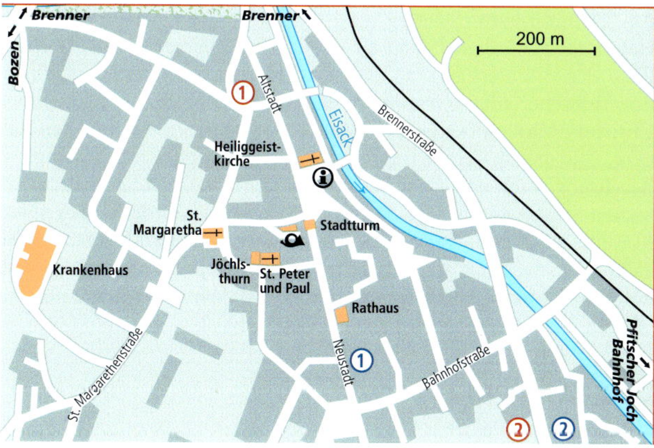

Essen
① Kleine Flamme
② Romantikhotel Stafler

Übernachten
① Pension Villa Maria
② Hotel Wieser

Im Innenhof ist die Kopie eines römischen Reliefs mit der Darstellung des Mithras, des Sonnengottes und des Urstieres ausgestellt. Römische Soldaten hatten einst den Kult bis hierher gebracht.

Jöchlsthurn

Wenige Schritte westlich vom Rathaus erhebt sich an der Frundsbergstraße der stattliche Ansitz Jöchlsthurn mit seinem markanten Staffelgiebel.

★ Heiliggeistkirche

Am Nordende der Neustadt ragt der Zwölferturm (15. Jahrundert) mit Sonnen- und Zeigeruhr auf. Dahinter steht am Stadtplatz die kleine Heiliggeistkirche, die um 1380 in das Bürgerspital eingebaut wurde. Das etwas düstere Kircheninnere ist zweischiffig und im rechten Teil von Kreuzrippen überwölbt. Dieser Raum ist vollständig mit gotischen Fresken ausgestattet, die Hans von Bruneck im 15. Jahrhundert schuf.

Pfarrkirche

Rund 1 km südlich vom Zentrum steht an der Jaufenstraße die stattliche Pfarrkirche (15. Jh.), eine dreischiffige Halle mit etwas weniger hohem, von Netzrippengewölben überdachtem Chor. Im neugotischen Hauptaltar finden sich einige Teile des einstigen Multscher-Altares. Das Kircheninnere wurde 1753 etwas glücklos barockisiert. An der Außenwand des Chors finden sich spärliche Reste gotischer Wandgemälde.

Deutschordenskommende

Direkt bei der Pfarrkirche befindet sich die weite Anlage der einstigen Deutschordenskommende aus dem 15. und 16. Jahrhundert. Hat man das Tor in der Ummauerung des Deutschherrenhofs durchschritten, so kommt man links zu dem spätbarocken Rundbau der **Elisabethkirche.** In dem lichten Innern zieht ein großes Deckengemälde von Matthäus Günther den Blick auf sich.

★ Multscher-Museum ► Die hervorragend restaurierten Räume der Kommende beherbergen das Stadtmuseum Sterzing und das Multscher-Museum. Dessen Hauptsehenswürdigkeit sind die vier frei aufgehängten, von den Plastiken der Wächterheiligen Georg und Florian flankierten Tafelbilder des Multscher-Altars. Die Vorderseiten zeigen Mariä Verkündigung, Christi Geburt, Anbetung der Weisen, Tod Mariä, die Rückseiten Ölberg, Christus an der Geißelsäule, Dornenkrönung, Kreuztragung.
Beachtung verdienen die Schauräume, so der vollständig mit spätbarocken Szenen aus der Geschichte des Deutschen Ordens ausgemalte Komtursaal, das Fürstenzimmer mit Panoramabildern des Sterzinger Talkessels sowie der Kapitelsaal mit seiner ausgezeichnet erhaltenen hölzernen Wandvertäfelung aus der Renaissance (geöffnet: April bis Okt. Di. – Sa. 10.00 – 12.00, 14.00 – 17.00 Uhr).

Umgebung von Sterzing

★ **Reifenstein** Südlich etwas außerhalb von Sterzing ziehen zwei Burgen den Blick auf sich. Auf einem niederen Felsriegel über der Talsohle steht der gut erhaltene Reifenstein, eine Burg der Innsbrucker Linie der Fürsten von Thurn und Taxis. Im Inneren sind die Wandmalereien im Grünen Saal sowie die geschnitzte Ausstattung der Gotischen Stube besonders interessant (nur mit Führung: Ostern bis Allerheiligen Di. – Do., Sa. – So. 9.30, 10.30, 14.00 u. 15.00, Mo. 14.00 und 15.00, Mitte Juli bis Mitte Sept. auch 16.00 Uhr).
Hoch an der gegenüberliegenden Talflanke steht die nicht zugängliche Burg **Sprechenstein** (16. Jh.) der Fürsten Auersperg.

★ **Gilfenklamm** Am Eingang zum Ratschingser Tal südwestlich von Sterzing zwängt sich ein Bach durch eine enge Schlucht, die Gilfenklamm. Sie ist weltweit die einzige Klamm, die tief in rein weißen Marmor eingeschnitten ist, der jedoch durch die Verwitterung meist dunkel ist oder grünlich schimmert. Faszinierend sind die überhängenden Wände, die vielen kleinen in den Fels geschliffenen Wannen und Kaskaden und die vor allem akustisch ungemein beeindruckende Urgewalt des Wassers.
Der Einstieg in die Schlucht liegt im Wald hinter dem Gasthaus Gilfenklamm an der Straße von Stange nach Mareit. Über 175 Höhenmeter sind mit Stiegen und Leitern zu überwinden – es lohnt sich für dieses eindrucksvolle Naturschauspiel. An der Ratschingser Straße, beim Gasthaus Jaufensteg, steigt man wieder aus der Schlucht auf. Für den Rückweg geht man über den Weiler Pardaun. Der Ausflug auf den gut gesicherten Wegen kann gefahrlos mit Kindern gemacht werden (Gehzeit hin und zurück ca. 1½ Stunden).

Ratschings Das größte Skigebiet des oberen Eisacktales liegt bei Ratschings. Von der Piste für jeden Anspruch über Halfpipes für Snowboarder bis zum kostenlosen Skibus werden fast alle Wintersport-Wünsche erfüllt (Informationen: Tel. 04 72 65 91 53).

Am Ridnaunbach haben Granatsammler häufig Glück.

Ridnauntal

Das westlich von Sterzing gelegene, malerische Ridnauntal ist ein ruhiges Ferienziel. Am Talanfang erhebt sich über dem hübschen Dorf Mareit das **Schloss Wolfsthurn**, einer der wenigen Profanbauten des Barock in Südtirol. Hier ist das Landesmuseum für Jagd und Fischerei untergebracht, das historische Jagdwaffen, Angelgerät, Volkskunst sowie Dioramen zeigt (geöffnet: April bis Mitte Nov. Di. – Sa. 9.30 – 17.30, So. 13.00 – 17.00 Uhr).

◄ Südtiroler Bergbaumuseum

In Maiern am Talende informiert das Südtiroler Bergbaumuseum Schneeberg über die Geschichte des Bergbaus in Tirol. Das Silber aus den Bergwerken Tirols ließ Könige, Fürsten und Bischöfe zu Ruhm, Macht und Reichtum kommen. Ein Lehrpfad, der 200 m lange Schaustollen sowie originale Transportanlagen und Maschinen machen den Museumsbesuch zu einem unterhaltsamen Erlebnis. Außerdem werden geführte Exkursionen zu den auf über 2000 m gelegenen Abbaugebieten angeboten (geöffnet: April bis Okt. Di. – So. 9.30 – 16.30 Uhr).

Trens

An der von Sterzing nach Brixen führenden Straße gelangt man nach 6 km zum Wallfahrtsort Trens. Die ursprünglich gotische Kirche (1498) wurde 1753 im Stil des Rokoko verändert. Die Schnitzwerke im Inneren stammen aus dem 16. Jahrhundert, an den Wänden hängen interessante und kuriose Votivbilder.

Pfitsch

Das Pfitscher Tal zieht von Sterzing nordöstlich zum Hochfeiler. Es wird als ruhiges Sommerziel sowie im Winter zum Langlauf besucht. Von St. Jakob am Talende gelangt man in 45 Min. zum Weiler **Stein** und anschließend in 2 Std. zum 2251 m hohen Pfitscher Joch mit dem Pfitscher-Joch-Haus. Von Stein führt außerdem eine 5-stündige Wanderung zur wieder aufgebauten Hochfeilerhütte am Fuße des 3510 m hohen Hochfeilers, dem höchsten Gipfel des Gebirgszuges.

Tauferer Ahrntal (Valle die Tures e Aurina)

B 12 – A 13

Bei Bruneck zweigt nach Norden das Tauferer Ahrntal ab, das sich bis zur monumentalen Grenzkette der Zillertaler Alpen erstreckt. Dem breiten Tauferer Tal folgt das schmale Ahrntal, das gewaltige, teils vergletscherte Dreitausender umschließen. Am Talschluss ist dann der nördlichste Zipfel Italiens erreicht.

In früheren Zeiten spielte der Bergbau eine wichtige Rolle für das Ahrntal. Bei Prettau wurde bis in die heutige Zeit Erz geschürft und verhüttet. Reste der Anlagen sind erhalten und gehören heute zum Südtiroler Bergbaumuseum (S. 273).

Sehenswertes im Tauferer Ahrntal

Gais Ca. 6 km nördlich von Bruneck liegt Gais. Etwas erhöht steht hier die Burg Neuhaus aus dem 12. Jahrhundert mit einer gotischen Kirche und einem Schlossgasthaus.

DAS TAUFERER AHRNTAL ERLEBEN

AUSKUNFT

Tourismusverein Sand in Taufers
J.-Jungmann-Str. 8
39032 Sand in Taufers
Tel. 04 74 67 80 76, Fax 04 74 67 89 22
www.prettau.bz.it

ESSEN

► Preiswert

Gasthof Huber
Mühlbach 20, Gais
Tel. 04 74 50 41 20, Fax 04 74 50 40 90
www.gasthof-huber.com
Das Berggasthaus in beneidenswerter Panoramalage erreicht man von der Pusterer Seite aus über Percha oder über Uttenheim. Viel Hausgemachtes. Auch 20 Zimmer und 2 Ferienwohnungen.

ÜBERNACHTEN

► Günstig

Hotel Mirabell
Hugo-v.-Taufers-Str. 44, Sand
Tel. 04 74 67 80 91, Fax 04 74 67 82 28
www.hotel-mirabell.com
Schöne Lage inmitten von Wiesen am südlichen Dorfrand. 27 Zimmer, 2 Ferienwohnungen, Hallenbad und Sauna.

Garni Trojer
St. Moritzen 9, Sand
Tel. 04 74 67 81 24, Fax 04 74 67 94 54
www.appartement-trojer.com
Die 15 Appartements, 7 Zimmer und ein Hallenbad liegen am Dorfrand zu Füßen des Schlossberges von Burg Taufers.

Der Talschluss des Ahrntal ist zugleich der nördlichste Punkt Italiens.

Uttenheim

In Uttenheim steht eine barocke Kirche von 1774. Das Deckengemälde schuf Fr. A. Zeiller.

Mühlen/ Mühlwald

Von Mühlen zweigt westlich das Mühlwalder Tal mit den Ortschaften Mühlwald und Lappach ab. Am Talschluss liegt auf fast 2000 m der große **Nevesstausee**, der sich aus Gletscherwasser speist. Entlang des Sees führt ein leichter Wanderweg mit Jausenstationen. Von hier startet man aber auch zu ausgedehnten Hochgebirgswanderungen.

★ **Sand in Taufers**

Sand in Taufers, der Hauptort des Tales, liegt im breiten Talkessel und wird beherrscht von der erhoht thronenden **Burg Taufers**. In der romanischen Kapelle der aus dem 13., 15. und 16. Jh. stammenden Feste sind Fresken (1482) von Michael Pacher zu sehen. Die Burg kann von Sand aus sowohl mit dem Auto als auch zu Fuß in wenigen Minuten erreicht werden (nur mit Führung: Mitte Juni bis Okt. Mo. – So. 10.00, 11.00, 14.00, 15.15 u. 16.30, Mitte Juli bis Aug. zwischen 10.00 – 17.00 Uhr halbstündlich).
Am linken Ufer der Ahr steht die gotische **Pfarrkirche** von 1527, deren Innenraum von Netzgewölben mit wappengezierten Schlusssteinen überspannt ist. Das Pfarrmuseum neben der Pfarrkirche zeigt sakrale Kunst, Grabungsfunde und Leihgaben (Öffnungszeiten unter Tel. 04 74 67 85 43).

Die stolze Burg Taufers sollte man wegen der schönen Fresken auch von innen gesehen haben.

Am südlichen Ortsrand steht der stattliche Ansitz Neumelans (1584). **Ahornach** oberhalb von Sand ist aufgrund der starken Thermik ein Paradies für Gleitschirm- und Drachenflieger.

✶ **Naturpark Rieserferner-Ahrn**

Zusammen mit dem österreichischen Nationalpark Hohe Tauern und dem Schutzgebiet Zillertaler Hauptkamm bildet der Naturpark Rieserferner-Ahrn mit einer Gesamtfläche von 2475 km² das größte zusammenhängende Schutzgebiet Europas. Das **Naturparkhaus** befindet sich im Untergeschoss des neuen Rathauses in Sand. Hauptthemen sind die Gletscher und die Kulturlandschaft des Ahrntales (geöffnet: Mai bis Ende Okt., Ende Dez. bis Mitte März Di. – Sa. 9.30 – 12.30, 16.00 – 19.00 Uhr; Juli, Aug. auch So.).

Speikboden

Rund 2,5 km nordwestlich von Sand befindet sich die Talstation der Liftanlage zum Skigebiet Speikboden, ein beliebtes Pistengebiet rund um den 2523 m hohen Gipfel.

✶ **Rein in Taufers**

Die von Sand östlich ins Reintal führende Nebenstraße führt an den Reinbachfällen vorbei zu den herrlichen Almböden unter den Rieserfernergipfeln mit dem Bergdorf Rein.
Von Kematen aus verläuft der »Besinnungsweg zum Sonnengesang« zur Toblkapelle hinauf. An ihm liegen zehn Stationen, die auf den berühmten »Sonnengesang« des Franz von Assisi Bezug nehmen. Die Toblkapelle, älteste Kirche des Tals, ist den Heiligen Franziskus und Klara geweiht (Gehzeit: insgesamt ca. 2 Stunden).

Luttach

In Luttach nördlich von Sand kann man das Krippen- und Volkskundemuseum »Maranatha« in der Weißenbachstraße 17 besichtigen (geöffnet: Dez. bis Okt. Mo.–Sa. 9.00–12.00, 14.00–18.00, So. 14.00–17.00 Uhr). Von Luttach führt ein Seitental in das ursprüngliche Dörfchen Weißenbach.

Steinhaus

In Steinhaus zeugen die stattlichen Häuser aus dem Spätmittelalter vom vergangenen Reichtum der damaligen Bergwerksbesitzer. Der »Kornkasten«, das ehemalige Magazin des Prettauer Kupferbergwerks, zeigt eine interessante bergbautechnische Sammlung (geöffnet: April bis Okt. Di. bis So. 9.30–16.30, Do. 9.30–22.00; Weihnachten bis April Di. bis So. 10.00–12.00, Do. 19.00–21.00, Mi., Fr., So. 15.00–17.00 Uhr).

★ Prettau

Vom 15. Jh. bis 1971 wurde in Prettau Kupfererz abgebaut. Seit 1996 ist das ehemalige Bergwerk eine Außenstelle des Südtiroler Bergbaumuseums. Die Fahrt mit der Grubenbahn in den Ignaz-Stollen und die anschließende unterirdische Führung sind ein unvergessliches Erlebnis. Beim Museum beginnt außerdem ein Lehrpfad, der in einer anspruchsvollen mehrstündigen Wanderung bis auf 2080 m Höhe führt (Bergwerkführung: April bis Okt. Di.–So. 9.30–16.30, letzte Führung um 15.00 Uhr).

★ Terlan (Terlano)

D 8

Höhe: 248 m ü.d.M. **Einwohnerzahl:** 3582

Terlan liegt zwischen ► Bozen und ► Meran am Ufer der Etsch im Schatten des Tschögglbergs. Die Gegend ist zum einen für den hier wachsenden Spargel und zum anderen für ihre Weine berühmt.

Im Gegensatz zu den meisten anderen Winzergemeinden Südtirols entfallen in Terlan rund 45 % auf weiße Rebsorten. Eine bekannte Lage ist der Terlaner Silberleiten; der Flurname birgt einen Hinweis auf den Erzbergbau, der vom 16. bis zum 19. Jh. hier eine wichtige Rolle spielte. Der Legende nach soll der Wein deshalb so schön funkeln, weil die Wurzeln der Reben bis zu den Silberadern hinabreichen.

! Baedeker TIPP

Spargelzeit

Terlan liegt im berühmten Spargeldreieck. Die im April und Mai stattfindenden Spargelwochen sind ein absolutes Muss für Feinschmecker, wenn die Wirte in fantasievollen kulinarischen Kreationen miteinander wetteifern.

Sehenswertes in Terlan

Direkt an der alten Dorfstraße – der Hauptverkehr benutzt die so genannte »Me-Bo«, die Schnellstraße zwischen Meran und Bozen –

TERLAN ERLEBEN

AUSKUNFT

Tourismusverein Terlan
Dr.-Weiser-Platz 2
39018 Terlan
Tel. 04 71 25 71 65
Fax 04 71 25 78 30
www.terlan.info

ESSEN

► Erschwinglich

Wirtshaus zum Hirschen
Nalserstr. 22, Vilpian
Tel. 04 71 67 85 33
Das modern und trotzdem gemütlich umgebaute Dorfgasthaus mit Garten bietet ab 18.00 Uhr sehr gute Küche im Stil der Zeit. Interessante Weinkarte. Ruhetag: Mi.

ÜBERNACHTEN

► Komfortabel

Hotel-Restaurant Weingarten
Hauptstr. 42, Terlan
Tel. 04 71 25 71 74, Fax 04 71 25 77 76
www.hotel-weingarten.com
Traditionsreiches Haus mit 24 Zimmern, Freibad und Liegewiese, das zentral und doch im Grünen liegt.

► Günstig

Hotel-Café Greifenstein
Bozner Straße 2, Siebeneich
Tel. 04 71 91 84 51, Fax 04 71 20 15 84
www.greifenstein.it
In der kleinen Pension mitten im Grünen gibt es 13 Zimmer mit Südbalkon und eine Café-Konditorei.

★ Pfarrkirche steht die Pfarrkirche Mariä Himmelfahrt, ein Buntsandsteinbau mit einem Dach aus farbig glasierten Ziegeln. Das hochgotische Gebäude stammt aus dem 14. Jh.; der 75 m hohe Kirchturm wurde, da er sich im Laufe der Zeit stark geneigt hatte, im 19. Jh. neu aufgebaut. Aus dem 13. Jh. stammt der kleine Seitenturm. Das gesamte Kircheninnere ist mit bedeutenden Fresken bedeckt, die um 1400 vom Bozner Meister Hans Stotzinger gemalt worden sind.

Ruine Neuhaus Südlich über Terlan steht die Ruine Neuhaus, auch »Schloss Maultasch« genannt. Die Burg bestand bereits an der Wende vom 12. zum 13. Jh. und erhielt bei Erneuerungsarbeiten 1320 ihre noch heute erkennbare Form. Der Überlieferung nach soll Margarethe Maultasch (►Berühmte Persönlichkeiten) im 14. Jh. hier öfter Hof gehalten haben, woher der Übername der Burg rührt.

Umgebung von Terlan

Vilpian Nordwestlich von Terlan liegt am Südfuß des Tschögglbergs die Fraktion Vilpian. Hier dehnen sich reiche Wein- und Obstkulturen aus.

Mölten In die reizvolle Landschaft des Tschögglbergs gelangt man mitz der Seilbahn von Vilpian nach Mölten bzw. über eine Panoramastraße von Terlan. Hier steht in rund 1200 m Höhe die höchstgelegene Sektkellerei Europas (Arunda Vivaldi Mölten, Tel. 04 71 66 80 33).

Im Ortsteil Siebeneich ist der ehemalige Deutschherrenkonvent zu finden.

★ **Siebeneich**

Unweit südlich von Terlan erreicht man den Gemeindeteil Siebeneich. Am Ortsrand steht in den Weinbergen die stilreine Barockkirche eines einstigen Deutschherrenkonvents von 1693, daneben die Weinkellerei Braunsberg mit Jausenstation.
Hoch über Siebeneich ragt die **Burgruine Greifenstein**, im Volksmund auch »Sauschloss« genannt. Der Spitzname knüpft an eine Geschichte an, die über viele Burgen erzählt wird. Der Legende nach täuschten die Belagerten ihre Angreifer über den eigenen Hunger, indem sie ihr letztes Schwein unter Hohngelächter über die Burgmauer warfen. In der Annahme, es herrsche unglaublicher Überfluss auf der Burg, zogen die Angreifer ab. Auf Greifenstein soll sich 1420 ein Teil des Tiroler Adels gegen Herzog Friedrich von Österreich erhoben und verschanzt haben. Zu den gewitzten Belagerten zählte damals angeblich auch Oswald von Wolkenstein.

Tirol (Tirolo di Merano)

C 7–8

Höhe: 594 m ü.d.M. **Einwohnerzahl:** 2348

Im Rücken Merans breitet sich auf einer eiszeitlichen Moränenterrasse die Gemeinde Tirol mit dem Dorf Tirol und der Ortschaft St. Peter aus. Über einem steil abfallenden Abhang erhebt sich imposant Schloss Tirol, als Stammschloss der Grafen von Tirol namengebend für das einstige »Land an der Etsch und im Gebirge«.

TIROL ERLEBEN

AUSKUNFT

Tourismusverein Dorf Tirol
Hauptstr. 31
39010 Dorf Tirol
Tel. 04 73 92 33 14, Fax 04 73 92 30 12
www.dorf-tirol.it

ESSEN

► **Fein & teuer**
Castel
Hauptstr. 50, Dorf Tirol
Tel. 04 73 92 36 93, Fax 04 71 92 31 13
www.hotel-castel.it
Internationale Gastronomie- und Hotelkritiker sind sich bei der Bewertung des »Castel« einig: ein Haus der Superlative. 42 Gästezimmer.

ÜBERNACHTEN

Baedeker-Empfehlung

► **Günstig**
Schloss Thurnstein
St. Peter 8, Dorf Tirol
Tel. 04 73 22 02 55
Fax 04 73 22 05 58
www.thurnstein.it
Hier kann man für wenig Geld wie ein Fürst leben: Das Schloss von 1276 bietet eine wunderschöne Aussicht auf Meran, Schloss Tirol und die Berge. Gute Südtiroler Küche und hausgekelterter Vernatsch. Ruhetag: Do., Nov. bis Ostern geschlossen.

Das Gemeindegebiet steigt vom Talboden der Passer hinauf bis an die Steilhänge der zur Texelgruppe gehörenden Mutspitze mit den in extremer Steillage liegenden Muthöfen. Ausgedehnte Wein- und Obstanlagen umgeben den Ort, der zu den wichtigsten touristischen Zentren Südtirols zählt.

! *Baedeker* TIPP

... und Gesang

Der Küchelberg, auf dem Dorf Tirol liegt, ist Merans »Hausweinberg«. Entsprechend zahlreich sind hier die Weinlokale; bisweilen geht es allerdings ziemlich touristisch-sangesfroh zu.

Die **Pfarrkirche** Hl. Johannes der Täufer in der Ortsmitte geht auf romanische Ursprünge zurück, wurde jedoch später verändert. Der romanische Turm blieb erhalten. Im Innern ein schöner gotischer Taufstein (um 1500) aus Laaser Marmor sowie ein Paul Troger zugeschriebenes Himmelfahrtsbild. Am Ortseingang bietet der **Burglehenpark** neben Blumenwiese und Naturteich einen herrlichen 360°-Panorama-Blick. Attraktion des Kinderspielplatzes ist das stählerne Spielpferd »Jakob«.

★★ Schloss Tirol

Am nördlichen Ortsrand steht Schloss Tirol, das man in einem 20-minütigen Spaziergang erreicht. Hier herrschten die Grafen von Tirol. Als die Residenz zuerst nach Meran und dann nach Innsbruck verlegt wurde, verfiel die Burg zusehends; durch den unstabilen Moränenuntergrund rutschten Teile ab. Erst im 19. Jh. begann man mit der Restaurierung, die bis heute Erstaunliches ans Licht bringt.

Schöne romanische Arbeit - das Portal der Burgkapelle

Die kunstvollen Portale des Palas und der Burgkapelle sind die wichtigsten Überreste der romanischen Bauphase. Auch der große Saal besitzt noch drei romanische Rundbogenfenster. Die Burgkapelle birgt zahlreiche frühgotische Wandgemälde, eine große Kreuzigungsgruppe (14. Jh.) sowie die ältesten Tiroler Glasmalereien.
Im Schloss kann man im Südtiroler **Landesmuseum** für Kultur und Landesgeschichte einen empfehlenswerten Streifzug durch Südtirols Geschichte unternehmen (geöffnet: Mitte März bis Nov. Di.–So. 10.00–17.00 Uhr).

◀ Brunnenburg

Unterhalb von Schloss Tirol steht am Abhang die Brunnenburg. Sie geht auf das 13. Jh. zurück, wurde aber um 1900 in historisierenden Formen weitestgehend erneuert. Von 1958 bis 1972 lebte hier der US-amerikanische Dichter Ezra Pound. In der Burg können ein Landwirtschaftsmuseum, das Dokumentationszentrum zu Ezra Pound sowie eine Waffensammlung besucht werden (geöffnet: Ostern bis Allerheiligen Mi.–Mo. 10.00–17.00 Uhr). Noch tiefer liegt **Schloss Thurnstein**, ein herrlich gelegenes Ausflugsgasthaus.

◀ Schloss Auer

Das nördlich außerhalb positionierte Schloss Auer kann nicht besichtigt werden. Das stattliche Wohnschloss aus dem Mittelalter wurde im 16. Jh. umgestaltet.

St. Peter

In herrlicher Lage liegt zwischen den Schlössern Tirol und Thurnstein das uralte Kirchlein St. Peter. Die Pfarrkirche wurde über einer noch älteren Anlage aus vorromanischer Zeit (lombardisch-karolingischer Stil) erbaut und ist das seltene Beispiel einer Kreuzkuppelkirche mit Langhaus und Seitenschiffen. Innen und außen ist St. Peter mit romanischen und gotischen Fresken geschmückt, besonders gut erhalten ist das Brustbild des heiligen Paulus aus dem 11. Jahrhundert im südlichen Seitenschiff (**geöffnet:** April bis Okt. 9.00 bis 18.00 Uhr).

! *Baedeker* TIPP

Nicht nur Gefieder

Das Pflegezentrum für Vogelfauna bei Schloss Tirol bietet nicht nur Volieren mit der heimischen Vogelfauna, sondern auch einen botanischen Lehrpfad. Faszinierend und kindergerecht sind die Flugvorführungen mit den Greifvögeln (täglich um 11.15 und 15.15 Uhr, im Winter nur an Sonn- und Feiertagen um 15 Uhr). Informationen über die Öffnungszeiten: Tel. 04 73 22 15 00, www.gufyland.com

Die 2295 m hohe Mutspitze, ein steiler, wiesen- und waldbestandener Berg, ist durch eine Seilbahn erschlossen, die bis zum Gasthaus Hochmut (1400 m ü.d.M.) führt. Am Hang liegen in rund 1200 m Höhe die **Muthöfe**, die inzwischen auch über eine abenteuerliche Zufahrtsstraße erreichbar sind.

★ Toblach (Dobbiaco)

C 14

Höhe: 1256 m ü.d.M. **Einwohnerzahl:** 3247

Toblach ist im Winter als Kältepol Italiens fast täglich in den Nachrichten. Im Sommer ist der Ort wie das gesamte Hochpustertal fest in der Hand von italienischen Gästen.

Der offene Talsattel des Toblacher Feldes bildet nicht nur die Grenze zwischen Österreich und Italien, sondern auch die europäische Wasserscheide zwischen der zur Adria fließenden Rienz und der dem Schwarzen Meer zuströmenden Drau.

Wachstum durch Verkehr

Alt-Toblach, ein Haufendorf auf dem Schwemmkegel des Sylvesterbaches mit dem weithin sichtbaren Zwiebelturm, verdankt seine Entwicklung dem Verkehr. Denn hier biegt die »Strada d'Alemagna« vom Pustertal nach Süden durch das lang gezogene Höhlensteintal. Der alte Handelsweg verband die einstigen Wirtschaftszentren Venedig und Augsburg. Mit dem Bau der Eisenbahn entwickelte sich ein neuer Siedlungskern, Neu-Toblach, der allmählich mit Alt-Toblach zusammenwächst.

Sehenswertes in Toblach

★ Pfarrkirche

Im Zentrum des lebhaften Fremdenverkehrsortes steht die Pfarrkirche St. Johannes, die wohl stattlichste Barockkirche im ganzen Pustertal. Sie wurde auf den Fundamenten einer romanischen und spä-

TOBLACH ERLEBEN

AUSKUNFT

Tourismusverein Toblach
Dolomitenstr. 3
39034 Toblach
Tel. 04 74 97 21 32
Fax 04 74 97 27 30
www.toblach.info

ESSEN

► Preiswert

Gasthof Jaufen
Jaufenstr. 11
Winnebach
Tel. + Fax 04 74 96 67 36
Das auch als »Zur Kathi« bekannte Berggasthaus liegt östlich von Innichen hoch über dem Pustertal. Auf den Tisch kommt Tiroler Hausmannskost, abgestimmt auf den Geschmack der vielen italienischen Gäste. Ruhetag: Mo.

ÜBERNACHTEN

► Luxus

Hotel Santer
Alemagnastr. 4, Toblach
Tel. 04 74 97 21 42, Fax 04 74 97 27 97
www.hotel-santer.com, 51 Z.
Tradition, Eleganz und Komfort in einem der Top-Häuser des Hochpustertales. Im Sommer sind die Spazierwege zum Toblacher See und im Winter die Loipen in direkter Nähe.

► Günstig

Appartments & Relax Greta
Säge 5, Toblach
Tel. 04 74 97 21 00
www.serani.info
Das Haus mit Sauna und Relaxangeboten liegt mitten in Wald und Wiesen und im Winter direkt an den Loipen. Vier Ferienwohnungen.

ter gotischen Kirche in den Jahren 1764 bis 1774 vom Toblacher Baumeister Rudolph Schraffl errichtet; der 76 m hohe Turm entstand 1804. Die Deckengemälde im Innern sowie das Altarblatt im Hochaltar von Johann Pergerim stammen von Franz Anton Zeiller.

Kreuzweg

Am Südausgang des Friedhofs beginnt der mit fünf kapellenartigen Bildstöcken ausgestattete älteste Kreuzweg Tirols, den 1519 die Adelsfamilie Herbst gestiftet hat. Seinen Abschluss bildet eine auffällige Rundkapelle mit einem Heiligen Grab, die Kaiser Maximilian im Jahr 1512 gestiftet haben soll.

Herbstenburg

Die Herbstenburg ist ein zinnenbekröntes, festungsartiges Gebäude. 1500 wurde es von Kaspar und Christoph Herbst zu Herbstenburg als Vogteisitz erworben und zu einer befestigten Anlage umgebaut. In der Nähe steht der vierkantige **Rote Turm** (1430), nach seinem Erbauer auch »Hornberger Turm« genannt. Beide Bauwerke sind in Privatbesitz und daher nicht zugänglich.

Gustav-Mahler-Haus

Der berühmte mährische Komponist Gustav Mahler verbrachte zwischen 1908 und 1910 die Sommermonate im südwestlich gelegenen Ortsteil Altschluderbach. Hier schrieb er die »Neunte Symphonie«, die unvollendete »Zehnte Symphonie« und das »Lied von der Erde«. Die von ihm bewohnten Räume im Trenkerhof und das im Wildpark stehende Komponierhäuschen, in dem er arbeitete, können besichtigt werden (geöffnet: tägl. 10.00 bis 12.00 Uhr).

! *Baedeker* TIPP

Alles Käse

Die Schaukäserei Drei Zinnen in der Pustertalerstraße 3/C gibt in 20 Stationen einen Einblick in die Welt der Käseherstellung. Natürlich kann man die Produkte der Sennerei im Anschluss verkosten und kaufen (geöffnet: Di. – Sa. 8 – 18 Uhr, So. 10.00 – 17.00 Uhr, Ruhetag: Mo., Tel. 04 74 97 13 00).

Das ehemals modernste Hotel Europas, das **Grand Hotel**, wurde in der Sommersaison 1878 in Betrieb genommen und in den folgenden Jahren bis auf 350 Betten erweitert. Der europäische Hoch- und Geldadel, darunter der deutsche Thronfolger Friedrich, König Albert von Sachsen oder König Milan von Serbien, gab Sommer für Sommer im so genannten »Südbahnhotel« sein Stelldichein. Nach wechselvoller Geschichte dient es heute als Kultur- und Kongresszentrum.

Auch das **Naturparkhaus** hat hier seinen Sitz. Neben der Natur der Umgebung ist auch die Geschichte des Ersten Weltkrieges ein Thema (geöffnet: Mai bis Okt., Weihnachten bis Mitte März Di. – Sa. 9.30 bis 12.30, 16.00 – 19.00 Uhr, Juli, Aug. auch So., Tel. 04 74 97 30 17).

Umgebung von Toblach

Aufkirchen Aufkirchen, 3 km nordwestlich, ist ein bekanntes Wallfahrtsziel. Die Kuratiekirche zur Schmerzhaften Muttergottes, 1266 erstmals urkundlich erwähnt, wurde 1475 erneuert; den Turm schmückt ein von Simon von Taisten gemaltes Christophorusfresko (16. Jh.).

Toblacher See Vom Ortskern in südlicher Richtung kommt man an der Hotelsiedlung Neutoblach vorbei und zum romantisch im Wald gelegenen Toblacher See, der von steilen Felsen umgeben ist. Geboten werden neben einem hübschen Seeuferweg auch Jausenstationen und ein Bootsverleih.

★ Dürrensee Weit im oberen Talabschnitt erreicht man den Dürrensee, einen der am schönsten gelegenen Dolomitenseen. Nördlich sind die Reste des einstigen Dorfs Höhlenstein zu sehen, das im Kriegsjahr 1915 gesprengt wurde. Von hier hat man einen ersten Blick zu den Drei Zinnen, dem magischen Dreigestirn der Dolomiten.

Schluderbach Südlich des Dürrensees liegt an der Gabelung der Straße nach Cortina und Misurina in 1437 m Höhe die Hotelsiedlung Schluderbach.

Im traumhaft schönen Dürrensee spiegelt sich der Monte Cristallo. →

Von hier bietet sich ein schöner Blick auf die westlich aufragende Hohe Gaisl (3139 m). Östlich erhebt sich der Monte Piana, im Süden die zerklüfteten Felsentürme des Cristallo (3221 m).

Radtouren Toblach ist Ausgangspunkt für zwei der schönsten Radrouten der Alpen. Wo im Winter die Loipe verläuft, kann man im Sommer gut und ohne besondere Anstrengung auf der alten Bahntrasse der Eisenbahn von Toblach nach Cortina radeln. Der Rückweg ist per Shuttlebus möglich. Die beliebteste Trasse ist jedoch der Radweg entlang der Drau nach Lienz, der immer leicht abwärts verläuft. Zurück bietet sich die Bahn an.

★ Tramin (Termeno)

E 8

Höhe: 276 m ü.d.M. **Einwohnerzahl:** 3194

Der berühmte Weinort Tramin liegt im südlichen Überetsch. So prägen die Weinberge, aber auch die weitläufigen Obstplantagen, die im Etschtal auf dem im 18. Jh. trockengelegten Traminer Moos angepflanz wurden, das Bild.

Im Ortskern stehen stattliche alte Bürgerhäuser, die großenteils aus dem 16. und 17. Jh. stammen. Die nördlich gelegene Ortschaft Söll gehört ebenso zum Gemeindegebiet wie Rungg im Süden.

Heimat des Traminer Tramin liegt an der Südtiroler Weinstraße. Der würzige und bukettreiche Gewürztraminer ist die prestigeträchtigste Traube und das schon seit Jahrhunderten. Denn bereits Minnesänger Oswald von Wolkenstein (► Berühmte Persönlichkeiten) widmete ihm eines seiner bekanntesten Lieder.

! *Baedeker* TIPP

Mehr Prozente

In Tramin wird neben Obst und Wein auch Hochprozentiges erzeugt: hervorragende Obstschnäpse. Die Brennerei Roner in der Zallingerstr. 44 führt auch Betriebsbesichtigungen durch. Voranmeldung unter: Tel. 04 71 86 40 00, www.roner.it

Sehenswertes in Tramin

Am zentral gelegenen Rathausplatz ist das Traminer **Dorfmuseum** zu finden. Gezeigt werden Arbeitsgeräte für den Weinbau und eine Ausstellung zur Fasnachtsfigur Egetmann, dem auch ein Denkmal auf dem Dorfplatz gewidmet ist (geöffnet: Karwoche bis Allerheiligen Di. – Fr. 10.00 – 12.00, 16.00 bis 18.00, Sa. 10.00 – 12.00 Uhr).

Pfarrkirche Wahrzeichen des Orts ist die gotische Pfarrkirche St. Julitta und Quiricus, um 1400 erbaut und um 1900 in neugotischen Formen erweitert. Der weithin sichtbare, 93 m hohe Turm (1466) ist der höchste gemauerte Kirchturm Südtirols. An der Außenseite des Chors sind Reste von Fresken aus dem 15./16. Jh. zu sehen. Im Inneren sind die um 1400 entstandenen Fresken der Bozner Malerschule sehenswert. Das spätbarocke Altarblatt schuf Martin Knoller.

Südlich bei Rungg steht an der Straße nach Kurtatsch die Friedhofskirche **St. Valentin** (13. Jh.). In der Apsis wurden Fresken aus der Zeit um 1400 freigelegt.

Eine schmale Straße führt von Tramin zu dem exponiert auf einem Bergvorsprung mit gutem Ausblick auf das Überetsch und ins Etschtal stehenden Kirchlein **St. Jakob in Kastelaz**. Während der Saison ist die Kirche geöffnet. Die Kirchenanlage ist zweigeteilt. Man betritt das Innere durch den gotischen Teil, der von Kreuzrippen überwölbt und vollständig mit Fresken von Meister Ambrosius Gander aus 1441 bedeckt ist. Auch der linke, romanische Teil (um 1200) besitzt höchst bemerkenswerte Wandgemälde. An der Langhauswand ist die mächtige Gestalt des besiegten Goliath und in der Apsis zuoberst eine Maiestas Domini und darunter die zwölf Apostel zu sehen. Im untersten Teil findet sich das so genannte **Bestiarium**, ein erst um 1872 freigelegter geheimnisvoller Bilderzyklus von archaischer Ausstrahlungskraft. Nach neuerer Deutung symbolisieren die Darstellungen die Laster Eitelkeit, Zwietracht, Neid, Zorn, Völlerei, Stolz und Trägheit. Früher stand der Beichtstuhl in Altarnähe und der Priester konnte anhand der Fresken die Sünden erläutern. Flankiert wird das Bestiarium durch die Darstellung von Tod und Sünde, symbolisiert durch Adam und Eva.

► TRAMIN

AUSKUNFT

Tourismusverein Tramin
Julius-v.-Payer-Str. 1
39040 Tramin
Tel. 0471860131, Fax 0471860820
www.tramin.com

ESSEN

► Preiswert

Gasthof Stern
Dr.-Josef-Noldin-Str. 6, Tramin
Tel. 0471860287, Fax 0471860133
Zentral am Dorfplatz gelegen, lockt das Restaurant mit romantischem Garten und guter einheimischer Küche. Auch 8 Gästezimmer.

Überetsch

E–F 8

Das Überetsch liegt südwestlich von ►Bozen zwischen dem Höhenrücken des Mitterberges und dem Mendelgebirge. Hier liegt eine Reihe von berühmten Weinorten und viel besuchten Seen zwischen ausgedehnten Rebfluren, Obstgärten und Waldgebieten. Zudem gehört die Landschaft zu den burgenreichsten Gegenden Europas.

Im Süden geht das Überetsch sanft in das ►Unterland über, im Norden bildet das Burggräfler Etschtal die Grenze. Dank der klimatisch bevorzugten Lage war das Überetsch schon vor 7000 Jahren besiedelt, seit 3000 Jahren ist hier der Weinbau heimisch. Dieser ist noch heute, neben dem Obstbau, einer der wichtigsten Wirtschaftsfaktoren. Die zahlreichen Burgen, herrschaftlichen Ansitze und Schlösser sprechen dafür, dass man hier auch schon früher gern wohnte. Die beiden großen Gemeinden des Überetsch sind ►Eppan und ►Kaltern.

★ Ulten · Ultental (Ultimo)

D 7 – E 6

Das breite Ultental mündet bei ►Lana in das Etschtal. Über den Dorfkernen im Tal und den Höfen an den sonnenbeschienenen Hängen erstrecken sich ausgedehnte Almgebiete und Wälder. Vom Trubel des Massentourismus blieb Ulten bisher verschont.

Zur Gemeinde Ulten gehören die Ortschaften St. Walburg, St. Nikolaus und St. Gertraud, die nach den jeweiligen Kirchenpatronen benannt sind; St. Pankraz im äußeren Talabschnitt bildet eine eigene Gemeinde. Der Wasserreichtum der Gegend führte zwischen 1949 und 1969 zur Errichtung von vier Stauseen.

Sehenswertes in Ulten

St. Pankraz Von Lana führt die Straße, vorbei an der Talstation der Seilbahn zum Vigiljoch und an der Burg Eschenlohe, nach St. Pankraz. Im reizvoll

ULTEN ERLEBEN

AUSKUNFT

Tourismusverein Ulten / Proveis
Hauptstr. 154
39016 St. Walburg
Tel. 04 73 79 53 87, Fax 04 73 79 50 49
www.ultental.it

ESSEN

► Erschwinglich
Gasthof Eggwirt
St. Walburg / Ulten
Tel. 04 73 79 53 19, Fax 04 73 79 54 71
Eine der ältesten Gaststätten im Ultental mit holzgetäfelter Gaststube und bodenständiger Küche. Berühmtester Gast war Winston Churchill. Auch 21 Gästezimmer. Ruhetag: Di., Nov. bis Weihnachten u. 3 Wochen nach Ostern geschlossen.

ÜBERNACHTEN

► Komfortabel
Hotel Unterpichl
St. Walburg / Ulten 214
Tel. 04 73 79 54 79, Fax 04 73 79 55 25
www.unterpichl.it
Aus der Abgeschiedenheit des Tales macht man in dem etwas unkonventionellen, modernen Haus mit 17 Zimmern eine Tugend. Wanderprogramme, spezielle Wellness-Angebote, sehr persönliche Betreuung.

Imposante Turmspitze: das Kirchlein von St. Gertraud

gelegenen Hauptort des Tals lohnt ein Besuch der schönen gotischen **Pfarrkirche** (14./15. Jh.). Das Innere wird von einem Netzgewölbe überspannt; die neugotische Ausstattung entstand im Jahr 1900.
Im Bachgrund bei St. Pankraz liegt auf einem hohen Felsen das **»Häusl am Stoan«**. Ursprünglich stand dieses in der Ebene. Sein felsiger Untergrund rettete es vor dem Hochwasser von 1882, das den gesamten umliegenden Grund wegspülte.
Oberhalb von St. Pankraz steht auf einem exponierten Waldhügel das Kirchlein **St. Helena**, das 1338 erstmals erwähnt wurde.

St. Walburg

Die Straße führt durch mehrere Tunnels und an dem künstlich aufgestauten Standachsee vorbei nach St. Walburg, dem Verwaltungssitz der Gemeinde. Unweit talaufwärts folgt der Zoggler Stausee, an dessen nördlichem Ufer die Straße weiterführt.
Am oberen Ende des Stausees liegt Kuppelwies; hier führen Liftanlagen zum Wintersportgebiet auf der Schwemmalm.

St. Nikolaus

St. Nikolaus besitzt eine ursprünglich gotische, im Barock veränderte und neu eingewölbte Pfarrkirche mit Ausstattung aus der Zeit des Historismus.

Das Ultner Talmuseum beschäftigt sich mit Ultner Volkskunst und bäuerlicher Kultur (geöffnet: März, April, Okt. So. 10.00 – 12.00, 15.00 – 17.00, Mai – Sept. Di., Fr. 11.00 – 12.00, 15.00 – 17.00, So. 10 bis 12, 15 – 17 Uhr).

! *Baedeker* TIPP

Alte Riesen

Kurz vor St. Gertraud kann man ein beeindruckendes Naturdenkmal bewundern: drei vermutlich 2000-jährige Lärchen. Die Größte ist 28 m hoch und hat einen Umfang von 8,2 m. Zu den Bäumen führt ein 20-minütiger Wanderweg.

Das letzte Dorf im Talschluss ist **St. Gertraud**, die weiterführende Straße endet auf 1900 m beim Weißbrunner Stausee. Vor hier starten lohnende Hochgebirgstouren in die Ultner Berge, Ausläufer der Ortler-Gruppe.

Unterland

E 8/9 – F 8

Das Unterland zieht sich entlang der Etsch, die das breite Trogtal in sanften Kurven durchzieht. Hier hat sich ein monokultureller Obstgarten entwickelt, der die Landschaft im Frühjahr in ein einziges Blütenmeer verwandelt.

Von ► Bozen bis ► Auer säumen Felswände aus rotem Porphyr die Talflanken. Das Rot wird dann von gelb-weißem Kalkgestein abgelöst, das mit glatten, steilen Felswänden bei Salurn das Tal abzuschließen scheint.

Am nördlichen Ende des Unterlands wächst der Ort Leifers fast schon mit der südlich von Bozen liegenden Gewerbe- und Industriezone zusammen. In der Mitte des Unterlandes liegt ► Neumarkt, ein schöner alter Marktflecken. Oberhalb davon sind die Dörfer ► Aldein, Truden und Altrei auf den Bergen verstreut. Bei ► Salurn, wo sich das Tal in der Salurner Klause verengt, ist die Sprachgrenze zum hauptsächlich italienischsprachigen Trentino erreicht.

Auf der westlichen Talseite liegen inmitten von Reben die bekannten Weindörfer ► Tramin – die Heimat des Gewürztraminers –, ► Kurtatsch und ► Margreid.

★ Villnöß · Villnösser Tal (Fúnes)

D 10 – D 11

Bei Klausen zweigt das 12 km lange Villnösser Tal nach Osten zu den Dolomiten hin ab. An dessen Talschluss ragen die gezackten Spitzen von Aferer und Villnösser Geisler hoch auf.

Das Tal ist identisch mit der gleichnamigen Gemeinde, die aus den Ortschaften Teis, St. Peter und den Weilern St. Valentin, St. Jakob

VILLNÖSS ERLEBEN

AUSKUNFT

Tourismusverein Villnöß
St. Peter 11
39040 Villnöß
Tel. 04 72 84 01 80, Fax 04 72 84 03 12
www.villnoess.com

ESSEN

► **Erschwinglich**
Restaurant Pitzock – Café
St. Peter 106
Tel. 04 72 84 01 27
Aus der alten Dorfkneipe ist ein architektonisches Schmuckstück geworden. Mediterran verfeinerte bodenständige Kost für gehobene Ansprüche. Ruhetag: Mi.

ÜBERNACHTEN

► **Günstig**
Gasthof Stern
Teis 7
Tel. 04 72 84 45 55, Fax 04 72 84 45 92
www.gasthof-stern.com
Das Dorfgasthaus liegt sonnig auf einem Geländebalkon am Eingang des Villnösser Tals. Der Chef kocht persönlich, der Wein kommt vom eigenen Weinberg. 19 Zimmer sowie ein Freibad mit Liegewiese.

und St. Magdalena besteht. Die Talstraße überschreitet das Würzjoch und verbindet so das ladinische Gadertal mit dem Eisacktal. Das ganze Tal ist ein hervorragendes Wander- und Klettergebiet. So unternahm auch der aus Villnöß stammende Reinhold Messner hier seine ersten Klettertouren (►Berühmte Persönlichkeiten).

Sehenswertes in Villnöß

Teis liegt abseits der Durchgangsstraße an der nördlichen Talflanke. Eine Besonderheit sind die »Teiser Kugeln«, runde und oft hohle Gesteinskugeln, in deren Innerem des Öfteren schöne Kristalle, darunter Kalzit und Amethyst, eingeschlossen sind. Zu finden sind sie u. a. im nahen Gostnergraben, einer Schnittstelle von vulkanischem Porphyr und dem anstehenden Dolomit und Brixner Quarzphyllit. ✶ Teis

Das **Mineralienmuseum** im Vereinshaus zeigt u. a. Teiser Kugeln und Bergkristalle (**geöffnet:** So. vor Ostern bis So. nach Allerheiligen Di. – Fr. 10.00 – 12.00, 14.00 bis 16.00 Uhr, Sa. – So. 14.00 bis 17.00 Uhr).

St. Peter ist der Hauptort der Gemeinde Villnöß. In der Pfarrkirche (1800) gibt es spätbarocke Altäre und Deckenfresken von Joseph Schöpf.

! Baedeker TIPP

Wärmende Wolle gewünscht?

Was »Naturwoll« verkauft, wird aus der Wolle heimischer Schafe nach traditionellen Verfahren hergestellt. Im Shop gibt es nützliche, gesunde und auch lustige Wollprodukte. Das Angebot reicht vom Babyfell über den Pantoffel bis zum Teppich. St. Valentin 22, Tel. 04 72 84 00 80, www.naturwoll.com

Ein Sträßchen führt westlich nach **St. Valentin**; in der Kirche von 1303 mit romanischem Steinhelmturm steht ein schöner gotischer Flügelaltar aus der Werkstatt von Hans Klocker.
Oberhalb von St. Valentin liegt der Weiler **St. Jakob** mit dem einsam und aussichtsreich auf einer Kuppe gelegenen, mauerumgürteten Kirchlein, in dem sich ein weiterer gotischer Schnitzaltar von 1517 befindet. Den Kirchenschlüssel erhält man im nahen Bauernhaus.

St. Magdalena

Im malerischen Talschluss liegt St. Magdalena. Den ohnehin herrlichen Blick auf die Geislerspitzen kann man noch steigern, wenn man sich zur 1,5 km südlich in 1352 m Höhe gelegenen Kapelle St. Johann in Ranui begibt. Das barocke Kirchlein auf der weiten Wiese mit den Geisler-Zacken im Hintergrund ist ein sehr beliebtes Fotomotiv.

✶ Naturpark Puez-Geisler

Das Tal endet zwischen Peitlerkofel und Geislergruppe. Dieses Gebiet ist bis zum Grödner Tal als Naturpark unter Schutz gestellt worden. Eine Straße führt bis zur Zanser Alm (1689 m ü.d.M.), wo es ein Wildgehege und eine Informationsstelle des Naturparks gibt.
Der 9400 ha große Naturpark in den westlichen Dolomiten zeichnet sich vor allem durch seine hochalpine Flora – darunter Zirbelkiefern, Legföhren, Alpenrosen, Türkenbund, Seidelbast, Frauenschuh – und Fauna mit Rotwild, Murmeltieren, Eulen- und Greifvögeln, Auerwild und Steinadlern aus.

✶ Peitlerkofel

Der 2874 m hohe Peitlerkofel ist ein hervorragender Aussichtsberg. Von der Zanser Alm gelangt man auf einer bis zur Gampenalm ausgebauten Forststraße oder direkt auf einem Wanderweg zur Peitlerkofel- oder Schlüterhütte. Von dort geht es in 2 Std. über teilweise seilgesicherte Passagen bis auf den Gipfel des Peitlerkofels.
Am Fuß der Geisler führt der Adolf-Munkel-Weg entlang und verbindet das Villnöß mit Gröden.

Vinschgau (Val Venosta)

B 3 – D 7

Die kontrastreiche Landschaft des Vinschgaus zieht sich vom Reschenpass bis ►Meran und fasziniert durch die gewaltigen Höhenunterschiede zwischen Tal und Gipfeln. Schon die Römer kannten den hier verlaufenden Handelsweg als Via Claudia Augusta. Von seiner Bedeutung zeugen noch immer die Burgen, Schlösser und Ruinen von Wehranlagen, die auf den Bergvorsprüngen wachen.

Aus dem Reschensee im äußersten Westen Südtirols ragt noch der Kirchturm des versunkenen Dorfs Graun, das bei der Seestauung geflutet wurde. Grüne Wiesen und Almen durchziehen von hier die Landschaft in Begleitung der eis- und firngekrönten Felsriesen der Ortlergruppe und der Ötztaler Alpen.

Moderne Bewässerungsanlagen haben die Waale von einst abgelöst.

Im Talgrund breiten sich entlang der Etsch Obstgärten aus. In bunter Folge reihen sich hier schöne alte Ortschaften aneinander, darunter ►Mals am Fuß der Malser Haide, ►Schluderns, ►Glurns – die wohl kleinste Stadt Europas –, das Marmordorf ►Laas, ►Schlanders oder ►Naturns.

Armut und Wassermangel

Der Vinschgau war in den vergangenen Jahrhunderten eine besonders arme Region. Lange Zeit wurden halbwüchsige Kinder, die so genannten »Schwabenkinder«, in der Sommersaison als Billigstarbeitskräfte zu Fuß nach Süddeutschland geschickt.
Aufgrund der Wasserknappheit in dieser regenarmen Gegend haben die Vinschgauer ein besonderes Bewässerungssystem entwickelt: die **Waale**. Durch diese Gräben wurde das Schmelzwasser der Gletscher zu den Feldern und Almen geleitet. Heute sind sie durch moderne Bewässerungsanlagen abgelöst. Entlang der alten Waale verlaufen jetzt schöne Wanderwege durch den Vinschgau.

Vintl (Vandoies)

C 11

Höhe: 750 m ü.d.M. **Einwohnerzahl:** 3100

Vintl liegt im breiten Talboden der Rienz. In der westlichsten Gemeinde des Pustertals sind etliche größere Handels- und Handwerksbetriebe. Weitental und die Streusiedlungen im nach Norden verlaufenden Pfunderer Tal sind durch die Landwirtschaft geprägt.

VINTL ERLEBEN

AUSKUNFT

Tourismusverein Vintl / Pfunderertal
Zollerstr. 1
39030 Vintl
Tel. 04 72 86 91 00, Fax 04 72 86 92 60

ESSEN

► Fein & teuer

Restaurant Tilia
Weisskircherstr. 33, Obervintl
Tel. 04 72 86 81 85, Ruhetag: Di.
Stilvoll tafeln im historischen Anwesen; das Lokal ist eine Top-Adresse.

► Preiswert

Duner Heuschupfe
Duner Str. 12, Pfunders
Tel. u. Fax 04 72 54 92 46
www.duner-heuschupfe.com
Der Bauernhof mit angeschlossener Gastwirtschaft bietet ein kleines Heubad! Auch eine Ferienwohnung. Mitte Dez. bis März geschlossen.

ÜBERNACHTEN

► Komfortabel

Lodenwirt
Pustertalerstr. 1, Obervintl
Tel. 04 72 86 70 00, Fax 04 72 86 70 70
www.lodenwirt.com
Ein kulinarisch exzellentes Angebot in Restaurant und Pizzeria, schöne Zimmer und eine attraktive Wellnesswelt.

✶ Loden Erlebniswelt

Ein interaktives Museum in der Vintlerstraße informiert über die Lodenherstellung. Der Produktionsprozess wird von der Wolle bis zur modernen Filzmaschine informativ und kurzweilig beschrieben (geöffnet: Mo. – Sa. 9.30 – 17.30; Ostern bis Ende Dez. auch So. 11.00 – 17.00, Juli, Aug. 9.00 – 18.30 Uhr).

Latschenölbrennerei

Seit fast 100 Jahren wird aus Latschenkiefern, Fichten, Föhren und Zirbelkiefern durch ein Destillationsverfahren ätherisches Öl gewonnen. Auch der Kräutergarten des Bergila-Hofes in Issing destilliert die heilsamen Tropfen. Gleichzeitig werden hier Heil- und Gewürzkräuter gezogen und verkauft. Am Ufer des nahen Issinger Weihers ist ein Schaugarten angelegt, die Produkte sind im Verkaufskiosk erhältlich (Tel. 04 74 56 53 73).

Waidbruck (Ponte Gardena)

D 10

Höhe: 470 m ü.d.M. **Einwohnerzahl:** 181

Waidbruck ist eine der kleinsten Gemeinden Südtirols. Sie liegt im ►Eisacktal zwischen ►Brixen und ►Bozen. Das Wahrzeichen Waidbrucks ist die mächtige Trostburg auf dem Burgfelsen oberhalb des Dorfes.

WAIDBRUCK ERLEBEN

AUSKUNFT

Tourismusverein Barbian
St. Jakob 41, 39040 Barbian
Tel. 04 71 65 44 11, Fax 04 71 65 42 60
www.barbian.it

ÜBERNACHTEN

▸ **Komfortabel**

Gasthof Briol
St. Jakob 13, Barbian
Tel. u. Fax 04 71 65 01 25
www.briol.it
Das Haus wurde 1928 vom Maler Hubert Lanzinger im sachlich-modernistischen Stil umgestaltet und blieb seit 70 Jahren unverändert. 15 Zimmer, ein unvergleichlicher Dolomitenblick und ein Freibad mit Quellwasser. Nov. bis April geschlossen.

Brennerstraße, Autobahn, Eisenbahn und die Zubringerstraße nach Gröden und Kastelruth umgeben und durchschneiden den kleinen Ortskern, sodass sich dieser nicht unbedingt für einen längeren Aufenthalt empfiehlt. Doch lohnt die Besichtigung einiger Sehenswürdigkeiten in der nahen Umgebung.

Sehenswertes in Waidbruck und Umgebung

Pfarrkirche

Das Ortsinnere wird weithin geprägt von behäbigen alten Bürgerhäusern. Die ursprünglich gotische Pfarrkirche St. Jodok wurde im Frühbarock und 1930 nochmals umgestaltet.

*** Trostburg**

Das markanteste Gebäude von Waidbruck ist die hoch gelegene, mächtige Trostburg, einst im Besitz der Grafen von Wolkenstein. Im Kern aus dem 12. Jh. stammend, wurde sie im 16. und 17. Jh. erheblich vergrößert. Beachtenswert sind der Rittersaal mit seiner geschnitzten Holzdecke und die Sammlung von Burgmodellen (nur mit Führung: Ostern bis Okt. Di.–So. 11.00, 14.00, 15.00, Juli, Aug. auch 10.00 u. 16.00 Uhr).

Auf der Bilderbuchburg kann man die Sammlung von Modellen anderer Bilderbuchburgen bewundern.

In weiten Serpentinen kommt man von Waidbruck zum etwa 350 m über der Talsohle auf der westlichen Talflanke des Eisacktales gelegenen Ort **Barbian**. Weiter nördlich besteht bei Kollmann eine weitere Verbindung nach Barbian. Hier verlief der westliche Hohenweg über den Ritten nach Bozen, um

die bis zum Beginn der Neuzeit unüberwindliche Talenge zu umgehen. Jahrhundertelang nahm der gesamte Nord-Süd-Verkehr, darunter Kaiser und Könige, die nach Rom zur Krönung zogen, diesen beschwerlichen Umweg.
Die Pfarrkirche **St. Jakobus** ist romanischen Ursprungs und wurde in der Gotik umgebaut. Im späten 19. Jh. erhielt sie ihr heutiges Gepräge in neuromanischen Formen. Das Altarbild aus dem 17. Jahrhundert ist norditalienischen Ursprungs.
Die Hänge um Barbian sind für ihre Edelkastanien und die guten Zwetschgen bekannt. Die von Waidbruck über Barbian kommende Straße geht in südlicher Richtung weiter und erreicht Saubach, wo in der gotischen Kirche Flügelaltäre aus der Zeit um 1500 stehen.

Saubach ►

Kollmann

Talabwärts von Waidbruck kommt man nach Kollmann. Die Kirche ist teils barock ausgestattet; am Friedhof erinnert eine Gedenktafel an die Überschwemmung von 1891. Das unübersehbar rot-weiße Schloss Friedburg, auch Zollhaus genannt, war eine Straßensperre, durch deren Tore über Jahrhunderte der Brennerverkehr zog.

Bad Dreikirchen

Auf einem Wanderweg erreicht man das 3 km nördlich von Barbian gelegene Bad Dreikirchen am Rand des Ritten. Der Weiler ist nach den drei im 15. bzw. 16. Jh. erbauten **Kapellen** St. Nikolaus, St. Gertraud und St. Magdalena benannt, die dicht beieinander stehen. Schmuckstück von St. Nikolaus ist ein spätgotischer Flügelaltar aus einer Brixener Werkstatt. In St. Gertraud gefallen die Fresken und in St. Magdalena steht ebenfalls ein spätgotischer Flügelaltar.
In der Umgebung liegen in parkähnlichem Gelände eine Reihe architektonisch interessanter Sommerfrischehäuser, zu denen ein Fußweg führt.

Lajen

Nördlich von Waidbruck über dem Eingang ins ►Grödner Tal liegt Lajen in wunderbarer sonniger Position auf der Kuppe eines weitläufigen Hügelgebietes. Der Ort möchte zu gern die Heimat des Minnesängers Walther von der Vogelweide sein. Tatsächlich gibt es hier einen Hof namens Vogelweider. Doch hießen damals viele Höfe so; die wahre Herkunft Walthers bleibt weiterhin ungeklärt.

★ Welsberg (Monguelfo)

C 13

Höhe: 1087 m ü.d.M. **Einwohnerzahl:** 2529

Welsberg ist fast schon ein kleines Städtchen, in dem man auch gut einkaufen kann. Dabei ist es genauso hübsch und verträumt wie das ►Gsieser Tal, das von hier vom ►Pustertal nach Nordosten abzweigt.

WELSBERG ERLEBEN

AUSKUNFT

Tourismusverein Welsberg
39035 Welsberg
Tel. 04 74 94 41 18, Fax 04 74 94 45 99

ESSEN

▶ Erschwinglich
Bergbauernhof »Seppila«
Haspaberg 30, Welsberg
Tel. 04 74 95 02 04
www.seppila.com
Traditionelle Gerichte im modernen Gewand serviert. Dazu hausgemachte Leckereien und selbst gebrautes Bier.

ÜBERNACHTEN

▶ Günstig
Goldene Rose
Pustertalerstr. 3
Tel. 04 74 94 41 13
Fax 04 74 94 69 41
Hier am Dorfplatz kehren auch die Einheimischen gern ein. 26 Zimmer, kleiner Garten mit Liegewiese.

Das Hauptdorf erstreckt sich beiderseits der Rienz, zur Gemeinde zählen ferner die beiden Ortschaften Taisten und Wiesen am Anfang des Gsieser Tales sowie der Weiler Ried auf dem südlichen Talhang.

Sehenswertes in Welsberg

Pfarrkirche

St. Margareth ist ein Barockbau von 1738. Der gotische Turm stammt vom Vorgängerbau. Im Chorabschluss hängen drei Altarbilder des Barockmalers Paul Troger (1698–1762), dessen Geburtshaus unweit westlich steht. Das Ölgemälde am Hauptaltar stellt die hl. Margareth mit den Heiligen Georg, Ulrich, Peter und Paul dar. Am linken Seitenaltar verteilt der hl. Johannes von Nepomuk Almosen an die Armen; am rechten Seitenaltar sieht man die Anbetung der Könige. Beim Chor der Kirche befindet sich ein gotischer Bildstock mit Fresken von Michael Pacher. Östlich ist die 1551 erbaute spätgotische Friedhofskirche **Maria am Rain** zu finden. Im Inneren sind Netzgewölbe und ein Gnadenbild aus dem 15. Jh. zu sehen.

Schloss Welsperg

Die Burg war 800 Jahre lang im Besitz des einstmals mächtigen Geschlechtes der Welsperger. Der Bau fällt durch den ungewöhnlich hohen Bergfried aus dem Jahr 1140 auf. 1359 kaufte Georg von Welsperg auch die gegenüberliegende Burg Thurn. Im 15. und 16. Jahrhundert wurde die ursprüngliche Burg Welsperg erheblich erweitert und nach einem Brand 1765 wieder verkleinert. Im Sommer finden hier Konzerte und Ausstellungen statt (geöffnet: Juli bis Mitte Sept.: Mo. – Fr 9.30 – 12.00, 16.00 – 18.30, So. 16.00 – 19.00 Uhr).
Auf dem schönen **Rundwanderweg**, der Schloss Welsperg und die Burgruine Thurn einschließt, lernt man außerdem etwas über geologische und botanische Besonderheiten. Ausgangspunkt ist das Dorfzentrum von Welsberg (Gehzeit: 1½ h, Höhenunterschied: 100 m).

REGISTER

VERZEICHNIS DER KARTEN & GRAFISCHEN DARSTELLUNGEN

BILDNACHWEIS

AKG S. 34
Archiv Tourismusverband Südtirols Süden / Tappeiner AG: S. 110
Bildagentur Huber / Fantuz Olimpio: S. 268
Bilderberg / Blickle: S. 3 (unten)
Bilderberg / Francke: S. 293
Bilderberg / Steinhilber: S. 108 / 109, 222, 224, 242
Diözesanmuseum Hofburg Brixen: S. 136
Ernst Wrba: S. 13 (oben, Mitte), 15, 24, 38, 46, 65, 77, 95 (oben), 96, 133, 166, 173, 177, 186, 210, 241, 257, 285, Umschlagklappe hinten
Fotoarchiv Südtiroler Archäologiemuseum: S. 11, 124, 125, 126
HB-Verlag: S. 8, 14 (unten), 41, 59, 102 (oben), S. 103 (links unten), 106 (Mitte), 109, 152, 153 (Klappe), 156, 162, 180, 191, 229, 247, 281
HB / Werner Fabig: S. 4 (links, rechts), 5 (unten), 10/11, 12, 14 (Mitte), 16, 19, 58/59, 74, 81, 84, 92 / 93, 97 (rechts), 99 (unten), 105, 106 (oben, unten), 113, 121, 139, 143, 169, 170, 196, 199, 204, 208, 226, 233, 235, 236, 239, 248, 266, 273, 276, 295, Umschlag vorne und hinten
Hotel Heubad: S. 85
ifa/Kerri: S. 4 (unten), 147
Interfoto: S. 37, 50, 53
laif / Galli: S. 262
laif / Kreusels: S. 146
laif / Meyer: S. 259
Nahm: S. 44, 95 (Mitte), S. 103 (links oben), 116, 265
picture-alliance / akg-images: S. 33, 51, 54
picture-alliance / dpa: S. 28, 35, 48, 52, 56
Südtirol Marketing / Maierhofer: S. 215
Südtirol Marketing / Milanesio: S. 114, 202
Südtiroler Weinwerbung: S. 69
Tappeiner: S. 1, 5 (oben), 6, 7, 9, 13 (unten), 14 (oben), 21, 22, 26, 31, 43, 60, 70, 72, 88, 95 (unten), 97 (links), 99 (oben), 100, 102 (unten), 107, 122, 129, 130 / 131, 145, 153 (links oben), 160, 165, 176, 188, 190, 211, 212, 217, 219, 231, 244, 251, 253, 255, 263, 267, 275, 279
Tourismusverein Eppan-Raiffeisen, J. Fein / M. Tschigg: S. 153 (rechts 2x)
Vigilius Mountain Resort: S. 82, 193
Titelbild: laif / Galli – Blick von St. Cyprian

IMPRESSUM

Ausstattung:
166 Abbildungen, 25 Karten und grafische Darstellungen, eine große Reisekarte
Text:
Oswald Stimpfl, Monika Kellermann, Wieland Höhne
Bearbeitung:
Baedeker Redaktion
(Wieland Höhne, Jens Wassermann)
Kartografie:
Franz Kaiser, Sindelfingen;
MAIRDUMONT Falk Verlag, Ostfildern (Reisekarte)
3D-Illustrationen:
jangled nerves, Stuttgart
Gestalterisches Konzept:
independent Medien-Design, München (Kathrin Schemel)

Chefredaktion:
Rainer Eisenschmid,
Baedeker Ostfildern

8. Auflage 2006
Völlig überarbeitet und neu gestaltet

Printed in Germany
Gedruckt auf 100% chlorfrei gebleichtem Papier

BAEDEKER VERLAGSPROGRAMM

- Ägypten
- Algarve
- Amsterdam
- Andalusien
- Athen
- Australien
- Bali
- Baltikum
- Barcelona
- Belgien
- Berlin
- Bodensee
- Brasilien
- Bretagne
- Brüssel
- Budapest
- Bulgarien
- Burgund
- Chicago • Große Seen
- China
- Costa Blanca
- Costa Brava
- Dänemark
- Deutsche Nordseeküste
- Deutschland
- Djerba • Südtunesien
- Dominikanische Republik
- Dresden
- Elba
- Elsass • Vogesen
- Finnland
- Florenz
- Florida
- Franken
- Frankfurt am Main
- Frankreich
- Französische Atlantikküste
- Fuerteventura
- Gardasee
- Germany (engl.)
- Gomera
- Gran Canaria
- Griechenland
- Griechische Inseln
- Großbritannien
- Hamburg
- Harz
- Hongkong
- Indien
- Irland
- Island
- Israel
- Istanbul
- Italien
- Italien • Norden
- Italien • Süden
- Italienische Adria
- Italienische Riviera
- Japan
- Jordanien
- Kalifornien
- Kanada
- Kanada • Osten
- Kanada • Westen
- Kanalinseln
- Kenia
- Köln
- Kopenhagen
- Korfu
- Ionische Inseln
- Korsika
- Kos
- Kreta
- Kroatische Adriaküste • Dalmatien
- Kuba
- Kykladen
- La Palma
- Lanzarote
- Lissabon
- Loire
- Lombardei • Mailand • Oberitalienische Seen
- London

- Madeira
- Madrid
- Malaysia
- Malediven
- Mallorca
- Malta • Gozo • Comino
- Marokko
- Mecklenburg-Vorpommern
- Menorca
- Mexiko
- Moskau
- München
- Namibia
- Nepal
- Neuseeland
- New York
- Niederlande
- Norwegen
- Oberbayern
- Österreich
- Paris
- Peking
- Polen
- Portugal
- Prag
- Provence • Côte d'Azur
- Rhodos
- Rom
- Rügen • Hiddensee
- Sachsen
- Salzburger Land
- San Francisco
- St. Petersburg
- Sardinien
- Schottland
- Schwäbische Alb
- Schwarzwald
- Schweden
- Schweiz
- Seychellen
- Sizilien
- Skandinavien
- Slowenien
- Spanien
- Sri Lanka
- Stuttgart
- Südafrika
- Südengland
- Südtirol • Dolomiten
- Sylt
- Syrien
- Teneriffa
- Tessin
- Thailand
- Toskana
- Tschechien
- Tunesien
- Türkei
- Türkische Mittelmeerküste
- Umbrien
- Ungarn
- Usedom
- USA
- USA • Nordosten
- USA • Südstaaten
- USA • Südwesten
- Venedig
- Vietnam
- Washington DC • Capital Region
- Weimar
- Wien
- Zypern

LIEBE LESERINNEN, LIEBE LESER,

ein herzliches Dankeschön, dass Sie sich für einen Baedeker Allianz Reiseführer entschieden haben. Er wird Sie zuverlässig auf Ihrer Reise begleiten und Sie nicht im Stich lassen.
Natürlich beschreibt er die wichtigen Sehenswürdigkeiten, aber er empfiehlt auch interessante Veranstaltungen, nennt Hotels für den großen und kleinen Geldbeutel, gibt Tipps für Restaurants, Shopping und für vieles mehr, was eine Reise zum Erlebnis macht. Dafür haben die Autoren und die Redaktion Sorge getragen. Sie sind für Sie regelmäßig nach Südtirol gereist und haben all ihre Erfahrungen und Kenntnisse in diesen Reiseführer gepackt.

Trotzdem: Die Erfahrung zeigt, dass Fehler und Änderungen nach Drucklegung, für die der Verlag keine Haftung übernehmen kann, nicht ausgeschlossen werden können. Für Kritik, Berichtigungen und Verbesserungsvorschläge sind wir Ihnen außerordentlich dankbar. Schreiben Sie uns, mailen Sie uns oder rufen Sie an:

▶ **Verlag Karl Baedeker GmbH**
Redaktion
Postfach 3162
D-73751 Ostfildern
Tel. (0711) 4502-262, Fax -343
E-Mail: info@baedeker.com

Besuchen Sie uns auch im Internet unter www. baedeker.com. Hier finden Sie jeden Monat den aktuellen Reisetipp der Redaktion und das gesamte Verlagsprogramm. Hier können Sie auch lesen, wer Karl Baedeker war und wie er seinen ersten Reiseführer geschrieben hat. Mit seinen über 175 Jahren ist der Karl Baedeker Verlag der älteste Reiseführer-Verlag der Welt.

www.baedeker.com

ZU GEWINNEN: STADTREISE NACH LONDON

Unter allen Einsendungen verlost der Verlag am Jahresende – unter Ausschluss des Rechtswegs – eine Städtekurzreise für zwei Personen nach London.
Freuen Sie sich auf ein spannendes Wochenende in London. Natürlich ist ein Baedeker Allianz Reiseführer London auch dabei!